本书受教育部人文社会科学研究青年基金项目『宋代太学与文学研究』资助（项目号：17YJC751025）

宋代太学与文学研究

A Study on Taixue
and Literature in the Song Dynasty

牛思仁 著

浙江大学出版社
ZHEJIANG UNIVERSITY PRESS

图书在版编目(CIP)数据

宋代太学与文学研究 / 牛思仁著. —杭州:浙江
大学出版社,2021.6
ISBN 978-7-308-21423-0

Ⅰ.①宋… Ⅱ.①牛… Ⅲ.①教育制度－研究－中国
－宋代②中国文学－古典文学研究－宋代 Ⅳ.
①G529.44②I206.44

中国版本图书馆 CIP 数据核字(2021)第 099336 号

宋代太学与文学研究

牛思仁　著

责任编辑	宋旭华
责任校对	周烨楠　蔡　帆
封面设计	续设计
出版发行	浙江大学出版社
	(杭州市天目山路 148 号　邮政编码 310007)
	(网址:http://www.zjupress.com)
排　　版	浙江时代出版服务有限公司
印　　刷	杭州良诸印刷有限公司
开　　本	710mm×1000mm　1/16
印　　张	19
字　　数	264 千
版 印 次	2021 年 6 月第 1 版　2021 年 6 月第 1 次印刷
书　　号	ISBN 978-7-308-21423-0
定　　价	76.00 元

目　　录

第一章 宋代太学发展演变(上):
科举化趋势

太学是我国古代以传授和研习儒家经典为主、培养经世治国人才的中央官学高等学府。历代以来,太学始终代表着某一时期国家教育的主脉,它的兴衰成败也折射出朝廷对教育的重视程度。在中国古代太学发展流变史中,宋代太学实有承前启后之功,具有特殊历史地位,达到太学发展的鼎盛时期。同时,我们在宋代教育大框架内,深刻认识到一个客观事实,就是太学发展演变自始至终受到科举的巨大影响,因而,基于太学与科举的衔接碰撞、互动影响,探究宋代太学发展演变进程,对于我们全面探论宋代太学制度具有重要意义。

从宋前太学制度来看,西汉武帝于元朔五年(前124)创建太学,本意重在培养经世人才,太学发展史表明其"养士"特征实与汉代察举制、魏晋九品中正制等由官吏举荐人才的"取士"制度并无强烈的依附与影响关系。然而,随着隋唐科举制的创设发展,太学与科举的紧密关系日益凸显。虽从整体来看,宋代仍延续前朝此种特点,但却有其不同隋唐、异于明清的自我特征。明清时期的二者关系几近绝对化的依附:

> 自明科举之法兴,而学校之教废矣。国学、府学、县学徒有学校之名耳!考其学业,科举之法之外,无他业也;窥其志虑,求取科名之外,无他志也。①

---

① 璩鑫主编:《中国近代教育史资料汇编·鸦片战争时期教育》,上海教育出版社2007年版,第160页。

　　而处于隋唐与明清之间的宋代太学,既受科举全面影响而与其相衔接,又在与科举起伏不断的争斗中与其相悖反。

　　宋代太学受到科举制度的深刻影响,宋人早已深有体悟。赵汝愚认为,中兴以来虽"建太学于行都,行贡举于诸郡",然多"奔竞之风",微"忠信之俗",士人对待太学的态度可谓"视庠序如传舍,目师儒如路人",究其原因,"荣辱升沉,不由学校;德行道艺,取决糊名",科举取士显然比太学养士更受士子青睐。① 兵部侍郎虞俦批评科举制下的太学教育名存实亡,"若以为化民成俗,长育人材,自学校始,祖宗以来,莫之有改,奈何使之名存而实亡乎"②。历代以降,科举与学校关系紧密,即如正史《选举志》中既有科举制度,又含学校教育。当今学者更深入认识到宋代科举与教育的密切关联。"在科举与外部环境的诸多联系中,关系最直接、最紧密的当首推教育。"③"一些学者便将唐宋元明清的教育统称为'科举时代的教育',实际上简直可以称之为科举教育。"④《科举教育的传统与变迁》⑤就是称其为"科举教育"基础上的专著。宋代教育依附于科举,"南宋的教育理念、社会心态与科举功能完全融为一体。在这种境遇中,教育焉能不成为科举的婢女"⑥? 古今学人之论述给我们传递出二者紧密关系的明确信息,考察宋代太学与科举发展的实际情形,我们发现宋太学的科举化倾向日趋明显,二者之间的诸种关系存在明显的衔接性特征。

第一节　解额因素:太学求学目标与科举的必然结合

　　太学职能从宋初的单纯"养士"扩至熙丰兴学时的"养士"兼"取士",

---

① (元)脱脱:《宋史·选举志三》卷一五七,中华书局 1977 年版,第 3671 页。
② (明)王圻:《续文献通考》卷五五《学校考》,现代出版社 1986 年版,第 820 页。
③ 廖平胜:《考试是一门科学》,华中师范大学出版社 2003 年版,第 99 页。
④ 刘海峰:《科举学导论》,华中师范大学出版社 2005 年版,第 177 页。
⑤ 田建荣:《科举教育的传统与变迁》,教育科学出版社 2009 年版。
⑥ 苗春德、赵国权:《南宋教育史》,上海古籍出版社 2008 年版,第 27 页。

真正实现"学而优则仕"的教育目标。但若除去天下皆以三舍取士的崇观兴学阶段,其他时期内由舍选而取士者实属凤毛麟角。大部分太学生仍然需要通过科举入仕。太学养士最终目标自然是培养为统治者服务的政治人才,为实现这一目标,所养士子之直接出路就是授官入仕。既然其出路主要依赖科考,太学生极为重视科举就不言而喻。更何况,这其间有关键性的衔接,就是太学解额。

宋代科举之开科,从发解试开始。"所谓'发解',即各地将报考进士、诸科(北宋前期)经考试合格的士子(此时统称'举子'),按解额发送到尚书省。"①宋代发解试既实行于诸路州府,亦包含国子监、太学等教育机构。而太学解额作为太学与科举的重要衔接,其最大特点就是有着比诸路州府更宽优的解额数。解额之重要性,事关科举考试中的名额限制,取不上解额就意味着无法参加科考的第二等级考试即省试,仕进之路基本堵死。太学解额之优,宋文献记载颇多。《梦粱录》卷四将南宋后期两浙、国子学、三学的取解额对比论列:

> 两浙运司寓试士人约一百名取一名,有官文武人及登仕郎十人取一人,国子牒试则五人取一人,太、宗、武学士人约四五人取一人。②

朱熹亦说:

> 今之士子不安于乡举而争趋太学试者,以其本州解额窄而试者多,太学则额阔而试者少。③

嘉定六年(1213)臣僚奏言提及取解之优处,"自太学及胄子之外,则有诸路漕试尔"④。凡此皆说明,太学解额较州府等地更优。

伴随着两宋科举考试的改革发展、科场解额的增减变化,太学解额数

---

① 祝尚书:《宋代科举与文学》,中华书局 2008 年版,第 113 页。
② (宋)吴自牧:《梦粱录》卷四《解闱》,中国商业出版社 1982 年版,第 25 页。
③ (宋)朱熹:《朱子文集》,中华书局 1985 年版,第 480 页。
④ (清)徐松辑,刘琳、刁忠民、舒大刚校点:《宋会要辑稿》选举六之一七,上海古籍出版社 2014 年版,第 5359 页。

也在长时期的太学取解试中屡有变动。在三年一开科成为定制之前,因有一年、二年甚至四年之先后变革,包括太学在内的天下解额多有"解十之四"、"解十之三"、"解及五分"、"解发四分"等之变动。如嘉祐三年(1058)时的解额数,"开封府进士二百一十人,诸科一百六十人;国子监进士一百人,诸科一十五人;明经各一十人"①。自太学重建后,国子监解额多指太学解额,此时期之开封府解额远过于太学。而随着历次兴学及朝廷的日趋重视,太学逐步将开封府解额划归于己。熙宁八年(1075)诏"开封府、国子监举人,并就一处考试,仍以两处解额通计取人"②。元丰二年(1079)诏"自今解发进士,太学以五百人,开封府以百人为额"③。此时太学解额已远超开封府。至元丰三年(1080)又诏"开封府解额并拨属太学"④,其后虽有变动,绍圣三年(1096)再诏"开封府解额,今后依元丰三年十二月十二日指挥,并拨属太学"⑤。南宋以降,太学解额有更优趋势。朱熹就曾批评解额不均之突出问题:

> 如今太学解额七人取两人。便七人取一人也由我,十人取一人也由我,二十人、三十人、四十人取一人也只由我,而今自立个不平放这里,如何责得人趋?
>
> (太学)正试既优,又有舍选,恩数厚,较之诸州或五六百人解送一人,何其不公至于此!⑥

太学可七人取解两人,而诸州或五六百人取解一人,如此悬殊的解额差异,难怪朱熹甚为太学外的求解士子发不平之鸣。

---

① (清)徐松辑,刘琳、刁忠民、舒大刚校点:《宋会要辑稿》选举三之三五,上海古籍出版社 2014 年版,第 5285 页。

② (清)徐松辑,刘琳、刁忠民、舒大刚校点:《宋会要辑稿》选举一五之二一,上海古籍出版社 2014 年版,第 5545 页。

③ (宋)李焘:《续资治通鉴长编》卷三〇一,中华书局 1993 年版,第 7319 页。

④ (宋)李焘:《续资治通鉴长编》卷三一〇,中华书局 1993 年版,第 7512 页。

⑤ (清)徐松辑,刘琳、刁忠民、舒大刚校点:《宋会要辑稿》选举一五之二七,上海古籍出版社 2014 年版,第 5548 页。

⑥ (宋)朱熹:《朱子文集》,中华书局 1985 年版,第 480 页。

　　太学解额优越之外,免解制度也是士子争相竞趋之缘由。所谓免解,即科考士子免除发解试后,直接参加省试。这就意味着,自仁宗嘉祐二年(1057)科举殿试"皆不黜落"之后,免解士子只要能通过省试,就已经一脚踏入仕途。免解至少为士子扫清漫长而艰辛科考路上的一半障碍,其重要性不言自明。免解制度虽实施于天下士人,但很显然,太学免解恩例远比地方优越。其一,幸学免解。宋历朝统治者皆有临幸太学之举,伴随而来则是推恩免解。"主上登极,则临幸学宫,奠谒先圣,及赐诸生束帛,学官斋长谕俱沾恩需。"①今查两宋历次幸学事件,多有诸生免解之恩例。徽宗大观元年(1107)"文武学生授官、免省试、免文解、赐帛有差"②、高宗绍兴十四年(1144)"幸养正、持志二斋,两斋长谕已免解人,特与免省;未免解人,与免解恩例;其两斋生,并免将来文解一次"③、理宗淳祐元年(1241)"诸生推恩、赐帛有差"④等。若蒙皇帝幸学,便有免解可能,故而学官、太学生求幸学者不乏其人。其二,遇赦、贺寿免解。绍兴二十九年(1159)皇太后圣寿八十,太学等诸生上表称贺,诏"两学大职事十六人并永免文解,两学小职事四十五人、府学正录三人,并免解一次"⑤。孝宗淳熙三年(1176)礼部言,"大小职事,该遇庆寿赦,参酌推恩人,内舍生永免文解"⑥。同年南郊赦,太学生"先请后免,或先免后请,可并与免将来文解一次"⑦。其三,太学上舍下等生免解。熙宁时曾诏上舍生在学一年者可免解,元丰二年(1079)学令将上舍正式分为上、中、下三等,下等免解。其后虽有变动,但直至南宋重兴太学,仍规定上舍下等免解。

　　太学解额之优越与免解之恩例,对诸生求学目标产生极为重要的影

---

　　①　(宋)吴自牧:《梦粱录》卷一五《学校》,中国商业出版社 1982 年版,第 122 页。

　　②　(清)徐松辑,刘琳、刁忠民、舒大刚校点:《宋会要辑稿》礼五二,上海古籍出版社 2014 年版,第 1920 页。

　　③　(宋)吴自牧:《梦粱录》卷一五《学校》,中国商业出版社 1982 年版,第 122 页。

　　④　(元)脱脱:《宋史》卷三三,中华书局 1977 年版,第 615 页。

　　⑤　(宋)李心传著,胡坤点校:《建炎以来系年要录》卷一八三,中华书局 2013 年版,第 3517 页。

　　⑥　苗书梅等校:《宋会要辑稿·崇儒》,河南大学出版社 2001 年版,第 58 页。

　　⑦　苗书梅等校:《宋会要辑稿·崇儒》,河南大学出版社 2001 年版,第 58 页。

响。太学生源之充足与招考竞争之激烈,归根于科举解额带来的强大吸引力。即便在官学教育几近荒废的北宋初期,生徒散归,无一二十人居常听讲者,然每当科场诏下,前来国子监报名入学之官员子弟常达千余人。这显然是解额带来的巨大变化。历次兴学后,太学走上不断上升发展的正轨,特别是允许百姓子弟中俊异者补考之,这对向来无资格报考、只能千辛万苦挤科考的普通士子无疑是大好消息。因而,愈来愈多的求学者涌向太学。经历北宋三次兴学运动,南宋太学发展虽已明显不如北宋规模,但士子报考之热情丝毫不减。南宋三舍生数额维持在千余人,补招名额更是有限,然士人补考数额历次上万,嘉泰二年(1202)更达三万九千余人,迫使朝廷不得不在传统的混补法与新实施的待补法之间轮换开考。如此激烈的考试形势,别无他故,皆因解额而来。解额之宽优自然带来及第之优势,且太学所占解额及第之概率又远超州府。司马光《贡院乞逐路取人状》列举仁宗嘉祐三年(1058)、嘉祐五年(1060)、嘉祐七年(1062)各地解额及录取数据比例,兹选录如下:

> 勘会近岁三次科场内:嘉祐三年,国子监得解及免解进士共一百一十八人,及第者二十二人,约五人中取一人。京东路得解及免解进士共一百五十七人,及第者五人,约三十一人中取一人。河东路得解及免解进士共四十四人,全无人及第。……嘉祐五年,国子监得解及免解进士共一百八人,及第者二十八人,约四人中取一人。京东路得解及免解进士共一百五十人,及第者五人,约三十人中取一人。夔州路得解及免解进士三十二人,全无人及第。……嘉祐七年,国子监得解及免解进士共一百一十一人,及第者三十人,约四人中取一人。陕西路得解及免解进士共一百二十四人,及第者二人,约六十二人中取一人。河北路得解及免解进士共一百五十四人,及第者一人。①

从录取比例5∶1与31∶1、44∶0的醒目对比中,显见朝廷对于太学解额与及第比例的有意倾斜。

---

① (宋)司马光:《司马温公文集》,中华书局1985年版,第112页。

太学养士之思想价值理念,其初衷本在注重培育诸生的德操修养。然在科举影响下,特别是宽优的解额因素,将其价值理念一改为通过太学取得解额。由此,实现太学生求学目标与科举考试的必然结合。正是这种结合赋予太学诸生较大的科考优越性,促使士子竞相奔入,由此带来太学发展问题及地方州府解额的不公正现象,也遭致宋时人的批评。"利之的在,人谁不趋?"①解额制度的设置,导致太学生源、在学目标及太学发展等,显然都受到科举制的重大影响。

第二节　依附关系:太学教学、考试受制于科举

宋代太学制度在科举影响下发展演进,还突出表现在,体现和代表太学存在主体的教学与考试内容,基本依附于科举。其一,教学内容深受制约。从太学发展史来看,其教学内容向来以经学为主,两宋时期也未超出经学范畴,却与前代有着明显区别。最重要的不同点,就是前代唯重先儒经学教材,而宋代经历由教授先儒经学到宋人经学著作的转变,进而将宋人编撰著作作为重要依据。究其原因,主要是政派争斗影响科举考试,科举考试影响太学内部的结果。王安石变法时期,其主持编撰的《三经新义》(《诗》、《书》、《周礼》义)由朝廷诏命颁付国子监雕印,传示天下。王安石并撰《字说》一书,"多穿凿附会,其流入于佛、老,一时学者无敢不传习,主司纯用以取士,士莫得自名一说,先儒传注一切废而不用"②。《三经新义》、《字说》初成,宋初以来科考所用《五经正义》、《九经疏义》等传统教材遭弃,四方士子皆习《三经新义》以备科考。考官唯以其为评判标准,稍有异说则黜之,欲中考者谁敢不习。此时太学内紧随科考步伐,教学所用一律改为王氏新学注疏。

神宗朝变法失败后的长时期内,受哲宗、徽宗、钦宗朝政局变化影响,

---

① (宋)朱熹:《朱子文集》,中华书局 1985 年版,第 480 页。
② (元)脱脱:《宋史》卷三二七,中华书局 1977 年版,第 10541 页。

程(颐)学、王(安石)学之争轮番上演。若程学派占据有利政治地位、主持科举,则采用传统教材兼程颐《易传》、胡安国《春秋传》等;若王学派主政、把持科举,则仍以王氏新学为主要参照。太学教学内容以科举为导向,在程学、王学之间不停转换。

南宋宁宗嘉定以后,程朱理学终被确立为官学意识形态,朱熹《四书章句集注》成为诏颁天下、官方认定的科考标准教材,"内外学校之官,令于士子程课之外,迪以义理之学,厉以行艺之实"①。理宗淳祐元年(1241)幸视太学时下诏:

> 朕惟孔子之道,自孟轲后不得其传,至我朝周惇颐、张载、程颢、程颐,真见实践,深探圣域,千载绝学,始有指归。中兴以来,又得朱熹精思明辨,表里浑融,使《大学》、《论》、《孟》、《中庸》之书,本末洞彻,孔子之道,益以大明于世。朕每观五臣论著,启沃良多,今视学有日,其令学官列诸从祀,以示崇奖之意。②

这一时期,太学教学紧跟科举倾向,《论语集注》、《孟子集注》等立为官学课本,且在其后数十年、甚至元、明、清诸朝未再有大的改动。纵向来看,《九经疏义》阶段、《三经新义》阶段、程王替换阶段、《四书章句集注》阶段,构成宋代太学教学内容的不同时期划分。它既是太学内部教学设置的反映,更是政治与科举影响下导致的结果。

其二,太学考试从形式到内容皆受科举影响。太学内部实施三舍法制度,就是将诸生按等级差别隶属外舍、内舍与上舍,通过私试、公试、舍试等多种考试依次升舍。私试每月一考,按"孟月经义,仲月论,季月策"轮换考校科目。公试每年一考,按"初场以经义,次场以策论"分作两场考试。舍试两年一考,专指内舍升上舍的考试。不同考试因其重要性差异,考校官由太学学官升至朝廷差官。考试制度多遵照科考,实行弥封、誊录、锁院等一系列制度,考试场次也沿用科考。因科举或纯以经义取士、

---

① (清)毕沅:《续资治通鉴》卷一六五,中华书局1957年版,第4484页。
② (元)脱脱:《宋史》卷四二,中华书局1977年版,第807页。

或以经义和诗赋取士,向来以经义为主的太学考试,也在特定时段内将诗赋作为考试内容。嘉祐时期,王安石《上仁宗皇帝言事书》就提及"学者之讲说,章句而已","近岁乃始教之以课试之文章"①,这种变化完全是出于适应科举考试的结果。在科举实行经义、诗赋分科取士的元祐八年(1093),太学诸生两千一百七十五人中,只习经义者才八十二人,其他两千余人皆兼习诗赋。太学如此局面离不开科举的影响。更甚者,宋人有时将太学与科举自然地作为一个整体,议论相关的考试制度。南宋初期,国子司业高闶在制订南宋科考条例时,明言"今参合条具太学课试及科场事件如后",将二者置列一处详论之:

> 第一场,元丰法(绍兴、元祐、大观同),本经义三道,《论语》、《孟子》义各一道。今太学之法,正以经义为主,欲依旧。第二场,元祐法,赋一首,今欲以诗赋。第三场,绍圣法,论一首,策一道,今欲以子、史论一道,并时务策一道。为三场,如公试法。②

从考试场次、所依旧法到经义、诗赋、策论的具体道数皆同,这已超越影响范围,成为完全照搬。考试内容的具体学术倾向,则紧跟科举考试与太学教学内容的不断变化。教学仅是太学日常生活的重要一环,而考试直接影响诸生的前途命运,故而更受重视、更为敏感。太学生若不能准确把握主考者的意图动向,稍有不慎便满盘皆输。"专尚程颐之学,士有立说稍异者,皆不在选",或"(大臣)阴佑王安石,稍涉程学者,至一切摒弃"③。

其三,太学师生编撰科举用书。科场用书既有官方编纂,也有书坊私编。官方所编纂参考书目,旨为士子提供标准和范式,对于场屋文字具有导向性作用。这类用书往往由国子监颁行于众,且由学官负责汇编,"令监学官公共精择旧来时文谨严而有法度、精粹而有实学者经义、诗赋、论策各若干篇,许令版行,以为程式"。所选时文的涵盖范围甚广,包括太学

---

① (宋)王安石著,李之亮笺注:《王荆公文集笺注》,巴蜀书社 2005 年版,第 21 页。
② 苗书梅等校:《宋会要辑稿·崇儒》,河南大学出版社 2001 年版,第 45 页。
③ (清)徐松辑,刘琳、刁忠民、舒大刚校点:《宋会要辑稿》选举四之三〇,上海古籍出版社 2014 年版,第 5317 页。

生所作,如崇宁二年(1103)臣僚奏言,唯有府、监发解、省试并太学补试、公私试第一名经义,方许印行颁布四方。除此之外,书坊私编书中,太学生所编科考用书因太学特殊地位亦风靡于世。太学上舍生、笃信斋斋长方颐孙编有《太学新编黼藻文章百段锦》,其书今存,前有淳祐九年(1249)陈岳序曰:

> 乡先生方君府博(颐孙),莆中之文章巨擘,萤窗雪几间裒集前哲之雄议博论,取其切于用者百有余篇,以《百段锦》名之,条分派别,数体具备,有助于学为文也。①

宝祐五年(1257)太学生谢维新编有《古今合璧事类备要》,从其编者身份、内容编排等来看,无疑是场屋用书。《四库全书总目》存目一收录有《璧水群英待问会元选要》八十二卷,《提要》曰:"其书为太学诸生答策而设,故有'璧水群英待问'之名",并且批评此种"策套"现象,"南宋待太学之礼最重,而当时相率诵习者乃此剿窃腐烂之书,其亦大非养士之意矣"②。另外,《续修四库全书》著录《太学增修合璧联珠万卷菁华》一百四十卷,此亦科举用书。以上几种书目编写,皆与太学相关,这些编书在太学内部就很盛行,更是流传至全社会供举子诵习研读。如某生向朱熹说:"今之学校,自麻沙时文册子外,其他未尝过而问焉。"朱熹道:"怪它不得,上之所以教者不过如此。"③可见,南宋以来学校师生自编时文册子以备科考,这已是一种见怪不怪的普遍现象。大多数师生对此处之泰然,也有看其不惯而欲行抵制者,太学博士彭龟年就是其中一位。其时,"有谏大夫同知贡举,欲大变文格,下太学选经义、诗赋、论策各二百篇为式"④。选篇职责降至太学学官时,彭龟年对此坚决反对,说:"使士明经术,熟古文,则文格自正。校文已为下策,又使之习时文,此非所谓教也。"不惜忤

---

① (宋)方颐孙编:《太学新编黼藻文章百段锦》,齐鲁书社1997年版,第1页。
② (清)永瑢等撰:《四库全书总目》卷一三七,子部类书类存目一,中华书局1965年版,第1162页。
③ (宋)朱熹著,黎靖德编:《朱子语类》第四卷,岳麓书社1997年版,第2431页。
④ (宋)楼钥:《楼钥集》,浙江古籍出版社2010年版,第1766页。

逆谏官，然最终未再选之。总之，太学师生所编撰、受欢迎于太学内外的科场用书，既因受科举影响而产生，又反过来影响科举风气。

第三节　制度影响：太学制度设置与科举

太学诸项制度的创设与实施，旨在其内部自身的良好发展，与外界本无牵涉。但在科举制强大的影响力下，一系列的太学制度皆渗透科举因素。

其一，学官管理制度的制订与科举相挂钩。遴选太学学官之途径，在两宋不同时期先后采取荐举、考试等方式，除考察其品德修养、学术才能，是否熟习举业也是能否拟任的重要衡量标准，科考具体成绩纳入任职太学的前提条件。元丰七年(1084)太学实行选录学官考试制度，有资格报考者，或为科考等级试中"进士第一甲，或省试十名内，或府、监发解五名内"，或是太学内部"公、私试三名内，或季试两次为第一，或上舍、内舍生，或曾充经谕以上职掌"，舍此之外皆不得报考。考中者以成绩分列上、中、下等，并依次任博士、正、录职。可以说，这场考试就是聚集科场优秀者而举行的又一次本质相同的科考，只是专门针对太学学官而设。考试法如此，荐举方式也多强调科考身份。元祐二年(1087)在取消学官考试而荐举入职时就明确规定，被荐者必须为进士出身。拟任学官，朝臣为其所撰制诰文也体现出科举考虑，如刘克庄将"科目之高"等视为拟任太学的有利条件：

> 尔科目之高，人物之胜，擢诲诸生，士论翕然，曰国子监不寂寞矣。(《方登太学录制》)①
>
> 尔自为诸生，每一篇出，纸价为贵。(《陈栩国子博士制》)②

---

① (宋)刘克庄著，辛更儒校注：《刘克庄集笺校》第七册，中华书局2011年版，第2987页。

② (宋)刘克庄著，辛更儒校注：《刘克庄集笺校》第七册，中华书局2011年版，第3038页。

从学官奖惩制度来看,科举及第率、三舍升舍率往往是考量学官授学成绩的参考标准。这也难怪,学官授课质量本身之高低实难有精确的评判,但因太学实行分经分斋制度,一位学官对应着具体数量的太学生,考校学官水平的标尺就转移到教授之诸生身上。诸生升舍、及第者的比例高低,直接反映了学官教学的质量水平。《宋史》为胡瑗列传仅数百字,仍不忘言"礼部所得士,瑗弟子十常居四五"①,可见世人亦视科举及第为评价学官成就的依据。

其二,诸生招补制度受到科举的直接影响。从太学招生时间来看,本来设置有专门的补考时日,一般定在春秋两季,但若遇科举年份,就必须为春季之科考让路,推迟至夏季补招。这项举措被以诏命颁布,立为定制。太学毕竟只属于培养人才的学校机构,其社会地位及影响力比不上举国高度关注的科举考试,两者冲突之际自然以太学做出退让。从太学招生方式来看,南宋时期实施百余年的混补法与待补法,就是以科考为重要基础的产物。混补是指:

> 凡诸道住本州学满一年,三试中选,不犯第三等以上罚,或不住学而曾两预释奠及齿于乡饮酒者,听充弟子员。②

州县学生考试合格者和科举下第者都可报考太学,因此称为"混补"。四方士子混补之法,在南宋初实行数十年后亟待变革,是因为三年一届的科考及第数额远远不及每年补考的太学招生数额,愈来愈多的混补生耗费朝廷大量人力财力,却得不到对等的育才成果。所创设之待补法欲革混补旧弊,仍然以科举考试为其依傍。待补是指:

> 命诸路州军以解试终场人数为准,其荐贡不尽者,令百取六人赴太学,谓之"待补生"。③

待补之核心点在于,有资格报考者必须参加科举之发解试,且解试落

---

① (元)脱脱:《宋史·胡瑗传》卷四三二,中华书局 1977 年版,第 12837 页。
② (元)脱脱:《宋史·选举志三》卷一五七,中华书局 1977 年版,第 3670 页。
③ (元)脱脱:《宋史·选举志三》卷一五七,中华书局 1977 年版,第 3670 页。

第人中百名取前六。这也意味着,在南宋实施待补法的长时期内,若士子未赴科考且取得不错名次,就已注定无缘入补太学。在此,科举制度再次影响太学招生。另外,崇观兴学时期始创于太学的"八行取士法",在其实施期间也是招录太学生的途径之一。因具备取士功能,科举制视其为科考类型中的"八行取士科"①。八行分别为:

> 善父母为孝,善兄弟为悌,善内亲为睦,善外亲为姻,信于朋友为任,仁于州里为恤,知君臣之义为忠,达义利之分为和。

它完全依据士人德行选取,按照八行分别等次,其中,孝、悌、忠、和为上,睦、姻为中,任、恤为下。若士子全备八行,随奏贡入太学,免试为太学上舍后,校定不诬,即可"取旨释褐命官,优加拔用"②。可见,纯以品行取士既属太学招生范畴,又是科考制的另类实践。

其三,教学管理制度中的科举因素。在官学基本荒废的北宋初期,朝廷为维持一定办学规模,实施听读日限措施,将在学管理与科考紧密结合。仁宗庆历二年(1042)规定诸生须在学听读五百日方许取解,已发解而科考未中者,仍须听读一百日,方许再次参加。第二年更改为"旧举人听读一百日,新人三百日,方许取解"③。其后此项制度时兴时废。熙宁时期规定在学生听读日限为一年。至南宋初,绍兴二十四年(1154)规定:"国学生住学三年内,实历打食不及一年之人,遇取应日,别立字号。"④实历打食之举就是对听读时日的限制,若不足者将采用别头试区别对待。另外,管理制度中的三舍取士制,它在非罢止科举的时段就与科举制密切衔接。特别是太学上舍生分列等级与科举考试相对应:上舍试中校定双

---

① 乔卫平:《中国教育制度通史(第三卷)》"第七章 宋代的科举制度",山东教育出版社2000年版,第312页。

② (清)黄以周等辑:《续资治通鉴长编拾补》卷二七,中华书局2004年版,第905页。

③ (清)徐松辑,刘琳、刁忠民、舒大刚校点:《宋会要辑稿》崇儒二之四,上海古籍出版社2014年版,第2761页。

④ (宋)李心传著,胡坤点校:《建炎以来系年要录》卷一六七,中华书局2013年版,第3163页。

优的太学生为上舍上等生,可立即释褐授官;校定一优一平者为上舍中等生,可直接参加殿试,相当于已通过省试;校定双平或一优一否者为上舍下等生,可直接参加省试,相当于已通过发解试。其间对应细规在不同时期略有差异,但舍选取士与科举制间的紧密衔接并无变化。

太学与科举之衔接关系主要体现于上,却不尽然。朝廷将太学作为国家教育的特殊存在而给予宽优解额,太学取解直接等同于科考之发解试,这是二者在制度层面的硬性关联。教学、考试过程中对于科举的依附,太学内部诸项制度的设置受科举之影响,亦皆是其间重要表现。值得注意的是,考察宋代太学历程,北宋三次兴学运动不断为太学发展注入推力,表面看来历次兴学是宋代太学得以兴盛发展的重要原因。但还可发现,其实兴学运动并非专门针对太学而发起,恰恰相反,改革科举才是兴学的重头戏,每次兴学都是欲除科举弊端、重新规划养士取士制度的结果。从这层意义来说,科举改革带动兴学运动,进而影响太学发展。而四方士子怀有入补太学的高涨热情,既因太学乃国家最高学府的特殊地位,更因科举吸引力入学取解,走一条科考捷径。反过来说,若科举没有如此巨大的社会影响力,士子赴考者寥寥,其直接结果是赴太学考者更将大幅减少。从这个层面来说,科举之兴盛保证了源源不断的太学生源,提升了诸生乃至太学的质量水平。另外,太学生参加科考,其不同于社会士子的独特身份难以抹除。它带给太学生高比例的解额率与及第率,但有时也起着约束作用。即便在殿试进士定榜的关键时刻,也不妨碍国子监长官依据太学生在校时的品行表现,将品德不良而即将殿试授官者,"指名进呈,乞予黜落"。此举既维护了太学养士以品行、经义为重的初衷,也弥补了科举制"取一日之长"的不足。由此可见,宋代太学与科举之间的衔接与影响,超越制度层面的相互碰撞,涵盖社会层面的无形渗透,从大范围的宏观论述到小角度的微观缕析,皆可论证其间的紧密关联。

第二章　宋代太学发展演变(下)：
自主化悖反

宋代科举史发展表明,它带来的社会影响广泛涉及政治、文化、教育等诸项领域,对于太学的导向作用也是毋庸置疑。从太学发展史来说,作为独立设置的国家教育机构,它虽深受科举影响却不甘于成为科考的附庸,全国最高学府的特殊地位迫使它寻求自我价值和独立定位。因而,宋代太学的演变历程既是太学科举化趋势而受科举深刻影响、具有紧密衔接的过程,也是太学自主化斗争而与科举悖反发展、追求自身权益的过程。

第一节　悖反基础:科举改革机遇与太学制度完善

隋唐时期的科举制度已对涵盖太学在内的社会诸方面产生重大影响,重科举轻太学、科举导向与太学依附的特征由来已久。特别是在宋初数十年间,这种倾向表现得尤其明显。如此形势之下自难论及悖反之意。随着科举与太学发展,逐渐出现新的变化与机遇,形成悖反基础。

从科举制度来说,科举发展弊端及改革具体方向为太学之悖反提供重要基础。北宋初,科考制度的改革完善与录取规模的逐步扩大,极大促进赴考士子的公平竞争,有力推动宋代教育事业的向前发展。经历数十年的迅速发展,科举制存在的弊端逐渐凸显。至仁宗朝,面临内忧外患日益严重的政治形势，一系列社会问题浮出水面，亟待改革。官员腐败现象就是其中之一，它与社会政治体制相关，也因科举制选拔人才制度出现问题。长时期以来，实施科举的首要任务是在笼络和控制士子的基础上，加强中央集权的政治稳定。纵使欲将天下人才皆收入其囊，但限于向来采取的科考程式，难以选拔出经世致用的真正人才。这种弊端就遭到时人批评。范仲淹指出：

> 六经传治国治人之道，而国家乃专以辞赋试进士，以墨义试诸科。士皆舍大方而趋小道，虽济济盈庭，求有才有识者，十无一二。①

诗赋以其"拘以声病对偶，故工拙易见"受科考青睐，而能够体现实际为官能力的经义、策论因其"汗漫难凭"难受重视，导致所选人才少"有才有识者"。

真材实学者难得，既然科举所取士并非皆尽如人意，其改革出路又在何方。此时，朝臣将目光投向北宋以来一直轻视的学校教育。仁宗朝改革科举，参知政事范仲淹在应诏条陈十事中，提出"精贡举，欲复古兴学校，取士本行实"②的主张，改科举与兴学校并行不悖。范仲淹在中央、地方任职期间均致力办学，重视教育，"善国者，莫先育材；育材之方，莫先劝学"③，就是对于科考取士人才之难的解决之道。正是基于这样的考量，庆历兴学才会最终出现，太学也得以正式重建。反过来考虑，若在科考中并未出现人才难的问题，很难想象此时的学校教育能够获得兴学运动式的大力发展。可见科举弊端及其改革的确为太学独立发展提供了基础。只是庆历兴学为时甚短，官学难有起色。科举制发展至熙丰兴学时期，王安石再次提出批评：

> 若谓科法已善，则未也。今以少壮时，正当讲求天下正理，乃闭

---

① （宋）范仲淹：《范仲淹全集》，四川大学出版社 2002 年版，第 523 页。
② （元）马端临：《文献通考》卷三一，中华书局 2011 年版，第 895 页。
③ （宋）范仲淹：《范仲淹全集》，四川大学出版社 2002 年版，第 237 页。

门学作诗赋。及其入官,世事皆所不习。此乃科法败坏人才,致不如古。①

若谓科考未得人才,自然不符现实。因为对于绝大多数考生而言,科考之外仕进别无他路,即便科法弊端重重,所录取者"其间不容无贤"。但不可否认的是,所取之士不习世事者实多有之。更何况,从最高统治者到朝中大臣都将天下士子"一道德"、以便维护政权稳定作为重中之重。"故一道德则修学校;欲修学校,则贡举法不可不变。"②其间的逻辑关系是,因政治考虑而"一道德",因"一道德"而修学校,因修学校而变科举。执政者描绘这种相递影响,显然提升了官学教育地位,科举改革成为兴学前提,最终为太学自身发展及其悖反打下基础。

从太学制度来说,思想上谋求独立发展的必然要求和制度上创设发展的实质情形,为太学对于科举之悖反提供了坚实基础。思想层面来看,太学自身在教育领域占据特殊地位,它不甘于沦为科举的附庸,否则将失去其存在的价值意义,统治者的重视与扶持就会打折扣。透过现实考量,科举弊端带给太学的不良影响,更加激起太学内部对于科举之悖反的意愿。

科举的不良影响愈大,太学独立发展的呼声就愈高。社会舆论中出现注重太学独立性的声音,依附科举现象遭到批评。

制度层面来看,太学制度的完善发展及其体现出的优越性,是太学追求自我独立发展的重要保障。欲实现思想层面的主观意愿,太学制度发展的实际情形必须跟得上步伐。只有明确的思想愿望和荒废的太学现实,显然难以达成其悖反科举的目标。而在三次兴学运动的推动下,宋代太学制度取得了举世瞩目的成就。皇帝及臣僚愈加重视,神宗帝就说"欲化民成俗者,必自庠序之教;行进贤兴功者,抑繇贡举之法",这在轻视学校教育的宋初时期不可能同列而论。社会士子的太学态度经历耻于入学

① (元)马端临:《文献通考》卷三一,中华书局 2011 年版,第 895 页。
② (元)马端临:《文献通考》卷三一,中华书局 2011 年版,第 895 页。

到竞相奔趋的转变,这其中有科举的功劳,也是太学自身实力增强的结果。太学对于四方学校的导向作用逐步形成,"太学时文,四方视以为法"。可见,随着其地位日益提升,教育领域的话语权也在不断增加,凡此皆为其进一步独立化提供了资本和基础。另外,相比于科举存在的诸种弊端,太学制度体现出的优越性更是制度保障的重要内容。刘安节比较太学三舍法与科举法的优劣,认为三舍之法"视科举为有余":

> 三舍之法,屡试而后补,科举之法,一试而得之,则取人以暂者,不若久之为愈也……必欲舍众人之私心而一取公于法,则三舍之制其贤于科举,不亦远乎……故为今之计者,莫若推三舍之法以行于天下,使近者不得抱羁旅之戚,而远者亦得承诱掖之化,顾不善哉。①

制度之优劣难以简单评判,但引文所论之科举"取人以暂"不如三舍"久之为愈"也确属事实。这类言论支持太学独立发展,无形中为其悖反基础增添力量。

第二节 悖反争论:太学科举的优劣存废之议

随着宋王朝政治和社会范围内的历次变革,太学制与科举制的发展演变也呈现出新型特征。这些特征与隋唐时期二者关系发展不同,因而能为宋代太学的独立化争斗奠定悖反基础。然而,宋代太学每一次追求独立权益,特别是涉及科举制时,都伴随着朝臣有关二者的诸种争论。太学每一阶段的前进发展,都须经历质疑和问题不断的艰辛过程。

围绕太学与科举制度改革建设的争论,朝臣纷上奏章,各抒己意,断断续续中贯穿两宋时期。纵观宋代教育发展史,议论纷争最为激烈的阶段,突出反映在历次兴学运动前后及太学创设新制度时。较大规模争论

---

① (宋)刘安节著,陈光熙点校:《刘安节集》,上海社会科学院出版社 2006 年版,第 75—76 页。

的发起,一般是在社会及教育弊端频现之时,执政者基于亟待革新的需要,集思广益于诸臣。仁宗朝庆历兴学失败后,十余年后的嘉祐元年(1056)又诏命群臣议兴学事宜。欧阳修答诏文《议学状》提及诸臣僚的兴学建议:

> 臣等伏见近日言事之臣为陛下言建学取士之法者众矣,或欲立三舍以养生徒,或欲复五经而置博士,或欲但举旧制而修废坠,或欲特创新学而立科条,其言虽殊,其意则一。陛下慎重其事,下其议于群臣。①

立三舍、创新科等皆是对科举取士独尊地位的有意动摇,朝臣争论建立于清楚认识到科举弊端的基础之上。熙丰兴学前期,神宗帝下《令臣僚议更贡举法诏》,"令两制、两省待制以上,御史台、三司、三馆臣僚,各限一月内具议状闻奏"。诏文特寻科举与学校的改革良方,故臣僚奏疏多皆涉及,今存答诏文有苏轼《议学校贡举状》、司马光《议学校贡举状》、吕公著《答诏论学校贡举之法奏》、陈襄《议学校贡举劄子》等。元祐时期,执政之旧党罢废熙丰兴学诸多举措,围绕太学制度又掀起一场争论。其中,王岩叟、程颐、刘挚等各执一词,难定是非。南宋以降,太学与科举制度关系的争论一直未停。教育大家朱熹所作《学校贡举私议》,将太学与科举排比论之,观点直接鲜明,论析深入透彻,颇具重要意义。

朝廷大范围地改革太学与科举的具体过程,也是太学谋求自主发展的悖反过程。但存在的问题是,改革的最终结果并不能每次都达到太学的自我预期。或是朝着太学自主化向前进,或是进一步受到科举影响。这本取决于最高统治者及执政大臣之意,而众臣僚所议也是实施改革的重要参考因素。诸臣参议改革方案的同时,自然少不了太学与科举之争。

其一,太学取士与科举取士的存废之争。宋代自重建太学,除受战乱影响在南宋初停废十余年,其他时期再未有荒废。即便多数时间围绕着科举这个指挥棒运转,但废除太学之议从未有过。因为不论其发展水平

---

① (宋)欧阳修:《欧阳修集编年笺注6》,巴蜀书社2007年版,第438页。

的高低,它都是国家重视教育的重要象征。然而,太学内部具体制度的设立就有异别之论了,特别是欲悖反科举而触动其核心权益之时。太学舍选取士制度的创设,就是对科举取士独尊地位的挑战。仁宗嘉祐时期的兴学奏章"或有立三舍以养生徒"之议,神宗熙丰兴学前夕的答诏论辩中,司马光已有分太学为内舍、外舍,内舍再分三等之论。苏轼对此持否定态度,"今之学校,特可因循旧制,使先王之旧物不废于吾世,足矣"(《议学校贡举状》)①。其观点是,太学不废于宋世即可,改革三舍更无从谈起。王安石兴学运动力排众议,创立三舍取士制。哲宗元祐年间旧党执政,立即触发三舍取士存废争论。元祐元年(1086)王岩叟上《请罢三舍法疏》,将太学定位至科举附庸,"庠序者,所以萃群才而乐育之,以完其志业,养其名誉,优游舒徐,以待科举者"②,太学之性质本该如此,而舍选取士明明是对科举之悖反,故认为"不必于科举之外,别开进取之多歧,以支离其心,而激其争端"。程颐《看详三学条制》意近之:"学校礼义相先之地,而月使之争,殊非教养之道。"③"三舍升补之法,皆案文责迹有司之事,非庠序育才抡秀之道。"对此,御史刘挚意见不同,指出"庠序之制,教育以成其才,奖劝以尽其制。群居众聚,略无拘束。自古以来,法之施于学校者,其本不过如斯而已"④。经过一番争论,三舍取士法暂未废止,何况数年后进入绍圣时期,又全面恢复熙丰之制了。徽宗之初,蔡京意欲推行舍法于天下,黄裳持异论,"不若遵祖宗旧章,以科举取士",其后卒如黄裳所言而罢之。不过崇观兴学阶段终将其议变成现实。降至南宋,著名观点有朱熹罢舍选之论,"罢去舍选之法,而使为之师者考察诸州所解德行之士与诸州之贤者,而特命以官。则太学之教不为虚设"⑤。

科举取士的存废问题,在两宋大部分时期并不存在争议。这当然归

---

① (宋)苏轼著,张志烈、马德福、周裕锴主编:《苏轼全集校注》(文集),河北人民出版社 2010 年版,第 2845 页。
② (宋)吕祖谦编:《宋文鉴 8》卷六〇,商务印书馆 1937 年版,第 846 页。
③ (宋)程颐,程颢:《二程集》,中华书局 2004 年版,第 562 页。
④ (宋)李焘:《续资治通鉴长编》卷三九〇,中华书局 1993 年版,第 9476 页。
⑤ (宋)朱熹:《朱子文集》,中华书局 1985 年版,第 480 页。

功于科举无与伦比的重要性和影响力。但即便如此，也并非宋人对于其或存或废没有任何议论。早在北宋熙宁二年（1069），吕公著《答诏论学校贡举之法奏》提出的科举、太学改革方案，就是在渐变过程中废止科举，取士最终皆本自学校，其文曰：

> 自尧舜三代以来，其养士取人之法虽随时损益不同，然教必本于学校，进必由于乡里，此六七圣人所不易也。逮乎秦汉而下，圣王之迹既息，凡所谓礼乐教化之官皆以废绝。至于设科取士，则各出于一时之苟且。国家承其极弊之后，而因循未暇制作。虽天下学校颇尝修建，然取士之路不出于此，而欲人之就学也，不亦难乎？其为科举之法，则专以进士、经学，大抵皆袭唐制而已。夫上之取士者，将以治事而长民，而所以取之者，乃不过试之以辞章、记诵之学，盖亦乖矣！今诚不能革苟且之弊，兴废绝之法，而望贤才之加多，风俗之渐变，终亦不可得也。故臣窃以谓贡举之弊不可不革，而学校之制所宜渐复。虽进士、经学行之既久，为有司者安于课试之格，为士人者狃于进取之术，可以渐去而未可以遽废。莫若先建学校，兼而行之。学校所进者岁增，则科举所取者岁减。如此，不十数年间，士皆以学校进矣。①

吕文不仅论及改革方案，更有切实可行的改革步骤，提出由州学升太学、太学贡朝廷的初步设想：

> 所谓贡举之法者，应天下士人，并须本县公吏等结罪保明乡贡素行，方得入于州学。州学每岁贡士，量州府大小。大郡贡二人；其小郡士人绝少处，二岁若三岁贡一人。并知州、通判与主学官，于学生内选入学一年以上、经明行修者，贡于朝廷。而升于太学者，官为给食。太学每岁于学生内，选到住太学一年以上、经明行修、通世务、可以治人者七十人，进于朝廷。其在上等者，委中书门下量才官使；其在次等者，送流内铨依名次注官。计一岁所贡者七十人，三岁所贡者

---

① （宋）赵汝愚编：《宋朝诸臣奏议 上》，上海古籍出版社1999年版，第852页。

二百人,则后次科场进士、经学,南省奏名之数内可各减一百人。三岁之后,就学者众,诸州所贡人数可以倍增,而太学三岁可增置四百人,则进士、经学奏名内更各减一百人。又行之三岁,科举可尽罢,而士之进者皆出于学校矣。①

这种教改思想出现在科举甚盛而太学衰落阶段,颇具远见卓识。至徽宗朝诏罢科举,实现士皆以学校进,凡十七年,成就宋代科举史和太学史上最特殊的一段时期。

其二,太学制度与科举制度的优劣之争。宋代教育领域内,科举制是决定天下士子能否入仕授官的考试制度,承载着他们的希望与梦想。太学是中央到地方各路学校的"领头羊",是以学校实体形式发展教育的首要代表。因而,凡涉及教育改革,科举制度与太学制度必不可少。如神宗时期群臣集体大规模的答诏论辩,就是专论科举与太学二者之改革。同时,围绕二者的制度优劣问题,自然成为关注重点。太学制度较科举之优,司马光《议学校贡举状》所论具代表性,"其经术则讲说常通,文艺则屡入优等,过犯则全然轻少,行谊则为众所服,比之糊名、誉录,考其一日所试赋、诗、论、策,偶有所长而取之者,相去远矣"②。特别是实行三舍法后,经历外舍到内舍再到上舍的艰苦递升,以及月试、岁试、舍试等无数次竞争激烈的内部考试,行艺兼备而最终脱颖而出者,必定是学中佼佼者。从这点来说,无疑比科举只取"偶有所长"要"相去远矣"。

至于太学之弊端,又因其优点而生。体现太学优越性的升舍制度,对于太学生来说却漫长而艰辛,因而诸生钻营请托、学官徇私舞弊的现象开始出现。《东轩笔录》卷六载元丰年间虞蕃讼案始末:

> 饶州进士虞蕃伐登闻鼓,言:"凡试而中上舍者,非以势得,即以利进,孤寒才实者,倒被黜落。"上即此二说,疑程考有私,遂下蕃于开

---

① (宋)赵汝愚编:《宋朝诸臣奏议 上》,上海古籍出版社 1999 年版,第 852 页。
② (宋)司马光著,李文泽、霞绍晖校点:《司马光集》,四川大学出版社 2010 年版,第 887 页。

封府。而蕃言参知政事元绛之子耆宁,尝私荐其亲知,而京师富室郑居中、饶州进士章公弼等,用赂结直讲余中、王沇之、判监沈季长,而皆补中上舍。是时,许将权知开封府,恶蕃之告讦,抵之罪。上疑其不直,移劾于御史府,追逮甚众。而蕃言许将亦尝荐亲知于直讲,于是摄许将、元耆宁及监判沈季长、黄履、直讲余中、唐懿、叶涛、龚原、王沇之、沈铢等皆下狱。其间,亦有受请求及纳赂者。狱具,许将落翰林学士,知蕲州。沈季长落直舍人院,追官勒停。元耆宁落馆职,元绛罢参知政事,以本官知亳州。王沇之、余中皆除名,其余停任。诸生坐决杖编管者数十。而士子奔竞之风少挫矣。①

虞蕃讼案导致的元丰太学狱事件牵连甚广,就是太学考试弊端发展带来的典型后果。至南宋,朱熹在称颂仁宗朝太学"犹有古法之遗意"外,痛批历朝以降太学发展之弊端,学官已无如胡瑗者,掌教事"不过取其善为科举之文,而尝得隽于场屋者";诸生再无实心求于学者,"奔趋辐凑而来者,不过为解额之滥、舍选之私而已";太学内部的诸项考试,"月书季考者,又秖以促其嗜利苟得、冒昧无耻之心"。总而论之,"所谓大学者,但为声利之场"(《学校贡举私议》)②。朱熹之批评虽甚苛刻,但亦句句点中太学弊端之要害。

宋代科举制采取弥封、誊录、锁院等一系列制度,形式上保证了最大程度的公平竞争,实质上也基本兑现了取士不分贵贱、唯重才识的初衷。这是科举制取得天下士子青睐、发展日益鼎盛的重要原因,自是其优点所在。像太学考试过程中师生相互勾结的情况,在科考中基本不存在。至于科举之弊端,向来为数不少。有宋一代的历次教育改革,多以改革不同时期的科举弊端为其重点。难以选拔到经世致用、有才有识的治国人才,是统治者最为关心的科举问题。两宋时期一直纠缠不休的诗赋、经义之争,是困扰科举制度具体考试程式的直接问题。除此等甚重要者,站在官

---

① (宋)魏泰:《东轩笔录》卷六,中华书局 1983 年版,第 71 页。
② (宋)朱熹:《朱子文集》,中华书局 1985 年版,第 480 页。

学教育角度,科举弊端的涉及产生了不利影响。如下学记文所言,州县学深受科举影响而丧失建学本意。胡寅《桂阳监学记》曰:"世远道丧,科举之法设,父诏其子,兄诏其弟,鼓箧抠衣,登门投牒而觅举,于是洙泗之风扫地尽矣。"①周必大《广昌县学记》曰:"本朝开设学校,复帝王之盛,虽硕儒名卿布于中外,而士之月书季考惟在举业。"②官学士子皆以举业为重,故读圣人书只知编缀附会,道德仁义之说、养心修身之要一概舍之。科举之弊亦由此见。

其三,释褐状元与科举状元的荣誉之争。太学舍选制与科举制分别通过相应考试授予士子官职,其中第一名皆称为状元。"天子临轩策天下之士,取其尤异者一人曰状元。"(王希吕《太学两优释褐之人不当即为学官奏》)③科举考试经历解试、省试与殿试的层层选拔,最终由皇帝钦点为科举状元,其荣耀自是备极一时。"舍法选举,有司考校,取其两优者一人曰释褐状元。"太学舍选取士,经历内舍生校定入优等、舍试再入优等,连续两次入优且分数多者,方可称其释褐状元。一般来说,科举在全国范围的影响力远比太学大,科举状元自然更为荣耀,似不存在状元间的荣誉之争,但事实情况并非如此。

《朝野类要》卷二就载:"释褐状元重于科举状元。上舍试,中优等者,释褐。以分数多者为状元,其名望重于科举状元。"④此处将释褐状元之名望放在更高位置。从荣登状元之后的一系列庆贺活动来看,科举状元有朝谢君门、谒谢先圣、拜叙同年等仪式,释褐状元有着固定的太学场所和诸斋同舍生,其庆典显得更为程序繁多。《癸辛杂识》后集对此详载:

> 释褐恩数成而优者,谓之状元。择日于崇化堂鸣鼓集众,诸生两廊序坐,学者穿秉立堂上,状元亦襕幞立,同舍班俟揖。揖讫,诣堂下

---

① (宋)胡寅:《斐然集》,中华书局1993年版,第429页。
② 广昌县县志编纂办公室编:《同治广昌县志》卷三,广昌县县志编纂办公室1983年版,第100页。
③ 苗书梅等校:《宋会要辑稿·崇儒》,河南大学出版社2001年版,第62页。
④ (宋)赵升编:《朝野类要》,中华书局2007年版,第54页。

香案前,面东南望阙谢恩,跪受敕黄,再拜。次入幕换公裳,其所换下之衣,尽为斋仆持去以利市。再至阶上,面西北再拜谢恩。毕,与学官同舍讲拜者,再次诣忠文庙。次诣直舍,通门状谢学官,亦止称其斋学生,再拜,遂归本斋团拜。次诣诸斋谢,亦称同舍生,不书斋名。礼毕,到堂上换衫帽,与学官相见交贺。监中备酒七杯,次本斋三杯。讫,临安府差到客将,备轿马、从人、差帽,迎至祥符寺状元局。凡学夫、斋仆以次,平日趋走之人,皆以大小黄旗,多至数百面,呵喝状元,与唱名一同。遂择日谒先圣。其局钱酒支用,并天府应办。次日,谢宰执台谏,然后部中送缺,初任文林郎、节察推官,视殿试第三人恩例。谢宰相,用启事,见主司,有拜礼。①

细览其谢恩祝贺程序,先后有崇化堂谢皇恩、受敕黄、换公裳、诣忠文庙、诣直舍、谢学官、本斋团拜、谢诸斋、与学官交贺、乘马至状元局、谒先圣、谢宰执等一系列活动。凡此皆意在彰显状元之荣耀,带给太学诸生的,除了无尽的歆艳其荣和燃起的信心希望,还有状元"襕幞立"后"所换下之衣",抢得者高价售卖于市,因其象征着状元之好运。

释褐状元为何能受到如此高规格的礼遇,这缘于其极难的考核制与极低的录取率。从考核录取来说,甚至难于科举。《癸辛杂识》记载:

上舍试每三人取一人,优等十人,赋三、书二、余经各一。通榜魁十分,亚鼎各九分,余七名并八分,平等六分。内舍未有校定,本年中舍平等者,理为内校。升补上舍有三等。内舍平校试舍试平等;或内舍优校,不中上舍试,或有季无校定,试入上舍试优等,亦与随榜升补下等上舍,谓之赤脚升,其升补名字依上舍试榜资次。盖舍试压公试,内舍新升及无季人虽中舍试,只作内校分数。然舍试一中优等八分,平等六分,五名以前又有加分,尽可赶优。或前一年已有平校,本年有平等,上舍试入两中舍试平等,已上谓之俱平。或一优一否,皆为下等上舍。谓如内舍优校人试入上舍试平等,或上舍平校人试入

---

① (宋)周密著,吴企明点校:《癸辛杂识》后集,中华书局1988年版,第62页。

上舍优等,当举免省到殿。元有求免人理作升甲用,已升甲者升名,谓之一优一平为中等上舍,谓如内舍优校人又中上舍试优等,以优中优皆是释褐。不拘名数,先赐进士出身,谓之上等上舍,法注教官。续有此附黄甲第三人恩例,注推官,自方熙孙始。当年间有内舍优校,内优三人,当年积八分已上者,可成舍试。次年八分已上者,不可成。偶舍试当年分人多,亦止以三人为限,第四名纵积十分,亦不理。若以优中优,则谓之两优状元。其试两年一次,率在季秋,圣旨差官命极难之题,重于省试。①

两优状元之艰难略如上述。太学月书季考,积累之久,必行艺特异,众所推许方可,与科考不同的关键之处是,科举每届必有状元,而舍选试"有人则取,无人则阙",故"十有余年,而不得一者"②。南宋庆元之际,吴仁杰《太学释褐记》中说:"上舍优选亦不常有。方其徕天下之英而群试之,有司求十百于千万,然后得入太学,又谨察其行艺之可者而升之,必内舍最优之人中上舍而占优等,然后得为两优。其跻扳分寸累而弗隊者不一二,败于垂成者皆是也。"③在如此严苛的选录标准下,两优释褐者绝少,就更见其受人看重之缘由。释褐状元少到何种程度,据载,自元丰至元祐始得一人曰林自;自元祐至崇宁始得一人曰张相;自绍兴建学至乾道三年(1167)始得一人曰黄伦;自乾道三年"至庆元三年(1197)这30年间,直接得官者只有7人"④。而此处所谓直接得官者并非皆是释褐状元。由此可见太学释褐之难。

因其超越科举常科之艰难,一旦释褐授官,则较科举状元更优。朝廷给予其高规模的优厚待遇,却是拥护科举制者所不情愿看到的。这也引发围绕释褐状元与科举状元荣誉及授官待遇的争论。自北宋元丰学令

---

① (宋)周密著,吴企明点校:《癸辛杂识》后集,中华书局1988年版,第62页。

② 苗书梅等校:《宋会要辑稿·崇儒》,河南大学出版社2001年版,第61页。

③ (宋)潜说友纂:《咸淳临安志》,浙江古籍出版社2012年版,第395页。

④ 王炳照、郭齐家:《中国教育史研究 宋元分卷》,华东师范大学出版社2000年版,第311页。

始,两优释褐者首次授官,便命之京秩,处以学官。而进士状元首次授官,只能命以签判等州县官职,方可转任京官。这种情形一直延续至南宋淳熙年间,朝中臣僚对此不公待遇早有不同意见。淳熙六年(1179),给事中王希昌批释褐状元初任学官之未妥,"释褐之人,方其未中也,固尝以学官为师矣。一旦中选,则与先生并列。方其未中也,固尝以学录、学谕为师矣;一旦中选,则向之为师者反在北面弟子之列。事之不当,莫甚于此"①。知滁州张商卿奏言释褐状元未经地方任职之弊,"不数年,便可为监司、郡守,狱讼财赋,非所素习,岂能保其不谬"②。于是朝廷始改其初任待遇。自此年始,两优释褐者依科举状元之体例,先与外任一次,再授以职事官。其后又有"与殿试第二名恩例"③,"视殿试第三人恩例"④等变动。经历此番荣誉之争,南宋中后期释褐状元"依殿试三名前体例,且与资次",授官待遇虽差于原先,但仍与殿试前三甲相齐,其荣耀地位并未下降。

第三节　悖反意义:太学自主存在价值的实现

随着宋代太学与科举的发展演变,在坚实的悖反基础之上,经历艰辛的优劣存废之争,太学独立自主化的争斗取得成效,具有深刻的悖反意义。

太学制度的具体演进体现出悖反科举的现实意义。这突出反映在两个方面。其一,舍选取士打破了科举取士制度长期以来的垄断地位。从宋初国子监设立伊始,至庆历时期重建太学,再至熙丰兴学之前,长达百年的时间,官学乃至天下士子皆须由科举入仕。此时段内,官学难言独立,一切以科举为导向,甚至是否与科考相遇成为官学或兴或废的重要因

---

① 苗书梅等校:《宋会要辑稿·崇儒》,河南大学出版社2001年版,第62页。
② 苗书梅等校:《宋会要辑稿·崇儒》,河南大学出版社2001年版,第62页。
③ (元)脱脱:《宋史》卷三五,中华书局1977年版,第667页。
④ (宋)周密著,吴企明点校:《癸辛杂识》后集,中华书局1988年版,第62页。

素。长期受科举影响的太学,终于在熙宁四年(1071)正式实施影响深远的舍选取士法,百年来科举对取士的垄断也就此打破。是年诏令:

> (太学)生员分三等:以初入学生员为外舍,不限员;自外舍升内舍,内舍升上舍。……(上舍)如学行卓然尤异者,委主判及直讲保明,中书考察取旨除官。①

元丰之后,太学三舍选察升补之法愈加严密,详细规定招生条件、升舍考核、选取入仕等制度,其中"上舍生分三等:俱优为上,一优一平为中,俱平若一优一否为下。上等命以官,中等免礼部试,下等免解"。这意味着,太学有了独立于科举之外自行取士的渠道。这项改革人才选拔方式的重要制度,自从创设直至南宋末,太学之内再也未被废除。可见在科举之外舍选取士的存在是被朝廷所充分首肯的。两宋长时期内,太学取士与科举取士的独立而并行,对科举考试形成无形的牵绊力。

其二,全国悉由太学舍选取士取得罢止科举的阶段性胜利。隋唐以来延续数百年的科举制,在北宋徽宗朝的崇宁、大观兴学浪潮中戛然而止,将取士权全部转至太学舍选。这是科举历次改革的结果,也是太学不懈悖反的成果。"在悠久的科举史上,使宋朝与其他各朝有最大区别的是它特别喜爱改革。科举制度在任何其他时代都没有像在北宋那样从根本上受到挑战或进行过如此果断的试验。"②"从根本上受到挑战"意指太学舍选对取士权的争夺。崇宁三年(1104)徽宗下诏:"其诏天下,将来科场如故事外,并罢州郡发解及省试法,其取士并由学校升贡。"③自此年始,朝廷诏罢科举,天下士子悉由学校升贡,实现"取士皆本于学校"的教育目标。直至宣和三年(1121),诏罢天下三舍,太学以三舍考选,开封府及诸路以科举取士。

---

① (宋)李焘:《续资治通鉴长编》卷二二七,中华书局 1993 年版,第 5529 页。

② John W. Chaaffee: *The Thorny Gates of Learning in Sung China: Social History of Examination*, Cambridge, Mass: Cambridge University Press, p. 184.

③ (清)徐松辑,刘琳、刁忠民、舒大刚校点:《宋会要辑稿》选举四,上海古籍出版社 2014 年版,第 5317 页。

这十七年间,可谓是太学的黄金时代,通过太学舍选为朝廷选拔出诸多优秀才士。但是,天下三舍取士制度在实施过程中也出现了诸多弊端和社会问题。徽宗朝诏罢科举之初,要求天下州郡皆置学养士,差遣教授,增置田业,遍行三舍法于州学、县学、小学,大规模兴学运动需要朝廷给予雄厚的教育经费支撑。据南宋章如愚《群书考索》载,大观二年(1108)时:

> 天下被教养之惠凡一十一万余人,为屋以居之,凡万一千余楹,计其所费钱二百四十一万余贯,谷五十五万余石。[1]

如此空前巨费,且逐年有增无减,而朝廷财力日渐困顿,兴学费用终是难以为继。对于天下士子来说,悉由学校升贡面临诸多不便之处。县学、州学、太学三舍的依次递升导致生徒久居校舍,而士子年龄跨度大,这种取士制度对四五十岁的赴考举子显然不利,也让家境贫寒者难以承担多年求学的费用支出,故而时人议三舍法为"利贵不利贱,利少不利老,利富不利贫"[2]。更何况,天下士子不可能尽皆隶籍太学、州学等官学,私学、书院等教育机构培养的大量人才,以及山野遗贤等未有学籍者只能断了求仕之路。这种拟以官学取代私学、罢废科举的取士制度,在种种现实不利因素的影响下,最终遭到废除,舍选取士只保留于太学。即便如此,在中国科举史上亦可称特殊时期的这十七年,为太学发展史增添了浓墨重彩的一笔。

太学独立的不懈追求体现出悖反科举的理论意义。这主要反映在,只有太学自身价值意义不断提升,才能在教育领域占据一席之地,若仅是作为科举附庸,即便依靠统治者的象征性扶持,也难以成就太学重要的社会和教育地位。重视官学教育的臣僚有意推进太学自主发展,科举弊端及其改革为太学提供了难得的历史机遇。"(科举)考试制度是君王的一

---

① (宋)章如愚:《群书考索》,《四库全书》(第九三七册),上海古籍出版社1987年版,第363页。

② (元)马端临:《文献通考》,中华书局2011年版,第895页。

个控制士人的工具,却不能促进全社会真正的机会均等。考试制度又解决不了'考察德行'的理想,而且对教育没有贡献,那么这个制度当然要受批评了。"当诸多科考弊端受到批评时,"大家开始讨论应该如何恢复乡里庠序之学,从根本上来解决教育及科举的问题"①。科举发展过程中逐渐暴露出缺陷,且将其改革方案指向官学教育之时,太学实施三舍法及舍选取士,赢得世人关注。自舍选以降直至宋末,不论太学发展是兴是衰,都能将其社会影响地位维持在一定高度。这里有科举优厚解额之功,也是太学有权自行取士之因。太学舍选取士与徽宗朝罢止科举,为太学自主、持续、良性发展奠定重大基础,具有重要的历史意义。

总体而论,宋代太学与科举关系甚为密切,渗透非常深入。同属教育领域,影响与碰撞并存,二者不可分割的紧密衔接和追求独立的自主悖反,始终伴随着太学在宋代不同时期的发展演变。我们应正视科举对于太学的长期主导指挥和深刻影响衔接,"科举在教育方面所表现出的巨大影响力,亦即现今人们竭力批判的考试的'指挥棒'功能,并非科举之类国家性人才选拔考试的固有弊端,而是此类考试在社会中的地位与作用使然,实系考试与教育互动关系的规律性反映"②。二者间的互动关系及看似矛盾的悖反性质,皆是其内部发展的规律反映。我们更应重视太学为追求自主地位而不懈悖反争斗的意义,这是宋代太学的存在价值及其魅力所在。

宋代太学上舍释褐一览表

（资料出处:龚延明、祖慧编著《宋代登科总录》）

序号	姓名	简介	及第年份
1	黄履	邵武军邵武县人。上舍魁。	嘉祐元年(1056)
2	黄伸	邵武军邵武县人。	嘉祐元年(1056)

---

① 李弘祺:《宋代教育与科举的几个问题》,《香港中文大学中国文化研究所学报》1979 年第 10 卷上册,第 105 页。

② 寥平胜:《考试是一门科学》,华中师范大学出版社 2003 年版,第 99 页。

续 表

序号	姓名	简介	及第年份
3	胡志康	字永宁,湖州乌程县人。授朝奉郎、杭州观察推官。	嘉祐三年(1058)
4	杨伋	特赐进士出身。	熙宁八年(1075)
5	陈师锡	字伯修,建州建阳县人。探花及第。知庐、滑诸州。	熙宁九年(1076)
6	顾襄	字公甫,苏州人。仕至太学正。	熙宁九年(1076)
7	陈瓘	字莹中,南剑州沙县人。探花及第。知泰州。	元丰二年(1079)
8	吴师礼	字安仲,杭州钱塘县人。仕至直秘阁、知宿州。	元丰五年(1082)
9	陆徽之	字彦猷,苏州常熟县人。终濮阳县主簿。	元丰五年(1082)
10	林自	字疑独,兴化军兴化县人。两优释褐。历太学博士,终官宣德郎。	元丰五年(1082)
11	张根	字知常,饶州德兴县人。终官朝散大夫。	元丰五年(1082)
12	邹洵武	临江军新淦县人。历鄂州司户参军。	元丰八年(1085)
13	章综	字子上,建州浦城县人。直龙图阁。	元祐三年(1088)
14	李知刚	字作乂,越州上虞县人。终池州司理参军。	元祐六年(1091)
15	汪奕	字公伟,歙州绩溪县人。历知东流县。	元祐六年(1091)
16	周行己	字恭叔,温州人。历太学博士,知乐清县。	元祐六年(1091)
17	江襄	字仲嘉,衢州开化县人。官止承议郎。	绍圣元年(1094)
18	陈觉民	字达野,兴化军仙游县人。终右文殿修撰、知广州。	绍圣二年(1095)
19	叶源	福州侯官县人。承议郎、两浙提举学事。	绍圣四年(1097)
20	周武仲	字宪之,建州浦城县人。官至朝请大夫。	绍圣四年(1097)
21	胡伸	字彦时,歙州婺源县人。国子司业。仕至知无为军。	绍圣四年(1097)
22	江纬	字彦文,衢州常山县人。召对称旨赐第。历太学正,知洺州。	元符三年(1100)
23	何大正	字自中,南安军大庾县人。召对称旨赐第。仕至南雄州司理参军。	元符三年(1100)
24	朱褒	字世德,建昌军南丰县人。仕至屯田员外郎。	元符三年(1100)
25	向子韶	字和卿,开封府人。终知淮宁府。	元符三年(1100)

续　表

序号	姓名	简介	及第年份
26	苏烨	字天宠,兴化军莆田县人。国子司业。仕至礼部侍郎。	元符三年(1100)
27	苏械	字公美,兴化军莆田县人。终国子司业。	元符三年(1100)
28	汪藻	字彦章,饶州德兴县人。官至显谟阁学士。	崇宁二年(1103)
29	陈惟刚	字公执,兴化军兴化县人。官至朝散大夫。	崇宁二年(1103)
30	赵霄	字彦昭,温州瑞安县人。终承事郎、辟雍正。	崇宁二年(1103)
31	郑南	字明仲,福州人。上舍魁。历国子司业,终朝散大夫。	崇宁三年(1104)
32	朱丁	上舍释褐赐第。	崇宁三年(1104)
33	江致平	歙州婺源人。终秘书省正字。	崇宁三年(1104)
34	刘嗣明	开封府祥符县人。仕至翰林学士、工部尚书。	崇宁三年(1104)
35	乔寿纯	上舍释褐赐第。	崇宁三年(1104)
36	李会	上舍释褐赐第。历右司谏、中书舍人,知庐州。	崇宁三年(1104)
37	张绰	上舍释褐赐第。历辟雍正。	崇宁三年(1104)
38	吴揆	漳州龙溪县人。上舍释褐赐第。	崇宁三年(1104)
39	林徽之	字天和,福州闽县人。仕至朝请大夫。	崇宁三年(1104)
40	胡尚义	上舍释褐赐第。	崇宁三年(1104)
41	赵滋	上舍释褐赐第。	崇宁三年(1104)
42	赵熙	上舍释褐赐第。	崇宁三年(1104)
43	崔珤	字梦符,福州侯官县人。仕终朝奉郎。	崇宁三年(1104)
44	程振	饶州德兴县人。上舍释褐赐第。	崇宁三年(1104)
45	戴颀	上舍释褐赐第。	崇宁三年(1104)
46	叶祖义	字子由,婺州人。历杭州府学教授。	崇宁三年(1104)
47	方闻	字彦直,睦州淳安县人。官左朝散大夫。	崇宁三年(1104)
48	俞桌	字祇若,升州人。历中书舍人,御史中丞。	崇宁四年(1105)
49	丁爽	洪州新建县人。	崇宁四年(1105)
50	王礼	信州上饶县人。	崇宁四年(1105)

续　表

序号	姓名	简介	及第年份
51	尤好问	江州彭泽县人。	崇宁四年(1105)
52	叶翱	建州建安县人。	崇宁四年(1105)
53	邦方	上舍释褐赐第。	崇宁四年(1105)
54	权邦彦	字朝美,瀛州河间县人。官至端明殿学士。	崇宁四年(1105)
55	朱胜非	字藏一,蔡州人。仕至宰相兼知枢密院事。	崇宁四年(1105)
56	向孔仁	江州彭泽县人。	崇宁四年(1105)
57	孙达	常州无锡县人。	崇宁四年(1105)
58	杨迈	升州人。历知夔州。	崇宁四年(1105)
59	周固	字适可,建州浦城县人。历辟雍司业,终直秘阁。	崇宁四年(1105)
60	徐炳	江州彭泽县人。	崇宁四年(1105)
61	崔问	南康军星子县人。	崇宁四年(1105)
62	方车	兴化军兴化县人。内舍生赐同进士出身,仕至秘书省正字。	崇宁四年(1105)
63	王绚	字唐公,开封府人。终资政殿大学士。	崇宁五年(1106)
64	黄翰	泉州惠安县人。仕至知柳州。	崇宁五年(1106)
65	李光	字泰发,越州上虞县人。官左朝奉大夫。	崇宁五年(1106)
66	李弥大	字似矩,苏州吴县人。仕至工部尚书,官中大夫。	崇宁五年(1106)
67	刘悦	字圣与,天彭人。探花及第,授河南府推官。	崇宁五年(1106)
68	王缙	字子云,睦州分水县人。仕至左朝奉大夫、知常州。	崇宁五年(1106)
69	杨惇礼	字穆仲,福州长溪县人。历太学博士,终官朝请郎。	崇宁五年(1106)
70	吴俦	字公度,湖州乌程县人。省元,宁海军节度推官。	崇宁五年(1106)
71	林伯显	兴化军莆田县人。历国子司业,终知泉州。	崇宁五年(1106)
72	林宋卿	字朝彦,兴化军仙游县人。终朝请大夫、知恭州。	崇宁五年(1106)
73	黄颖	字秀实,漳州龙溪县人。累迁中书舍人。	崇宁五年(1106)

续 表

序号	姓名	简介	及第年份
74	李邦彦	字士美,怀州人。累迁太宰、门下侍郎。	大观元年(1107)
75	陈磷	兴化军仙游县人。仕至朝奉郎、吏部郎中。	大观元年(1107)
76	段拂	字去尘,江宁府人。历翰林学士,拜参知政事。	大观元年(1107)
77	王俣	成都府人。	大观二年(1108)
78	刘敦诗	贡士第二名及第。文林郎。	大观二年(1108)
79	叶天倪	睦州人。	大观二年(1108)
80	李谞	字彦忠,福州闽县人。历国子录,终承议郎。	大观二年(1108)
81	何昂	歙州休宁县人。官朝奉大夫。	大观二年(1108)
82	施舜显	字彦光,信州永丰县人。累官提举江西路。	大观二年(1108)
83	霍迪	江宁府人。	大观二年(1108)
84	李弥逊	字似之,苏州吴县人。上舍魁。终官左朝议大夫。	大观三年(1109)
85	王耕	抚州崇仁县人。历筠州司理参军。	大观三年(1109)
86	王棠	苏州人。历知湖州乌程县,潭州通判。	大观三年(1109)
87	王震	字东乡,开封府人。官左朝请大夫。	大观三年(1109)
88	刘才邵	字美中,吉州庐陵县人。职至显谟阁学士。	大观三年(1109)
89	刘大中	字立道,真州扬子县人。知处州。	大观三年(1109)
90	孙杞	字德发,常州晋陵县人。仕至左朝奉郎、知婺源县。	大观三年(1109)
91	李元亮	字光禄,南康军建昌县人。	大观三年(1109)
92	李端方	字靖之,常州武进县人。仕至知韶州。	大观三年(1109)
93	张宇	字泰安,常州晋陵县人。官左朝请大夫。	大观三年(1109)
94	张宧	字养正,常州人。知湖州。	大观三年(1109)
95	张康衢	信州贵溪县人。	大观三年(1109)
96	周说	信州贵溪县人。	大观三年(1109)
97	郑进古	字时述,信州贵溪县人。累迁兵部员外郎。	大观三年(1109)
98	赵令矜	宗室。授庆远军节度使。	大观三年(1109)

续　表

序号	姓名	简介	及第年份
99	柳约	字元礼,秀州华亭县人。仕至权户部侍郎。	大观三年(1109)
100	俞昌言	婺州金华县人。历知永丰、萧山二县。	大观三年(1109)
101	徐公益	信州贵溪县人。仕至知南宁军。	大观三年(1109)
102	唐重	字圣任,眉州眉山县人。终天章阁直学士。	大观三年(1109)
103	梁泽民	南剑州剑浦县人。仕至提举福建路常平茶事。	大观三年(1109)
104	游觉民	字必先,信州贵溪县人。仕至朝奉郎、通判。	大观三年(1109)
105	潘特竦	字廷立,处州青田县人。仕至左朝请郎、右司员外郎。	大观三年(1109)
106	贾安宅	字居仁,湖州乌程县人。状元及第。累迁户部侍郎。	大观三年(1109)
107	王资深	润州人。未及唱名病归。	大观三年(1109)
108	李尚行	字师尹,常州无锡县人。累迁直龙图阁。	大观三年(1109)
109	李端行	字正达,常州无锡县人。历太学博士,仕至知鄞县。	大观三年(1109)
110	陈葵	字伯响,福州闽县人。仕至王宫宫学教授。	大观三年(1109)
111	陈雄	字强用,福州福安县人。仕至朝奉大夫、知象州。	大观三年(1109)
112	陈戬	字冲休,建州松溪县人。积官左朝议大夫。	大观三年(1109)
113	林聪	字审礼,曹州人。历西京宗学博士。	大观三年(1109)
114	郑廷芬	字国华,兴化军莆田县人。历太学博士,终成都路转运使。	大观三年(1109)
115	侯彭老	字思孺,潭州衡山县人。左朝奉大夫、知藤州。	大观三年(1109)
116	聂昌	字贲远,抚州临川县人。拜同知枢密院事。	大观三年(1109)
117	倪涛	字巨济,温州永嘉县人。历太学正,左司员外郎。	大观三年(1109)
118	黄硕	字若冲,漳州龙溪县人。官朝散大夫。	大观三年(1109)
119	章夏	字彦明,宣州宁国县人。历潭州通判。	大观三年(1109)
120	刘日新	处州丽水县人。	大观四年(1110)
121	上官公陞	邵武军人。	大观四年(1110)

续　表

序号	姓名	简介	及第年份
122	陈伯觊	兴化军莆田县人。除太学正。	大观四年(1110)
123	林正	字明辅,兴化军仙游县人。仕至左司郎中。	大观四年(1110)
124	林安上	字民瞻,福州长乐县人。终朝奉大夫、秘阁修撰。	大观四年(1110)
125	郭千之	兴化军仙游县人。	大观四年(1110)
126	师骥	字德骏,眉州彭山县人。上舍魁。官至左朝请大夫。	政和二年(1112)
127	万俟卨	字元忠,开封府阳武县人。累迁同中书门下平章事。	政和二年(1112)
128	王庭秀	字颖彦,明州慈溪县人。职至直秘阁。	政和二年(1112)
129	勾龙庭实	字君贶,嘉州夹江县人。知眉州。	政和二年(1112)
130	方俊	信州贵溪县人。	政和二年(1112)
131	石公揆	字道任,越州新昌县人。终左宣教郎。	政和二年(1112)
132	庄安常	字子尚,常州宜兴县人。官至左朝请大夫。	政和二年(1112)
133	刘士英	字仲发,湖州武康县人。历太原府通判。	政和二年(1112)
134	孙时	字季中,常州晋陵县人。官至宣教郎。	政和二年(1112)
135	孙畋	字无逸,常州武进县人。官左朝请大夫。	政和二年(1112)
136	李元瀹	字冲之,常州武进县人。仕至度支郎中。	政和二年(1112)
137	连南夫	字鹏举,安州安陆县人。终官中大夫。	政和二年(1112)
138	吴价	湖州归安县人。	政和二年(1112)
139	余时乂	信州铅山县人。终官朝奉郎。	政和二年(1112)
140	应彬	信州贵溪县人。	政和二年(1112)
141	汪思温	字汝直,明州鄞县人。仕至左朝议大夫。	政和二年(1112)
142	沈钦止	湖州归安县人。	政和二年(1112)
143	沈调	湖州归安县人。知英州。	政和二年(1112)
144	张邦彦	明州鄞县人。官至左朝散郎。	政和二年(1112)
145	陈秉文	信州上饶县人。历南剑州通判。	政和二年(1112)
146	林大声	字欲仲,福州侯官县人。仕至左朝请大夫。	政和二年(1112)

续　表

序号	姓名	简介	及第年份
147	林保	字庇民,明州鄞县人。终左中奉大夫。	政和二年(1112)
148	季陵	字延仲,处州龙泉县人。仕至朝散大夫。	政和二年(1112)
149	莫廷询	湖州归安县人。	政和二年(1112)
150	钱时敏	字端修,江宁府溧阳县人。以敷文阁待制致仕。	政和二年(1112)
151	徐海运	信州上饶县人。	政和二年(1112)
152	诸葛材	润州人。终左朝散大夫。	政和二年(1112)
153	黄彦远	字思邈,抚州金溪县人。历平江府府学教授。	政和二年(1112)
154	黄静	字至一,兴化军莆田县人。终官朝奉郎。	政和二年(1112)
155	彭图南	南康军都昌县人。仕至淮宁府府学教授。	政和二年(1112)
156	詹公荐	字文举,建州崇安县人。历祠部郎中。	政和二年(1112)
157	詹肇	信州上饶县人。	政和二年(1112)
158	蔡调	湖州归安县人。	政和二年(1112)
159	陈桷	字季壬,温州平阳县人。探花及第。官中奉大夫。	政和二年(1112)
160	李纲	字伯纪,邵武军人。除观文殿大学士。	政和二年(1112)
161	陈师尹	建州建安县人。	政和二年(1112)
162	夏㠓	字几道,卫州汲县人。仕至川陕宣抚司参议官。	政和二年(1112)
163	雷协	字彦一,汀州宁化县人。终兴化军军学教授。	政和二年(1112)
164	陈公辅	字国佐,台州临海县人。释褐第一。仕至敷文阁待制。	政和三年(1113)
165	胡松年	字茂老,海州怀仁县人。仕至权参知政事。	政和三年(1113)
166	陈与义	字去非,河南府洛阳县人。仕至资政殿学士。	政和三年(1113)
167	叶三省	睦州人。历直龙图阁。	政和三年(1113)
168	张公绰	建州建安县人。	政和三年(1113)
169	范如松	建昌军南城县人。	政和三年(1113)
170	罗暹	建州瓯宁县人。	政和三年(1113)

续　表

序号	姓名	简介	及第年份
171	黄觌	字德纯,福州人。终官奉议郎。	政和三年(1113)
172	曹立	南剑州沙县人。	政和三年(1113)
173	薛锐	字季敏,福州侯官县人。终官奉议郎。	政和三年(1113)
174	张纲	字彦正,镇江府金坛县人。官左通议大夫。	政和四年(1114)
175	刘絪	福州人。历朝请郎。	政和四年(1114)
176	许旸	字东叔,镇江府丹徒县人。知南剑州。	政和四年(1114)
177	汪万顷	上舍释褐。	政和四年(1114)
178	张铢	南剑州沙县人。历知建州。	政和四年(1114)
179	陈鹗	江宁府上元县人。	政和四年(1114)
180	蔡居中	字正夫,南安军南康县人。终大宗正寺丞。	政和四年(1114)
181	洪焯	字裕叔,福州侯官县人。终官承议郎。	政和四年(1114)
182	傅崧卿	字子骏,越州山阴县人。上舍魁。终给事中。	政和五年(1115)
183	朱跸	字子美,湖州安吉县人。终临安府钱塘县令。	政和五年(1115)
184	刘峤	字仲高,湖州归安县人。仕至左朝散大夫。	政和五年(1115)
185	孙苪	字道祖,镇江府丹徒县人。仕至知信州。	政和五年(1115)
186	李良臣	字尧俞,汉州绵竹县人。知简州。	政和五年(1115)
187	杨邦乂	字晞稷,吉州吉水县人。终建康军府通判。	政和五年(1115)
188	杨晨	达州人。仕至左宣教郎。	政和五年(1115)
189	吴并	湖州人。	政和五年(1115)
190	何铸	字伯寿,杭州余杭县人。终资政殿学士、知徽州。	政和五年(1115)
191	陈孚	茶陵军人。	政和五年(1115)
192	陈昂	字直孙,福州长溪县人。终朝请郎、直显谟阁。	政和五年(1115)
193	陈锡	字康侯,漳州龙溪县人。仕至朝奉郎、知梅州。	政和五年(1115)
194	林待聘	字少伊,温州永嘉县人。敷文阁学士。	政和五年(1115)
195	赵遹	开封人。历兵部尚书。	政和五年(1115)
196	钱叶	湖州归安县人。迁监察御史。	政和五年(1115)

续　表

序号	姓名	简介	及第年份
197	钱观复	字知原,平江府常熟县人。累官左朝散郎。	政和五年(1115)
198	曾几	字吉甫,河南府河南县人。历国子正,仕至敷文阁待制。	政和五年(1115)
199	潘良贵	字义荣,婺州金华县人。榜眼及第。历太学博士,仕至知明州。	政和五年(1115)
200	王珉	字中玉,大名府人。历抚州通判。	政和五年(1115)
201	王裒	平江府人。秀州海盐县丞。	政和五年(1115)
202	史祺孙	字大年,湖州安吉县人。历知虔州。	政和五年(1115)
203	刘唐宾	湖州人。	政和五年(1115)
204	余涤	信州玉山县人。	政和五年(1115)
205	沈友直	字伯益,湖州归安县人。颖昌府府学教授。	政和五年(1115)
206	陈能千	字勉仲,建州浦城县人。仕至承议郎、宣州通判。	政和五年(1115)
207	唐谏	字子方,桂州人。历知峡州。	政和五年(1115)
208	臧瑀	饶州鄱阳县人。上舍魁。	政和六年(1116)
209	上官闶	邵武军人。	政和六年(1116)
210	王元鼎	字大受,福州连江县人。终官朝请大夫。	政和六年(1116)
211	毛大亨	衢州江山县人。	政和六年(1116)
212	江汝平	衢州开化县人。	政和六年(1116)
213	许列	泉州晋江县人。	政和六年(1116)
214	汪贤	衢州常山县人	政和六年(1116)
215	汪隆	衢州常山县人。	政和六年(1116)
216	胡震	字东伯,福州闽县人。终蔡州州学教授。	政和六年(1116)
217	王鼎	特赐上舍出身。	政和六年(1116)
218	景彻	婺州永康县人。上舍魁。	政和七年(1117)
219	权迪	高丽国人。	政和七年(1117)
220	权适	高丽国人。为承事郎。	政和七年(1117)
221	林颖	字襄然,福州连江县人。终文林郎、知松溪县。	政和七年(1117)

续　表

序号	姓名	简介	及第年份
222	金瑞	高丽国人。为文林郎。	政和七年(1117)
223	赵奭	高丽国人。为文林郎。	政和七年(1117)
224	施迣	字必达,建州浦城县人。为颍州教官。	政和七年(1117)
225	甄惟氏	高丽国人。授从事郎。	政和七年(1117)
226	何奎	上舍魁。	政和八年(1118)
227	勾龙如渊	字行父,永康军道江县人。除御史中丞。	政和八年(1118)
228	邓根	字深伯,邵武军邵武县人。累迁直秘阁、知扬州。	政和八年(1118)
229	朱松	字乔年,歙州婺源县人。累迁承议郎、知饶州。	政和八年(1118)
230	朱翌	字新仲,舒州怀宁县人。历中书舍人。	政和八年(1118)
231	任渊	字全一,巴中人。任资州内江县令。	政和八年(1118)
232	刘锐	衡州茶陵县人。	政和八年(1118)
233	李益	字彦中,平江府吴县人。迁监察御史。	政和八年(1118)
234	李预	字达先,江阴军江阴县人。迁提举广西路买马公事。	政和八年(1118)
235	沈该	字守约,湖州长兴县人。拜左仆射、同平章事。	政和八年(1118)
236	陈橐	字德应,越州余姚县人。仕至徽猷阁待制、知婺州。	政和八年(1118)
237	范濬	字舜文,洪州丰城县人。仕至知南剑州。	政和八年(1118)
238	郑范	字季洪,信州弋阳县人。仕至严州州学教授。	政和八年(1118)
239	郑鬲	字才仲,福州宁德县人。终官朝请大夫、知建州。	政和八年(1118)
240	郑毂	字致远,福州长乐县人。知临江军。	政和八年(1118)
241	项康国	信州弋阳县人。	政和八年(1118)
242	施锐	湖州人。	政和八年(1118)
243	洪兴祖	字庆善,镇江府丹阳县人。知真州、饶州。	政和八年(1118)
244	洪造	字彦袭,镇江府丹阳县人。终官迪功郎。	政和八年(1118)
245	莫廷芬	字国华,湖州乌程县人。仕至宣教郎、宜兴县丞。	政和八年(1118)

序号	姓名	简介	及第年份
246	徐彦道	湖州武康县人。	政和八年(1118)
247	曹绩	婺州金华县人。	政和八年(1118)
248	葛价卿	字朝倚,常州人。	政和八年(1118)
249	常同	字子正,邛州临邛县人。积官左朝议大夫。	政和八年(1118)
250	蒋宗鲁	信州弋阳县人。	政和八年(1118)
251	傅伫	字凝远,光州固始县人。仕至南剑州通判,官左朝奉大夫。	政和八年(1118)
252	蔡崇礼	字叔厚,密州人。仕至宝文阁直学士、知绍兴府。	政和八年(1118)
253	张焘	字子公,饶州德兴县人。探花及第。历太学博士,仕至资政殿大学士、左大中大夫。	政和八年(1118)
254	王宠光	字天宠,资州内江县人。	政和八年(1118)
255	王挥	字时发,应天府人。终左朝奉郎、临江军通判。	政和八年(1118)
256	王勋	字上达,明州鄞县人。终左朝散郎、提举市舶。	政和八年(1118)
257	师民瞻	眉州彭山县人。仕至朝奉大夫、夔州通判。	政和八年(1118)
258	吴公才	字德充,信州弋阳县人。历衡州、永州、升州通判。	政和八年(1118)
259	宋之才	字廷佐,温州平阳县人。历国子司业,朝奉大夫。	政和八年(1118)
260	张浚	字德远,汉州绵竹县人。累拜尚书右仆射、同中书门下平章事兼枢密使。	政和八年(1118)
261	陈汝楫	字济夫,泉州同安县人。仕至朝散郎、宁化县丞。	政和八年(1118)
262	林孝雍	字天和,明州鄞县人。	政和八年(1118)
263	翁采	字景文,建州崇安县人。累迁潭州右刑曹参军。	政和八年(1118)
264	黄彧	字文伯,汀州宁化县人。仕至左儒林郎。	政和八年(1118)
265	萧振	字德起,温州平阳县人。终敷文阁直学士。	政和八年(1118)
266	舒清国	字伯原,衢州西安县人。终知道州。	政和八年(1118)
267	蔡德升	湖州归安县人。	政和八年(1118)

续　表

序号	姓名	简介	及第年份
268	滕茂实	字秀颖，婺州东阳县人。	政和八年(1118)
269	王俊义	字尧明，泰州如皋县人。上舍魁。拜国子博士，以直秘阁、知岳州。	宣和元年(1119)
270	卫肤敏	字商彦，秀州华亭县人。终礼部侍郎。	宣和元年(1119)
271	江澴	建州建安县人。	宣和元年(1119)
272	张元礼	字安上，福州闽县人。终朝请大夫。	宣和元年(1119)
273	赵士璨	字端质。仕至左中奉大夫、直龙图阁。	宣和元年(1119)
274	黄彦平	字季岑，洪州丰城县人。终官朝散大夫。	宣和元年(1119)
275	楼玮	明州人。	宣和元年(1119)
276	祖秀实	字去华，建州浦城县人。上舍魁。	宣和二年(1120)
277	宁姓	南剑州沙县人。	宣和二年(1120)
278	朱炎	秀州崇德县人。	宣和二年(1120)
279	李正邦	字进之，镇江府丹徒县人。终朝请郎。	宣和二年(1120)
280	李弥正	字似表，福州长乐县人。终朝奉大夫、吏部郎中。	宣和二年(1120)
281	吴士逸	南剑州尤溪县人。	宣和二年(1120)
282	吴仕逸	南剑州尤溪县人。	宣和二年(1120)
283	吴安国	字镇卿，处州丽水县人。终知袁州。	宣和二年(1120)
284	吴舜邻	字元恺，福州福清县人。终官从政郎。	宣和二年(1120)
285	吴舜卿	建州建安县人。	宣和二年(1120)
286	张宪武	建州瓯宁县人。	宣和二年(1120)
287	陆竑	字公度，福州人。终承议郎、知龙溪县。	宣和二年(1120)
288	陈才辅	字元佐，福州侯官县人。终文林郎、建州节度推官。	宣和二年(1120)
289	范悰	南剑州剑浦县人。	宣和二年(1120)
290	郑昭叔	字显仲，福州宁德县人。历知仙游县。	宣和二年(1120)
291	赵令误	宗子。为左朝议大夫。	宣和二年(1120)
292	龚日新	建州瓯宁县人。	宣和二年(1120)

序号	姓名	简介	及第年份
293	曾荣	字仁仲,福州长乐县人。终官承议郎。	宣和二年(1120)
294	宋齐愈	字文渊,邛州临邛县人。上舍魁。官谏议大夫。	宣和三年(1121)
295	王利用	字宾王,潼川府人。迁监察御史。	宣和三年(1121)
296	王胄	信州上饶县人。	宣和三年(1121)
297	方懋德	字元相,宣州南陵县人。终官左朝请郎。	宣和三年(1121)
298	邓文饶	字秀明,南剑州沙县人。历官迪功郎。	宣和三年(1121)
299	冯南考	遂州遂宁县人。	宣和三年(1121)
300	吕祉	字安老,建州建阳县人。累迁兵部尚书。	宣和三年(1121)
301	许忻	字子礼,拱州襄邑县人。终知邵阳。	宣和三年(1121)
302	何抡	字抡仲,永康军青城县人。知邛州。	宣和三年(1121)
303	吴概	衢州西安县人。终官中奉大夫。	宣和三年(1121)
304	宋致一	遂州遂宁县人。	宣和三年(1121)
305	张汉彦	字墨卿,抚州临川县人。除户部员外郎。	宣和三年(1121)
306	张邵	字才彦,和州乌江县人。官朝奉大夫。	宣和三年(1121)
307	陆时雍	字尧夫,睦州淳安县人。知建昌军。	宣和三年(1121)
308	陈孝恭	字温仲,镇江府丹徒县人。累迁国子监丞,终知岳州。	宣和三年(1121)
309	林季仲	字懿成,温州永嘉县人。知泉州、婺州、处州。	宣和三年(1121)
310	郑澪	信州上饶县人。为左从政郎。	宣和三年(1121)
311	胡份	字兼美,吉州庐陵县人。仕至靖州通判。	宣和三年(1121)
312	施庭臣	字扬休,成都府人。为中书舍人。	宣和三年(1121)
313	施德修	成都府人。仕至起居郎。	宣和三年(1121)
314	闻人颖立	秀州嘉兴县人。	宣和三年(1121)
315	徐揭	遂州遂宁县人。	宣和三年(1121)
316	梁仲敏	字元功,越州山阴县人。职至徽猷阁待制。	宣和三年(1121)
317	游操	字存诚,建州建阳县人。权礼部侍郎。	宣和三年(1121)

续　表

序号	姓名	简介	及第年份
318	虞讻	字季泽,杭州余杭县人。为礼部员外郎。	宣和三年(1121)
319	魏矼	字邦达,和州历阳县人。权礼部侍郎。	宣和三年(1121)
320	任钺	遂州遂宁县人。	宣和三年(1121)
321	李彦辅	遂宁府遂宁县人。	宣和三年(1121)
322	罗孝芬	字廷扬,岳州平江县人。探花及第。仕至直秘阁。	宣和三年(1121)
323	刘一止	字行简,湖州归安县人。仕至左朝奉郎、敷文阁直学士。	宣和三年(1121)
324	张运	字南仲,信州贵溪县人。职至敷文阁待制。	宣和三年(1121)
325	张嵲	字巨山,襄阳府襄阳县人。仕至敷文阁待制、知衢州。	宣和三年(1121)
326	陈康伯	字长卿,信州弋阳县人。历太学正,终尚书左仆射、同中书门下平章事。	宣和三年(1121)
327	范宗尹	字觉民,襄阳府邓城县人。仕终观文殿学士、知温州。	宣和三年(1121)
328	赵季孙	字仲修,苏州常熟县人。	宣和三年(1121)
329	胡理	字德辉,常州晋陵县人。知严州。	宣和三年(1121)
330	胡寅	字明仲,建州崇安县人。除徽猷阁直学士。	宣和三年(1121)
331	桂晔	信州贵溪县人。	宣和三年(1121)
332	傅知柔	字德潜,兴化军仙游县人。终朝请郎。	宣和三年(1121)
333	王寔	泉州晋江县人。特奏名登第。	宣和三年(1121)
334	任钺	遂州遂宁县人。特赐上舍第。	宣和三年(1121)
335	李彦辅	遂宁府遂宁县人。幸学赐上舍第。	宣和三年(1121)
336	丁祉	常州人。	宣和四年(1122)
337	曹摅	郴州人。官朝请郎。	宣和四年(1122)
338	程瑀	字伯寓,饶州浮梁县人。上舍魁。历太学博士、国子司业,除兵部尚书。	宣和六年(1124)
339	王之义	庐州人。三兄弟同年登第。	宣和六年(1124)
340	王之深	庐州人。之义、之道弟。	宣和六年(1124)

序号	姓名	简介	及第年份
341	王之道	字彦猷,庐州人。以朝奉大夫致仕。	宣和六年(1124)
342	朱倬	字汉章,福州闽县人。终观文殿学士、左通奉大夫。	宣和六年(1124)
343	杨椿	字元老,眉州眉山人。省元。拜中大夫、参知政事。	宣和六年(1124)
344	金安节	字彦亨,徽州休宁县人。终中奉大夫、敷文阁学士。	宣和六年(1124)
345	查揆	广德军人。仕至太学博士。	宣和六年(1124)
346	黄应南	邵武军泰宁县人。提点江西路刑狱公事。	宣和七年(1125)
347	陈东	字少阳,润州丹阳县人。特赐同进士出身。	靖康元年(1126)
348	雷观	成都府人。特赐同进士出身。历左承奉郎。	靖康元年(1126)
349	王大宝	字元龟,潮州海阳县人。榜眼及第。礼部尚书。	建炎二年(1128)
350	许博	兴化军莆田县人。特赐进士出身。	建炎三年(1129)
351	元盥	颍昌府人。依德音免殿试。特赐同进士出身。	绍兴元年(1131)
352	高闶	字抑崇,明州鄞县人。特赐同进士出身。历国子司业、礼部侍郎。	绍兴元年(1131)
353	王晞亮	字季明,兴化军莆田县人。特赐同进士出身。历太学博士,职至秘阁修撰。	绍兴元年(1131)
354	郑刚中	字亨仲,婺州金华县人。探花及第。累迁四川宣抚副使。	绍兴二年(1132)
355	许叔微	字知可,真州人。	绍兴二年(1132)
356	李昭隐	字兼美,建昌军南城县人。官左通直郎。	绍兴二年(1132)
357	陈之茂	字卓卿,常州无锡县人。仕至吏部侍郎兼中书舍人。	绍兴二年(1132)
358	陈之渊	字宗卿,常州无锡县人。终秘阁修撰、知宣州。	绍兴二年(1132)
359	陈正	字诚甫,湖州长兴县人。	绍兴二年(1132)
360	高登	字彦先,漳州漳浦县人。仕至迪功郎、古田县令。	绍兴二年(1132)
361	楼图南	字鹏举,婺州义乌县人。累迁朝议大夫、知吉州。	绍兴二年(1132)

续 表

序号	姓名	简介	及第年份
362	孙道夫	字太冲,眉州丹陵县人。特赐进士出身。左承奉郎。	绍兴二年(1132)
363	赵敦临	字庇民,明州奉化县人。累迁湖州州学教授。	绍兴五年(1135)
364	胡沂	字周伯,绍兴府余姚县人。历国子司业,职至龙图阁学士。	绍兴五年(1135)
365	曹筠	字庭坚,太平州当涂县人。仕至四川制置使。	绍兴五年(1135)
366	李发	字秀实,吉州吉水县人。仕至朝散郎、知靖州。	绍兴五年(1135)
367	唐斌	连州人。特奏名登第。授循州文学。	绍兴五年(1135)
368	胡宪	字原仲,建州崇安县人。特赐同进士出身。仕至宣教郎。	绍兴六年(1136)
369	姚孚	明州鄞县人。终官奉议郎。	绍兴十二年(1142)
370	李亮	字长孺,邛州大邑县人。迁绵州州学教授。	绍兴十五年(1145)
371	林节	字嵩伯,福州人。累迁太常寺主簿。	绍兴十五年(1145)
372	王佐	字宣子,绍兴府山阴县人。状元及第。累迁权户部尚书,职至宝文阁直学士。	绍兴十八年(1148)
373	王人鉴	字克明,邵武军建宁县人。授赣州签收判官厅公事。	绍兴十八年(1148)
374	尤袤	字延之,常州无锡县人。仕至礼部尚书、少师。	绍兴十八年(1148)
375	王十朋	字龟龄,温州乐清县人。状元及第。以龙图阁学士致仕。	绍兴二十七年(1157)
376	周懋	字纯臣,婺州义乌县人。累迁承奉郎、邵武军教授。	绍兴二十七年(1157)
377	施师点	字圣与,信州玉山县人。参知政事兼同知枢密院事。	绍兴二十七年(1157)
378	喻良倚	字伯寿,婺州义乌县人。终临海县丞。	绍兴二十七年(1157)
379	喻良能	字叔奇,婺州义乌县人。积官朝议大夫。	绍兴二十七年(1157)
380	吴昪	泉州德化县人。	绍兴二十七年(1157)
381	葛与国	字献可,江阴军人。历衢州西安县主簿。	绍兴三十年(1160)
382	王信	字诚之,处州丽水县人。历太学博士,以通议大夫致仕。	绍兴三十年(1160)
383	林大中	字和叔,婺州永康县人。积官朝议大夫。	绍兴三十年(1160)

序号	姓名	简介	及第年份
384	黄灏	字商伯,南康军都昌县人。主管三省架阁文字。	绍兴三十年(1160)
385	楼锷	字景山,明州鄞县人。历太学正,仕至知鄂州。	绍兴三十年(1160)
386	苏总龟	字待问,泉州德化县人。上舍魁。累迁淮东参议官。	绍兴三十二年(1162)
387	李炳	徽州婺源县人。历苏州、严州州学教授。	绍兴三十二年(1162)
388	张涛	常州武进县人。历提举福建路常平公事。	绍兴三十二年(1162)
389	陈义	字刚伯,福州长溪县人。累迁宣教郎、知南陵县。	绍兴三十二年(1162)
390	陈简	字士廉,福州福清县人。终主管架阁文字。	绍兴三十二年(1162)
391	钱闻诗	秀州人。	绍兴三十二年(1162)
392	黄万顷	泉州同安县人。	绍兴三十二年(1162)
393	曹植	泉州晋江县人。仕至知潮州。	绍兴三十二年(1162)
394	黄洽	字德润,福州侯官县人。榜眼及第。仕至资政殿大学士、知隆兴府。	隆兴元年(1163)
395	王迷	字致君,陈州宛丘县人。终国子司业。	隆兴元年(1163)
396	方有开	字躬明,徽州歙县人。历国子学录,仕至淮西转运判官。	隆兴元年(1163)
397	何汝听	衢州龙游县人。	隆兴元年(1163)
398	应孟明	字仲实,婺州永康县人。终权吏部侍郎。	隆兴元年(1163)
399	宋晋之	字正卿,温州乐清县人。仕至朝奉郎、信州通判。	隆兴元年(1163)
400	陈安节	字行之,信州弋阳县人。特赐同进士出身。仕至提举常平公事。	隆兴二年(1164)
401	黄伦	字彝卿,福州闽县人。两优释褐。为军器少监。	乾道四年(1168)
402	毛宓	字密大,温州永嘉县人。历国子监丞,累迁权礼部侍郎。	乾道五年(1169)
403	杨应	字定夫,福州侯官县人。	乾道五年(1169)
404	沈焕	字叔晦,明州定海县人。仕至奉议郎、通判舒州。	乾道五年(1169)

续 表

序号	姓名	简介	及第年份
405	张观	字达之,临安府临安县人。终新城县令。	乾道五年(1169)
406	张贵谟	字子智,处州遂昌县人。仕至朝议大夫、知赣州。	乾道五年(1169)
407	陆九龄	字子寿,抚州金溪县人。终全州州学教授。	乾道五年(1169)
408	陈尧佐	字元翁,福州闽县人。	乾道五年(1169)
409	陈茂英	字秀实,福州长乐县人。仕至知泰宁县。	乾道五年(1169)
410	黄黼	字元章,临安府余杭县人。仕至权刑部侍郎。	乾道五年(1169)
411	刘春	字端木,温州永嘉县人。历处州户曹参军。	乾道八年(1172)
412	陈傅良	字君举,温州瑞安县人。终敷文阁待制。	乾道八年(1172)
413	舒璘	字元质,明州奉化县人。终宜州通判。	乾道八年(1172)
414	郑鉴	字自明,福州长乐县人。两优释褐。知台州。	淳熙元年(1174)
415	刘尧夫	字淳叟,抚州金溪县人。两优释褐。历国子正、太学博士,终隆兴府通判。	淳熙二年(1175)
416	孙应时	字季和,绍兴府余姚县人。终官承奉郎。	淳熙二年(1175)
417	商飞卿	字羍仲,台州临海县人。终户部侍郎。	淳熙二年(1175)
418	杨范	福州人。	淳熙四年(1177)
419	陈元升	福州闽县人。车驾幸太学释褐。	淳熙四年(1177)
420	陈允升	福州闽县人。车驾幸太学释褐。	淳熙四年(1177)
421	黄唐	字雍父,福州长乐县人。两优释褐。知南康军。	淳熙四年(1177)
422	鲁东礼	湖州人。	淳熙四年(1177)
423	林刘举	字汉士,福州长溪县人。授德兴县尉。	淳熙五年(1178)
424	巩丰	字仲至,婺州武义县人。仕至提辖左藏库。	淳熙八年(1181)
425	华延年	字庆长,处州遂昌县人。历知闽县。	淳熙八年(1181)
426	袁燮	字和叔,明州鄞县人。历国子祭酒,职至显谟阁学士。	淳熙八年(1181)
427	莫若拙	字子才,秀州崇德县人。历真州州学教授。	淳熙八年(1181)
428	黄佐之	字继周,福州闽县人。授南城县尉。	淳熙八年(1181)

续　表

序号	姓名	简介	及第年份
429	汪雄图	字休远,徽州休宁县人。历从仕郎、建昌军军学教授。	淳熙十一年(1184)
430	林淳厚	温州平阳县人。终知德安府。	淳熙十一年(1184)
431	黄裳	字伯华,兴化军莆田县人。	淳熙十一年(1184)
432	王中实	严州人。因庆寿恩释褐。	淳熙十三年(1186)
433	庆枅	字仲旃,台州黄岩县人。因庆寿恩释褐。终岳州州学教授。	淳熙十三年(1186)
434	陈憺	字伯霆,兴化军莆田县人。知潮州。	淳熙十三年(1186)
435	林弥明	福州长乐县人。因庆寿恩释褐。	淳熙十三年(1186)
436	钱重	湖州人。因庆寿恩释褐。	淳熙十三年(1186)
437	章斯才	因庆寿恩释褐。	淳熙十三年(1186)
438	潘子直	福州长乐县人。因庆寿恩释褐。	淳熙十三年(1186)
439	王居安	字资道,台州黄岩县人。探花及第。终大中大夫、龙图阁直学士。	淳熙十四年(1187)
440	朱权	字圣与,徽州休宁县人。累迁朝散大夫、知惠州。	淳熙十四年(1187)
441	施栝	信州永丰县人。历修职郎。	淳熙十四年(1187)
442	诸葛贲	字文之,温州永嘉县人。终知乐平县丞。	淳熙十四年(1187)
443	戚如玉	婺州金华县人。授嵊县尉。	淳熙十四年(1187)
444	傅大声	字仲广,兴化军仙游县人。官至朝奉大夫。	淳熙十四年(1187)
445	沈端叔	湖州人。	淳熙十六年(1189)
446	林至	字德久,秀州华亭县人。两优释褐。历秘书郎。	淳熙十六年(1189)
447	臧辛伯	临安府人。	淳熙十六年(1189)
448	王仁	内舍生,登极恩赐第。	淳熙十六年(1189)
449	王璞	内舍生,登极恩赐第。	淳熙十六年(1189)
450	刘序	内舍生,登极恩赐第。	淳熙十六年(1189)
451	刘怡	内舍生,登极恩赐第。	淳熙十六年(1189)

续 表

序号	姓名	简介	及第年份
452	许璹	内舍生,登极恩赐第。	淳熙十六年(1189)
453	张大中	内舍生,登极恩赐第。	淳熙十六年(1189)
454	张应	内舍生,登极恩赐第。	淳熙十六年(1189)
455	陈一新	内舍生,登极恩赐第。	淳熙十六年(1189)
456	陈咏	内舍生,登极恩赐第。	淳熙十六年(1189)
457	萧国馨	内舍生,登极恩赐第。	淳熙十六年(1189)
458	韩桶	内舍生,登极恩赐第。	淳熙十六年(1189)
459	虞舜卿	内舍生,登极恩赐第。	淳熙十六年(1189)
460	缪景仁	内舍生,登极恩赐第。	淳熙十六年(1189)
461	潘宗昭	内舍生,登极恩赐第。	淳熙十六年(1189)
462	郑若	衢州西安县人。	绍熙元年(1190)
463	黄舜俞	福州闽清县人。	绍熙元年(1190)
464	谢升	福州人。	绍熙元年(1190)
465	朱晞颜	字景渊,平江府吴县人。终朝奉郎、湖州通判。	绍熙元年(1190)
466	许文蔚	字衡甫,徽州休宁县人。历太学博士,终著作郎。	绍熙元年(1190)
467	苏叔和	字达父,漳州漳浦县人。终广东提干。	绍熙元年(1190)
468	陈坚	字与权,台州黄岩县人。职至宝章阁待制。	绍熙四年(1193)
469	黄耕	字子野,婺州义乌县人。仕至台州通判。	绍熙四年(1193)
470	崔与之	字正之,广州增城县人。累拜右丞相。	绍熙四年(1193)
471	王性	字有道,台州临海县人。	绍熙五年(1194)
472	王滋	字次卿,台州临海县人。终嘉兴府府学教授。	绍熙五年(1194)
473	钟待问	临安府人。	绍熙五年(1194)
474	俞森	临安府人。	绍熙五年(1194)
475	楼觉	字开之,台州临海县人。终婺州州学教授。	绍熙五年(1194)
476	黄以宁	泉州永春县人。	庆元元年(1195)
477	王宗烈	兴化军莆田县人。登极恩赐释褐。	庆元二年(1196)

续　表

序号	姓名	简介	及第年份
478	李琪	字梦开,福州连江县人。仕至国子司业。	庆元二年(1196)
479	郑擢	福州侯官县人。	庆元二年(1196)
480	黄肤卿	福州连江县人。仕至主管架阁文字。	庆元二年(1196)
481	任一龙	字骧卿,福州闽县人。历奉议郎、知彭泽县。	庆元二年(1196)
482	陈保中	嘉兴府人。内舍。	庆元二年(1196)
483	陶大章	字章之,嘉兴府嘉兴县人。历儒林郎。	庆元二年(1196)
484	王榕	福州闽县人。车驾幸学赐释褐。	嘉泰三年(1203)
485	杨迈	婺州武义县人。车驾幸学赐释褐。	嘉泰三年(1203)
486	何淡	婺州东阳县人。车驾幸学赐释褐。	嘉泰三年(1203)
487	林坰	福州侯官县人。两优释褐。历国子司业,湖北提刑。	嘉泰三年(1203)
488	宣缯	字宗禹,庆元府人。两优释褐。拜参知政事。	嘉泰三年(1203)
489	胡自厚	字躬可,徽州婺源县人。终知华容县。	开禧元年(1205)
490	郭子力	字景行,兴化军仙游县人。终漳州通判。	开禧元年(1205)
491	陶洪	嘉兴府嘉兴县人。	开禧元年(1205)
492	邓子克	南剑州尤溪县人。	开禧三年(1207)
493	方阜鸣	字子默,兴化军莆田县人。官终朝散郎。	嘉定元年(1208)
494	杨迈	字德夫,婺州武义县人。仕至朝议大夫。	嘉定三年(1210)
495	陶大甄	字成之,嘉兴府人。授迪功郎。	嘉定四年(1211)
496	方琢	字元章,徽州歙县人。终广西南路运干。	嘉定七年(1214)
497	史弥巩	字南叔,庆元府鄞县人。仕至直华文阁、知婺州。	嘉定十年(1217)
498	郑清之	字德源,庆元府鄞县人。累拜太师、左丞相兼枢密使。	嘉定十年(1217)
499	林坰	字子塾,福州人。仕至国子司业。	嘉定十三年(1220)
500	王㮚宝	临安府钱塘县人。特赏释褐。	嘉定十四年(1221)
501	何大圭	庆元府人。两优释褐。	嘉定十四年(1221)
502	王熙载	平江府人。	嘉定十五年(1222)

续 表

序号	姓名	简介	及第年份
503	吕若霖	绍兴府新昌县人。	嘉定十五年(1222)
504	李起	平江府吴县人。	嘉定十五年(1222)
505	吴祥	台州仙居县人。	嘉定十五年(1222)
506	吴腾	徽州休宁县人。	嘉定十五年(1222)
507	汪之道	庆元府人。	嘉定十五年(1222)
508	陈棒寿	泉州晋江县人。	嘉定十五年(1222)
509	郑少明	字子信,台州黄岩县人。仕至知江山县。	嘉定十五年(1222)
510	姜应龙	台州仙居县人。历监南岳庙。	嘉定十五年(1222)
511	高梦月	字明卿,衢州人。历国子博士,权工部郎官。	嘉定十五年(1222)
512	潘时举	字子善,台州临海县人。终无为军军学教授。	嘉定十五年(1222)
513	许思齐	建康府上元县人。	嘉定十六年(1223)
514	郑起潜	字子升,平江府人。著作郎。	嘉定十六年(1223)
515	郑鼎新	字中实,兴化军仙游县人。历知晋江县,处州通判。	嘉定十六年(1223)
516	俞忱一	字则明,严州分水县人。历太学博士,终大理寺丞。	嘉定十六年(1223)
517	寥复之	字仁敬,邵武军建宁县人。仕至宜州通判。	嘉定十六年(1223)
518	任衮然	庆元府人。	嘉定十七年(1224)
519	庄端孙	庆元府人。	嘉定十七年(1224)
520	陈辂	庆元府人。	嘉定十七年(1224)
521	邵明仲	庆元府人。	嘉定十七年(1224)
522	张景忠	福州永福县人。两优释褐。仕至秘书少监。	宝庆二年(1226)
523	林任	福州福清县人。累迁贵州推官。	宝庆二年(1226)
524	林应龙	福州人。	宝庆二年(1226)
525	郑斗祥	字一卿,福州人。历著作佐郎。	宝庆二年(1226)
526	郑仕谟	福州福清县人。历西外大宗正司教授。	宝庆二年(1226)
527	江万里	字子远,南康军都昌县人。仕至左丞相兼枢密使。	宝庆二年(1226)

续　表

序号	姓名	简介	及第年份
528	黄师雍	字子敬,福州闽清县人。终江西转运使。	宝庆二年(1226)
529	张楠	字景大,福州永福县人。终广东运干。	绍定二年(1229)
530	郑霖	字景说,台州临海县人。迁权知平江府。	绍定二年(1229)
531	上官涣元	邵武军邵武县人。	绍定四年(1231)
532	王杰	绍兴府。因庆寿恩释褐。	绍定四年(1231)
533	叶成子	庆元府人。因庆寿恩释褐。	绍定四年(1231)
534	严畏	庆元府人。因庆寿恩释褐。	绍定四年(1231)
535	李景勉	常州武进县人。因庆寿恩释褐。知汀州。	绍定四年(1231)
536	沈煇	庆元府人。因庆寿恩释褐。	绍定四年(1231)
537	陈问	临安府钱塘县人。因庆寿恩释褐。	绍定四年(1231)
538	林公俊	字伯奇,福州福清县人。仕至太平州通判。	绍定四年(1231)
539	周炎	常德府武陵县人。因庆寿恩释褐。	绍定四年(1231)
540	郑涣	兴化军人。因庆寿恩释褐。	绍定四年(1231)
541	闻人宇	嘉兴府海盐县人。因庆寿恩释褐。	绍定四年(1231)
542	邓景辉	字凤明,福州古田县人。	绍定五年(1232)
543	孙翼凤	字昭瑞,福州长溪县人。	绍定五年(1232)
544	饶应子	字定夫,抚州崇仁县人。终秘书少监兼崇政殿说书。	绍定五年(1232)
545	林希逸	字肃翁,福州福清县人。终中书舍人。	端平二年(1235)
546	叶梦鼎	字镇之,台州宁海县人。两优释褐。累拜右丞相兼枢密使。	嘉熙元年(1237)
547	缪烈	字允成,福州长溪县人。迁秘书省正字。	嘉熙二年(1238)
548	方文炳	兴化军莆田县人。历福清县主簿。	淳祐元年(1241)
549	方藻	兴化军莆田县人。	淳祐元年(1241)
550	陈宗度	福州永福县人。幸学赐释褐。	淳祐元年(1241)
551	赵若琎	南剑州剑浦县人。	淳祐元年(1241)
552	赵景纬	字德父,临安府于潜县人。累迁中书舍人。	淳祐元年(1241)

续 表

序号	姓名	简介	及第年份
553	郑玠	字太玉,英州真阳县人。累迁太府寺丞。	淳祐四年(1244)
554	方虎臣	兴人军莆田县人。历漳州龙岩县尉。	淳祐七年(1247)
555	毛鼎新	字新甫,台州黄岩县人。仕至史馆校勘。	淳祐七年(1247)
556	赵傲夫	严州人。上舍。	淳祐七年(1247)
557	常楙	字长孺,邛州人。仕至参知政事。	淳祐七年(1247)
558	陈龙光	福州人。	淳祐九年(1249)
559	陈仲琳	福州长乐县人。	淳祐九年(1249)
560	陈褎然	福州长乐县人。	淳祐九年(1249)
561	方顾孙	福州闽县人。两优释褐。	淳祐十年(1250)
562	伍功甫	字勋伯,汀州宁化县人。终常德府府学教授。	淳祐十年(1250)
563	林士廙	字汝节,福州宁德县人。	淳祐十年(1250)
564	林演	字景大,兴化军莆田县人。终湖南提举司干官。	淳祐十年(1250)
565	赵卯发	字汉卿,临安府昌化县人。终池州通判。	淳祐十年(1250)
566	林栋	字国辅,温州永嘉县人。	宝祐元年(1253)
567	滕武子	字文叔,徽州婺源县人。终绍兴府府曹参军。	宝祐元年(1253)
568	潘凤	处州松阳县人。	宝祐元年(1253)
569	叶必茂	字君选,邵武军泰宁人。仕至文林郎、太学录。	宝祐三年(1255)
570	王龙应	福州闽县人。	宝祐四年(1256)
571	方大亨	兴化军人。	宝祐四年(1256)
572	方大猷	兴化军莆田县人。累迁宣抚司参议官。	宝祐四年(1256)
573	方时戊	兴化军莆田县人。官迪功郎。	宝祐四年(1256)
574	黄大林	兴化军莆田县人。官迪功郎。	宝祐四年(1256)
575	林春	字伯嘉,福州长乐县人。	宝祐四年(1256)
576	赵与种	字景喦,台州临海县人。	宝祐四年(1256)
577	赵必翼	字公辅,南剑州剑浦县人。历汀州州学教授。	宝祐四年(1256)
578	赵时吾	字明仲,婺州金华县人。	宝祐四年(1256)

续　表

序号	姓名	简介	及第年份
579	赵时溹	字平仲,绍兴府余姚县人。	宝祐四年(1256)
580	章可	字士衡,泸州泸川县人。	宝祐四年(1256)
581	潘与天	字景仁,台州仙居县人。累迁知潭州。	宝祐四年(1256)
582	潘希圣	字养蒙,临安府人。终户部侍郎。	宝祐四年(1256)
583	方仲立	兴化军莆田县人。	开庆元年(1259)
584	方应箕	兴化军人。历惠安县丞。	开庆元年(1259)
585	方钧之	兴化军人。历海丰县主簿。	开庆元年(1259)
586	谭用式	字仁叔,茶陵军人。释褐状元。累迁湖北提举。	景定元年(1260)
587	谭应时	茶陵军人。	景定元年(1260)
588	刘黻	字声伯,温州乐清县人。仕至朝请郎、试吏部尚书兼工部尚书兼中书舍人。	景定三年(1262)
589	程扬祖	徽州歙县人。上舍魁。官至赣州通判。	景定四年(1263)
590	邓元观	抚州临川县人。	咸淳元年(1265)
591	毕祖高	字训诚,徽州休宁县人。仕至文林郎。	咸淳元年(1265)
592	林铸	兴化军莆田县人。	咸淳元年(1265)
593	赵与忿	徽州婺源县人。覃恩释褐。	咸淳元年(1265)
594	赵必琬	徽州婺源县人。覃恩释褐。	咸淳元年(1265)
595	赵必翔	徽州婺源县人。覃恩释褐。	咸淳元年(1265)
596	赵良傪	徽州婺源县人。覃恩释褐。	咸淳元年(1265)
597	赵良鎌	徽州婺源县人。覃恩释褐。	咸淳元年(1265)
598	赵良鑢	徽州婺源县人。覃恩释褐。	咸淳元年(1265)
599	沈震孙	庆元府人。登极循资恩。	咸淳三年(1267)
600	赵必昌	庆元府人。登极循资恩。	咸淳三年(1267)
601	蒋元	庆元府人。登极循资恩。	咸淳三年(1267)
602	林宗英	福州连江县人。幸学出官。	咸淳三年(1267)
603	洪煊	建德府淳安县人。	咸淳四年(1268)

续　表

序号	姓名	简介	及第年份
604	齐龙高	字彦登,建德府淳安县人。上舍魁。授迪功郎。	咸淳七年(1271)
605	刘志学	字师孔,泉州同安县人。历台州州学教授。	咸淳七年(1271)
606	刘璧	泉州同安县人。	咸淳七年(1271)
607	林景熙	字德阳,瑞安府平阳县人。终从政郎。	咸淳七年(1271)
608	赵次刘	泉州安溪县人。	咸淳七年(1271)
609	王龙泽	字潜渊,婺州义乌县人。状元及第。	咸淳十年(1274)
610	方斗南	兴化军莆田县人。仕至从事郎。	咸淳十年(1274)
611	朱之纯	字伯纯,徽州休宁县人。授平江府府学教授。	咸淳十年(1274)
612	陈麟之	兴华军莆田县人。太学博士。	咸淳十年(1274)
613	郑朴翁	字宗仁,瑞安府平阳县人。仕至从政郎、国子正。	咸淳十年(1274)
614	黄思诚	泉州晋江县人。	咸淳十年(1274)
615	傅翘叔	泉州人。太学推恩进士。惠州户法。	景炎元年(1276)
616	傅腾辉	泉州人。太学推恩进士。漳州司法。	景炎元年(1276)
617	丁载	越州新昌县人。仕至知乐清县。	北宋熙宁间
618	卫熺	建康府人。	北宋绍熙间
619	王鹏	澧州安乡县人。	南宋初
620	邢以忠	隆兴府武宁县人。任台州州学教授。	两宋
621	刘养浩	信州上饶县人。授宁国府府学教授。	南宋理宗朝
622	刘愚	字必明,衢州龙游县人。释褐状元。历江陵府府学教授。	南宋孝宗朝
623	李若水	字清卿,洺州曲周县人。终吏部侍郎兼权开封尹。	北宋宣和间
624	李诚之	字茂钦,婺州东阳县人。上舍魁。授饶州州学教授。	南宋庆元初
625	李瑮中	历为承务郎、辟雍学录。	北宋政和间
626	吴抃	岳州平江县人。历官知峡州军州事。	两宋
627	吴琬	岳州平江县人。官秘书省著作郎。	两宋

序号	姓名	简介	及第年份
628	张彬	叙州人。仕至泸州通判。	南宋绍兴间
629	青阳衍	上舍魁。	两宋
630	郗渐	字子进,大名府临潼县人。官左中大夫。	北宋政和间
631	曹秉	合州人。为汉州州学教授。	北宋大观间
632	钱文子	温州乐清县人。上舍魁。历宣义郎、知醴陵县。	南宋
633	唐执权	字平仲,开封府人。职至龙图阁直学士。	北宋徽宗朝
634	曾凤	字朝阳,吉州庐陵人。累迁国监丞。	南宋

第三章 无官御史：太学与两宋和 战之争

宋代太学的发展演变过程表明，它既充分汲取宋前太学发展的有利成果，又受到宋代时政的深刻影响。并且，这种影响关系具有互动性质，太学生群体具有强烈的参政议政意识，形成一股重要力量，登上了政治舞台。宋人罗大经《鹤林玉露》称赞太学诸生能言侍从所不敢言，攻台谏所不敢攻，清苦鲠亮，伟节相望，为"无官御史"①。

宋代太学最为引人关注之特征有二：一是北宋时期经历三次轰轰烈烈的兴学运动，徽宗朝长达十几年时间内一度废除科举，唯有太学舍选取士，这是太学足以载入史册而受后人注目的辉煌阶段。二是北宋末至南宋时期，太学诸生有感于激烈尖锐的和战之争，直面现实，参政议政之风一时盛行。宋末周密《癸辛杂识》载：

> 三学之横，盛于景定、淳祐之际。凡其所欲出者，虽宰相台谏，亦直攻之，使必去权，乃与人主抗衡。或少见施行，则必借秦为喻，动以坑儒恶声加之，时君时相略不敢过而问焉。……扣阍上书，经台投卷，人畏之如狼虎。②

尽管周密在政治观点上持反道学态度，对太学生颇有微词，但由此亦可见，太学已俨然成为宋代政治舞台上一支不容忽视的群体力量。在特

---

① （宋）罗大经：《鹤林玉露》，中华书局 2008 年版，第 271 页。
② （宋）周密：《癸辛杂识》卷二，上海古籍出版社 2012 年版，第 35 页。

定时代背景下,太学生参政议政影响宋王朝的历史走势。

宋代和战之争可谓治国之本的"国论"、"国是"之争,是关系到国家兴衰存亡之大事。面对金与蒙古的强势南侵,宋人围绕和、战、守的争论纷纷攘攘,百年不休。在此期间,太学生群体全面、深入地参与其中。在既定事实面前,宋代士人对于太学生参与和战之争就表现出强烈关注,或赞其爱国,或批其误国,褒贬不一,对比鲜明,个中缘由耐人寻味。此处着眼于太学内部考察,探究太学生议政期间的表现及缘由,思辨爱国抑或误国的纷纭众说,以启示现实教育。

第一节　主战:太学生群体与和战之争

20世纪30年代,学者黄现璠在其专著《宋代太学生救国运动》中开篇明义:"我国太学生之救国运动,始于汉,盛于宋。"①当金人南下侵吞大宋河山,国家危在旦夕,朝野尚和战未定、众说纷纭之际,太学生群体胸怀满腔热血,树立主战旗帜,坚决抗敌,救亡图存。自北宋末至南宋历朝,太学生皆有参与朝政之事件,和战之争中的主战立场极为坚定。

综观宋代太学生在和战之争中的积极参与及其表现,支持主战派,攻劾主和派,主要体现为以下三个特点。

其一,伏阙上书是太学生表达主战诉求的重要呈现方式。上书言事起自仁宗庆历太学重建时之何群,何群嗜于古学,喜激扬论议,同舍视其为"白衣御史"。徽宗朝陈朝老以激烈之文辞奏疏蔡京恶事十四件,"曰:渎上帝、罔君父、结奥援、轻爵禄、广费用、变法度、妄制作、喜导谀、箝台谏、炽亲党、长奔竞、崇释老、穷土木、矜远略"②,士子争相传写。至靖康之际的太学生领袖陈东,更是在宣和七年(1125)、靖康元年(1126)至建炎元年(1127)的三年时间内,前后凡八次上书。第一封上书《登闻检院上钦

---

① 黄现璠:《宋代太学生救国运动》,吉林出版集团有限责任公司2009年版,第235页。
② (元)脱脱等:《宋史》卷四七二,中华书局1977年版,第13725页。

宗书》(宣和七年十二月二十七日)就言辞大胆,无所畏惧,请求立诛专擅朝政的蔡京、梁师成、李彦、朱勔、王黼、童贯"六贼"以谢天下,不久,"六贼"皆以罢黜闻。其后,又有《登闻检院再上钦宗书》(靖康元年正月六日)、《登闻检院三上钦宗书》(正月三十日)、《伏阙上钦宗书》(二月五日)、《辞诰命上钦宗书》(四月十六日)、《上高宗第一书》(建炎元年八月十七日)、《上高宗第二书》(建炎元年八月十九日)、《上高宗第三书》(建炎元年八月二十五日)。靖康元年二月,主战派李纲被罢,李邦彦等欲与金议和,陈东发起了宋史上一场最为激烈争斗、最具影响规模的伏阙上书事件,影响历史走势,尤为值得论述。《宋史》卷二十三载:

> 太学诸生陈东等及都民数万人伏阙上书,请复用李纲及种师道,且言李邦彦等疾纲,恐其成功,罢纲正堕金人之计。会邦彦入朝,众数其罪而骂。吴敏传宣,众不退,遂挝登闻鼓,山呼动地。殿帅王宗濋恐生变,奏上勉从之。遣耿南仲号于众曰:"已得旨宣纲矣。"内侍朱拱之宣纲后期,众脔而磔之,并杀内侍数十人。乃复纲右丞,充京城防御使。①

此次伏阙事件对朝政造成不小冲击,也极大地提升了太学群体的政治影响,却为陈东本人的悲剧命运埋下伏根。"高宗特以靖康之哄为惧",陈东第八次上书后被授意杀害。临刑前作有家书:"当日晚,忽有应天府吏人来追取东,必是得罪;恐死生未可知,然东已处之矣。窃恐死后,家中不知子细,老儿烦恼,今特写此纸报,要知东不以他故而死也。"②陈东身为国死,舍生取义,赢得世人敬重。高宗后来亦尝悔道:"朕即位听用非人,至今痛恨之;赠官推恩,未足称朕悔过之意。死者不可复生,追悔无已。"③这种表态亦可寄慰前仆后继上书言事的爱国学生。

其二,表达政治诉求时,太学生既有陈东式个人英雄主义的呈现,也

① (元)脱脱等:《宋史》卷二三,中华书局1977年版,第421页。
② (宋)陈东撰,张国擎校注:《少阳集》,北京古籍出版社1999年版,第113页。
③ (宋)戴埴:《鼠璞》卷上,中华书局1985年版,第25页。

多以群体性联名的形式展现团结的力量。这取决于太学生个人的独特个性、敢言毅行，更与特定时局形势密切相关。仅在靖康元年二月，《三朝北盟会编》就载有四条上书论事：

> 二月五日，太学生雷观上书论李邦彦、张邦昌不可用。①
> 二月二十二日，太学生沈长卿上书言伏阙并李邦彦等。②
> 二月二十六日，太学吴若上书言吴敏、李邦彦。③
> 二月，太学生杨诲上书论割地。④

此诚危急存亡之秋，太学生已无从顾及自身安危，其力诋权奸、尽忠报国之情怀令人钦佩。但总而论之，在浩荡起伏、纷纭变幻的政治斗争面前，人微言轻，单枪匹马，可能就如个人英雄陈东式成为政治的牺牲品。太学诸生采取群体出动的方式，少则数人，多则数十人、上百人的联名上书、伏阙请愿。

如孝宗隆兴二年（1164），张观、宋鼎、葛用中等七十二人上书请斩主和派汤思退、王之望、尹穑，略云："扬州退敌之后，敌人不敢南下。汤思退首唱和议，之望、尹穑附之，极力挤排，遂使张浚罢去，边备废弛，堕敌计中，天下为之寒心，而思退辈方以为得计。今敌人长驱直至淮甸，皆思退等三人怀奸误国。此三人之罪，皆可斩也。臣愿陛下先正三贼之罪，以明示天下，仍窜其党洪适、晁公武，而用陈康伯、胡铨为腹心，召金安节、虞允文、王大宝、陈俊卿、王十朋、陈良翰、黄中、龚茂良、刘夙、张栻、查籥，协谋同心，以济大计。"⑤

宁宗庆元元年（1195），杨宏中、周端朝、张道、林仲麟、蒋传、徐范等太学"前六君子"联名上书挽留赵汝愚，请黜李沐，"诏宏中等各送五百里外

① （宋）徐梦莘：《三朝北盟会编 甲》卷三十五，大化书局1979年版，第342页。
② （宋）徐梦莘：《三朝北盟会编 甲》卷四十一，大化书局1979年版，第16页。
③ （宋）徐梦莘：《三朝北盟会编 甲》卷四十一，大化书局1979年版，第16页。
④ （宋）徐梦莘：《三朝北盟会编 甲》卷三十六，大化书局1979年版，第352页。
⑤ （清）毕沅：《续资治通鉴》卷一三九，中华书局1957年版，第3692—3693页。

编管"①。

理宗淳祐四年(1244),黄恺伯、金九万、孙翼凤等一百四十四人联名攻击史嵩之,上书云:"彼嵩之何人哉? 心术回邪,踪迹诡秘。曩者开督府,以和议隳将士心,以厚资窃宰相位,罗天下之小人以为私党,夺天下之利权以归私室,蓄谋积累,险不可测。在朝廷一日,则贻一日之祸,在朝廷一岁,则贻一岁之忧。万口一辞,惟恐其去之不亟也。嵩之亡父,以速嵩之之去,中外方以为快,而陛下起复之命已下矣。"②至"(宝祐四年)御笔史嵩之退安晚节已逾十年,可特授观文殿大学士……公论复以为未然,太学生上书攻。"③

理宗淳祐五年(1245),国子祭酒徐元杰暴卒,"指爪忽裂以死",蔡德润等一百七十余人为徐元杰暴卒鸣冤,伏阙诉其为中毒,上书讼冤:"昔小人有倾君子者,不过使之自死于蛮烟瘴雨之乡,今蛮烟瘴雨不在岭海,而在陛下之朝廷。望奋发睿断,大明典刑。"④

理宗宝祐六年(1258),陈宜中、黄镛、刘黻、林则祖、陈宗、曾唯等太学"后六君子"弹劾丁大全,"大全极力与之(太学生)为敌,重修丙辰监令,榜之三学。其后诸生协力合党,以攻大全,大全终于得罪而去"⑤。

不仅有太学生的群体联名,更有太学、武学、宗学三学诸生之间的相互支持和声援。《吹剑录外集》载:"胡榘既论罢,九华叶寅作《三学义举颂》,其序曰:'嘉定十二年五月五日己亥,太学生何处恬等二百七十三人,相率上书言:'工部尚书胡榘,及其兄槻,中外相挺,引董居谊、聂子述、许俊、刘琸,误军败国'。"奏闻未报。宗学生公记等十二人,武学生郑用中等七十二人,又相继伏阙,极言其事。"⑥《齐东野语》亦载:"自是三学京庠,投匦上书者日至。太学生吴绮、许求之等书有云……又有陈梦斗、陈绍中

---

① (元)脱脱等:《宋史》卷三七,中华书局 1977 年版,第 713 页。

② (清)毕沅:《续资治通鉴》卷一七一,中华书局 1957 年版,第 4657 页。

③ (宋)周密:《癸辛杂识》,上海古籍出版社 2012 年版,第 171 页。

④ (元)脱脱等:《宋史》卷四二四,中华书局 1977 年版,第 12662 页。

⑤ (宋)周密:《癸辛杂识》,上海古籍出版社 2012 年版,第 35 页。

⑥ (宋)俞文豹:《吹剑录外集》,中华书局 1991 年版,第 30 页。

等书，沈震孙、范钥、李极等书，宗庠则有胡标与周必襧等书，立礼斋生谢禹则独为一书。又有武学生杜士贤等书。"①

其三，所涉及争论范围深广，所包涵争论形式多样。敢于向君主犯颜死谏，如光宗绍熙二年（1191），太学生余古《上光宗议时政书》批评光宗朝政荒废，言辞大胆，语气严厉又不留情面，略云：

> 间者，侧闻宴游无度，声乐无绝，昼日不足，继之以夜。宫女进献不时，伶人出入无节，宦官侵夺权政，随加宠赐，或至超迁。内中宫殿已历三朝，何陋之有，奚用更建楼台，接于云汉？月榭风亭，不辍兴作，深为陛下不取也。甚者奏胡戎乐，习斋郎舞，乃使幸臣嬖妾杂以优人，聚之数十，饰以怪巾，拖之异服，备极丑恶，以致戏笑，至亡谓也！自古宦官败国，备载方册，臣观宦者之盛，莫如方今。……满朝皆小人也，求海内不盗贼，民生不涂炭，日月不食，水旱不作，岂可得乎？②

光宗览书后大为震怒，拟下特旨将其编管，后因朝臣救之，改送筠州州学听读。

太学诸生攻击权臣更是不遗余力，北宋末后与蔡京、李邦彦、黄潜善、韩侂胄、史嵩之、丁大全等宰执大臣公然为敌，显示出不畏权相、英勇顽强的斗争精神。如理宗景定年间唐隶、杨坦等批评权臣，言辞颇激烈："大臣德不足以居功名之高，量不足以展经纶之大，率意纷更，殊骇观听，七司条例，悉从更变。世胄延赏，巧摘瑕疵。薪茗揭藏，香椒积压。与商贾争微利，强买民田，贻祸浙右，自今天下无稔岁，浙路无富家矣。夹袋不收拾人才，而遍储贱妓之姓名；化地不斡旋陶冶，而务行非僻之方术。纵不肖之骏弟，以卿月而醉风月于花衢；笼博奕之旧徒，以秋鼙而压溪壑之渊薮。踏青泛绿，不思闾巷之萧条；醉酿饱鲜，遑恤物价之腾踊。刘良贵贱丈夫

---

① （宋）周密：《齐东野语》卷一七，中华书局 1983 年版，第 319 页。
② 曾枣庄、刘琳编：《全宋文》，上海辞书出版社、安徽教育出版社 2006 年版，第 287 册 224 页。

也,乃深倚之,以扬鹰犬之威。董宋臣巨奸宄也,乃优纵之,以出虎兕之柙。"①

留忠任贤是太学生弹劾奸佞的直接目的。他们请罢李邦彦而留李纲、攻韩侂胄请留赵汝愚、劾董宋臣请留洪天锡等。如宁宗庆元间赵汝愚遭翰侂胄排挤出朝后,太学生周端朝等上书留赵汝愚、章颖、李祥、杨简,请黜李沐。太学生敖陶孙赋诗讽韩侂胄:"左手旋乾右转坤,如何群小恣流言。狼胡无地居姬旦,鱼腹终天吊屈原。一死固知公所欠,孤忠幸有史长存。九原若遇韩忠献,休说如今有末孙。"②

奉言献策、分析和战形势、制定战守计策,是太学生们上书论事的重要方面,也是他们满怀为国分忧之情,对于和战大事的理论总结。如陈东《上高宗第二书》认为在二圣銮舆未归之际,高宗应选将治兵,亲征强取。书云:

> 天下之兵,无不可用,只缘前此将帅非人,怀奸卖国,挫折军威,欲战之兵,乃不得战,郁愤丧气,至于解体。如欲用之,在陛下发舒其愤,与作其气;愤或未舒,气或未作,猛夫悍卒,皆不能战。愤既已舒,气既已作,懦夫孺子,皆可为兵。欲舒其愤,与作其气,正在陛下大明诛赏。去年今春三军在行,皆愿捐躯效死一战,奈何诸将率为奸谋,不肯辄出一人一骑,为国御敌,乃下令曰:杀虏者死。偏裨小将有能率众杀虏人立功者,往往诸将径行诛戮,缘此之故,三军沮挫,竟无斗志,天下所以郁愤丧气。③

若上书论事是太学诸生一厢情愿、"纸上谈兵",投笔从戎、杀身成仁就是他们最后所能做的。《三朝北盟会编》载:"金游骑已犯京师。……择太学生有策略之士百人,按官上城。皆分门御悍。"④"发遣张叔夜军,听

---

① (宋)周密:《齐东野语》卷一七,中华书局1983年版,第319—320页。
② (宋)岳珂:《桯史》卷一五,中华书局1981年版,第175页。
③ (宋)陈东撰,张国擎校注:《少阳集》,北京古籍出版社1999年版,第91—92页。
④ (宋)徐梦莘:《三朝北盟会编 乙》卷六四,大化书局1979年版,第63页。

候差遣，比肩卒伍。及城破，死者亦甚重。"①

文弱身躯战死沙场者有之，游说金将惨遭杀害者有之。钦宗靖康二年（1127）二月，"钦宗诣金营不归，撰帅诸生扣南薰门，以书抵二酉，请车驾还阙。其略曰：'……有存社稷之德，活生灵之仁，而以金帛之故，留质君父。是犹爱人之子弟，而辱其父祖，与不爱无择，元帅必不为也。愿推恻隐之心，存始终之惠，反其君父，班师振旅，缓以时日，使求之四方，然后遣使人奉献，则楚封陈之功不足道也。'二酉见书，使以马载撰至军诘难，撰厉声抗论，为所杀"②。《靖康纪闻拾遗》载："太学生乞诣军前论列。上讲和回，怜太学诸生辛勤效死弗去，即遣中书舍人孙觌兼祭酒慰劳诸生，及闻议赏格，诸生感激上意，涕泗横流。继而再幸军中，驾前往来人，数闻诸生时有献书、乞诣军前论列者，官司例不许行。"③

另外，太学生伏阙上书、扫学罢课、赋诗讽谏、出使敌国等都是其参与和战之争的具体形式。叶绍翁《四朝闻见录·太学生置绫纸》记有太学生集体罢课之事："尽出太学，置绫纸于崇化堂，皆望阙遥拜而去。云散雾裂，学为之空。"④贾似道欲优学舍以邀誉，太学试所贴有学生讽谏诗："鼙鼓惊天动地来，九州赤子哭哀哀。庙堂不问平戎策，多把金钱媚秀才。"⑤太学生吴安国、魏行可、郭元迈等出使敌国，被留不屈，大节凛然，"诚不在苏武下也"。靖康二年二月，皇后、皇太子在金人胁迫下出城，百官军民奔随号泣，太学诸生拥拜车前，哭声震天。同月，金人移文索太学博通经术者三十人。四月，国子祭酒董迪率太学生百余人捧表赴南京。太学诸生是和战之争的参与者、主战派，也是靖康之变的亲历者、见证者。

---

① （宋）徐梦莘：《三朝北盟会编 乙》卷九九，大化书局1979年版，第400页。
② （元）脱脱等：《宋史》卷四四七，中华书局1977年版，第13180页。
③ 姚继荣、姚忆雪：《唐宋历史笔记论丛》，民族出版社2016年版，第524页。
④ （宋）叶绍翁：《四朝闻见录》卷一，中华书局1989年版，第40页。
⑤ （宋）周密：《齐东野语》卷一七，中华书局1983年版，第312页。

第二节 悖反:爱国情怀与政派利用

探究太学生群体大范围、多形式地参与朝政的缘由,太学生胸怀满腔热血的爱国之情自然应该置之首位。同时我们发现,当太学生群体成为一支重要的时政力量时,朝廷政派开始竞相拉拢其到自己的阵营,太学生因缺少经验被政派利用而参与朝政。

太学生的爱国情怀,在参与和战之争的诸多事例中已表现得淋漓尽致。主战反和、救亡图存是其爱国之主张,不惜生命、以身殉国是其爱国之代价。即便冒有生死危险,他们依然既在皇帝历次的禁书诏令与臣僚一再的攻劾奏疏下逆向前行,也因机缘巧合在主战爱国将领岳飞的感召引领下顺势前进。

绍兴十三年(1143),太学在南宋重建不久,高宗监学时就敕令禁止学生上书言事。孝宗隆兴二年(1164),"黄榜禁太学生伏阙"。淳熙年间,"不许太学上书言事"。光宗绍熙二年(1191),有针对太学生的《禁造匿名诗嘲讪宰相学官等诏》。理宗时期,"立碑太学,戒诸生亡议朝政"。与之相呼应的是部分臣僚上奏疏文,如参知政事周葵《请禁太学生伏阙上书奏》(隆兴二年)奏言:"靖康军兴,有不逞之徒鼓唱诸生伏阙上书,几至生变。若蹈前辙,为首者重置典宪,余人编配。"①同时,太学生上书带来的直接结果多是遭到编管流放,逮捕刑讯,甚或如陈东有杀头之祸。如上诸多不利条件,却无法阻止太学生依旧前仆后继地伏阙上书,如周葵之奏文经由黄榜公示,士论哗然,不仅未见遏制之效,反而立即引发太学生张观等七十余人对主和派汤思退、王之望等人的上书弹劾。凡此对于皇帝禁令与大臣劾文的叛逆以及自身命运的"漠视",只因在和战未定或主张和议的朝政局面下,太学生怀着满腔爱国热情,心急于主战之论,如噎在喉,

① (清)毕沅:《续资治通鉴》卷一三九,中华书局1957年版,第3692页。

不吐不快。

南宋绍兴十二年(1142)，岳飞被主和派秦桧冤害。十三年正月，下诏以岳飞宅建太学。南宋重建太学伊始，太学生就与主战英雄岳飞在冥冥之中自相关联。南宋以来，太学生身处岳飞旧第，敬慕其为国捐躯、至死不渝的爱国之情，痛惜其身受诬陷、惨遭杀害的悲剧命运，嫉恨主和派在"莫须有"罪名背后一意求和的嘴脸。他们追随着岳飞一贯主战抗敌的脚步，并在坚持主战之路上持着上书言事之利器，促使朝廷对于岳飞冤案的昭雪。

《宋史·岳飞传》记载："绍兴末，金益猖獗，太学生程宏图上书讼飞冤，诏飞家自便。"①《宋史·岳飞传》将平反岳飞的首倡之功归之于太学生。《建炎以来系年要录》卷一九〇载有程宏图等上书，略云："国家自和议之后，为故相秦桧所误，沮天下忠臣义士之气，三十余年矣。一旦思所以得其戮力，必有以感动其心而奋起之可也。故哀痛之诏，不可不亟下。然诏不可徒下也，要当首正秦桧之罪，追夺其官爵，而籍其家财。追赐宇文虚中之爵，而为之立祠。雪赵鼎、岳飞之冤，而又下亲征之诏，移跸建康，则其气固足以吞强敌矣。"②同年，另一位太学生宋芑也在程宏图前后上书讼冤，其书乞云："凡前日中外之臣，误我国以和议者，无问存没，悉正典刑。于是斲秦桧之棺而戮其尸，贬窜其子孙而籍其资产以助军，以正其首倡和议、欺君误国之罪。复岳飞之爵邑，而录用其子孙，以谢三军之士，以激忠义之气。诏下之日，使东南之民闻之，莫不怒发冲冠；而西北之民闻之，莫不感激流涕。"③其后岳飞于孝宗初平反。

至宝祐四年(1256)，理宗《太学土地神特封正显昭德文忠英济侯敕》赞岳飞被太学生所敬仰："尔以聪明正直，妥灵于首善之地，为多士之所敬

---

① (元)脱脱等：《宋史》卷三六五，中华书局1977年版，第11375页。

② (宋)李心传著，辛更儒点校：《建炎以来系年要录》，上海古籍出版社2018年版，第3396页。

③ (宋)李心传著，辛更儒点校：《建炎以来系年要录》，上海古籍出版社2018年版，第3397页。

向,不但叱咤妖怪,具有灵应,而斯文益大以昌,实惟阴相焉。"①景定元年(1260),何梦然《乞加封太学土地庙神岳飞状》长文详述岳飞英勇报国之壮举,乞加封岳王及部将,并就太学、太学生与岳飞的关联多有精论。其文曰:

> 天下土地之祠不知其几,而太学土地则忠武王飞为之,非偶然者。惟忠武王飞明君臣之义,辨华夷之分,扫灭丑虏,恢复中原,校之中兴诸将但有战功而不知复雠之义远矣。虽贼桧欺天,王以忠死,而志在君父,力扶名义之功,兴宋无极。每读孝宗皇帝褒扬之诏,为之流涕。今太学诸生率循礼义,斯文日昌,固出圣明作人之造,而阴相默佑,神与有功。②

太学与岳飞相联,何文用"非偶然者"四字作评,实有非常含义。岳飞之忠肝义胆、恢复中原之抱负,在太学生群体身上得以传承延续。此篇乞状上奏之后,明年二月,理宗回应乞加封岳飞及部将事,有《太学忠显庙神岳封忠文王敕》《太学忠显庙佐神张宪等封侯敕》,敕文有"英烈言言,可畏可仰,以迄于今;辟雍汤汤,永观厥成,有相之道"③诸句。宋末,太学生与岳飞最引人注目的交集是徐应镳祭祀岳飞、自焚赴死之事,《宋史》卷四五一载:

> 徐应镳,……咸淳末,试补太学生。德祐二年,宋亡,……应镳不欲从,乃与其子琦、崧、女元娘誓共焚,子女皆喜从之。太学故岳飞第,有飞祠,应镳具酒肉祀飞曰:"天不祐宋,社稷为墟,应镳死以报国,誓不与诸生俱北。死已,将魂魄累王,作配神主,与王英灵,永永无斁。"琦亦赋诗以自誓。祭毕,以酒肉饷诸仆,诸仆醉卧,应镳乃与其子女入梯云楼,积诸房书籍箱笥四周,纵火自焚。④

---

① (清)丁丙:《武林坊巷志(第七册)》,浙江人民出版社 1990 年版,第 358 页。
② (清)丁丙:《武林坊巷志(第七册)》,浙江人民出版社 1990 年版,第 359—360 页。
③ 曾枣庄,刘琳编:《全宋文》,上海辞书出版社、安徽教育出版社 2006 年版,第 345 册 364 页。
④ (元)脱脱等:《宋史》卷四五一,中华书局 1977 年版,第 13265 页。

徐应镳痛心宋亡，以死殉国，岳飞祠之祭语不像是生前的道别，更似死后英灵的相聚，"与王英灵，永永无斁"，之所以有资格"作配神主"，皆因其与岳飞同样有着以死尽忠的爱国情怀。

太学生参与和战之争，影响朝政走势，在其胸怀自发的爱国之情外，也有政派拉笼、太学生受其利用的因素。表面来看，爱国情怀与政派利用是一种悖反，但却在不同时期、不同事件中切实融入太学生议政的具体进程。

北宋末年，太学生陈东领导的救国运动极为轰烈，十余万汴京军民集体请愿，朝臣对太学生特殊群体开始刮目相看。此番要求罢免六贼、复职李纲的请愿事件，就有时臣恶意中伤李纲："伏阙之士，其间有纲故旧。"[①] "陈公辅乃二月五日为李纲结构士庶伏阙者。"[②]此论实是谗言，但也可见从太学生大规模议政伊始，就有了太学群体受政派利用之说。

当太学生阵营在南宋逐步成为不容忽视的重要力量时，政派各方拉拢和争取太学生群体的较量也就不断上演。某派一旦获得代表正义和"正论"的太学生们支持，就首先在舆论气势上占据上风。太学生群体或先发制人，直攻另派，或紧随某派人士上书后，联名支持，可谓政派斗争中平添了一股强大的力量。

政派各方对于太学生群体的拉拢，有着不同的方式。已经在朝为官的太学先达与太学生之间关系密切，每至太学都赏送颇丰，"太学先达归斋，各有光斋之礼，各刻于斋牌之上，宰执则送真金碗一只，状元则送镀金魁星杯柈一副，帅漕新除，各斋十八界二百千，酒十尊"[③]。太学内部对于本斋先达更是尊崇，"太学诸斋各祠本斋有德行者，存心斋、果行斋并祠栗斋，巩丰，循礼斋祠慈湖杨简，果行斋祠梅溪、王十朋、崔与之"[④]。太学生拥赵汝愚贬韩侂胄，"上书留赵汝愚、章颖、李祥、杨简"，其中章颖、李祥、

① （宋）徐梦莘：《三朝北盟会编 甲》卷四，大化书局 1979 年版，第 30 页。
② （宋）李纲：《靖康传信录》卷下，中华书局 1985 年版，第 11 页。
③ （宋）周密：《癸辛杂识》卷二，上海古籍出版社 2012 年版，第 34 页。
④ （宋）周密：《癸辛杂识》卷二，上海古籍出版社 2012 年版，第 34 页。

杨简即为太学先达；反对史嵩之起复事件中，太学生群体全力支持的朝臣徐元杰就曾任职国子祭酒。朝臣与太学生的这种亲密关系，让他们更易于得到学生群体的呼应支持，从而形成太学生或上书或"蹈海"于外，朝臣或弹劾或"乞去"于内的局面，给皇帝及政派对方施加双重压力。未具如此天然优势的朝廷势力，则通过贿赂等方式搜寻和扶植代言人，将其作为弹劾打击另派的工具。如理宗宝祐年间御史洪天锡被劾去国，就是因为政敌卢允升、董宋臣"厚赂太学生林自养，上书力诋天锡"而造成的后果。

政派各方竞相拉拢利用导致太学生们将主要精力投入朝政之争，整日以弹劾攻击为能事，宋理宗曾下诏戒之："朕乐闻切直，岂厌人言？迩年臣不能体国，惟以私报公，植党相倾，蛊坏士习。学校储才之地，乃有蹈于匪彝，诪张为幻，乱政害民，甚非教育初意。"①"进退台谏，权在人主，若由学校，万无此理。且非大臣所得进退，学校可得而进退之乎？叩阍缕缕，更无已时。可令学官先谕三学诸生，各安心肄业，以副朕教育之意。"②"植党相倾，蛊坏士习"，太学生群体的作为已"甚非教育初意"。

第三节　反观：太学内部与时政关系

太学生与和战之争，从太学外部因素来看，强敌南侵、国家危亡、朝廷懦弱、民族义愤等等，都是唤起太学生爱国热情的动因，这是显而易见的。但表面而言，太学作为学校教育机构，与朝政大事并无直接相关，缘何偏偏激起太学生如此大规模的救国主战斗争。欲细究太学生与和战之争的关系，需要进一步反观太学内部，太学体制、太学生学习生活与时政之间的关联。

南宋绍兴三十一年（1161），窦敷作《黔江修学记》有云："学校者，乃礼

---

① 汪圣铎点校：《宋史全文》卷三五，中华书局 2016 年版，第 2853 页。
② 汪圣铎点校：《宋史全文》卷三五，中华书局 2016 年版，第 2851 页。

义之所出，政治之所本，而公议之所在也。"①给学校标出三个解释项，礼义乃学校教书育人之职责所在，政治与公议正是此处之论点。

学校教育与时政的关联，从宏观层面看，宋人高度重视二者关系，钦慕上古三代"学""政"为一，感慨宋时已远不如古。在学记这类可供论述学政关联的文章中，宋人追昔抚今，多篇学记文中详论三代之学：

> 学校，王政之本也。古者致治之盛衰，视其学之兴废。（欧阳修《吉州学记》)②

> 先王之时，以学为政，学者政之出，政者学之施，学无异习，政无异术。自朝廷达之郡国，自郡国达之天下，元元本本，靡有二事。故士不于学，则为奇言异行；政不于学，则无道揆法守。（张孝祥《衡州新学记》)③

> 学校官府初无二体，而三代之上，家塾、党庠、遂序、国学如是之设也。（李璜《重建明州州学记》)④

> 古之为学者，有政焉，有教焉。建国君民，教学为先，此所谓政也。春诵夏弦，秋学礼，冬读书，而以岁时合射，合舞、合语，而书其德行道艺，此所谓教也，今之教者末矣。（钱文子《乐清新学记》)⑤

兹不赘举，宋人对于上古三代"学""政"为一的赞慕之情溢于言表。但毕竟时过境迁，宋代学校教育该如何定位，兴学运动发起人范仲淹和王安石曾多有阐述。他们站在国家和政治高度，将发展学校教育视为振兴国家、巩固政权的必要环节，将培育经世致用之人才视为学校之本旨。庆历兴学期间，范仲淹在《奏上时务书》、《上执政书》、《上时相议制举书》、《答手诏条陈十事》、《邠州建学记》、《饶州新建州学记》等文中多次提出改革科举时弊、重视学校教育的观点主张和实施方案，认为国家选才育人不

---

① （清）邵陆编纂：《酉阳州志》卷三，巴蜀书社 2010 年版，第 91 页。
② （宋）欧阳修：《欧阳修集编年笺注 3》，巴蜀书社 2007 年版，第 82 页。
③ （宋）张孝祥撰，彭国忠校点：《张孝祥诗文集》，黄山书社 2001 年版，第 171 页。
④ （元）袁桷：《延祐四明志》卷一三，成文出版社 1983 年版，第 5685 页。
⑤ 吴明哲编：《温州历代碑刻二集 上》，上海社会科学院出版社 2006 年版，第 319 页。

能不务而获:"当太平之朝,不能教育,俟何时而教育哉? 乃于选用之际,患才之难,亦由不务,而求获矣。"(《上执政书》)①"善国者,莫先育材;育材之方,莫先劝学。"(《上时相议制举书》)②"国家劝学育材,必求为我器用,辅我风教,设使皆明经籍之旨,并练王霸之术,问十得十,亦朝廷教育之本意矣。"(《上时相议制举书》)③熙丰兴学期间,王安石提出"天下不可一时而无政权,故学不可一日而亡于天下"(《慈溪县学记》)④,学校教育之道应是"自国至于乡党皆有学,博置教导之官,而严其选。朝廷礼乐刑政之事,皆在于学。士所观而习者,皆先王之法言德行治天下之意,其材亦可以为天下国家之用。苟不可以为天下国家之用,则不教也;苟可以为天下国家之用者,则无不在于学"(《上仁宗皇帝言事书》)⑤。在兴学发起人兼执政者看来,学校教育与政治时局关联紧密,通过慎选举、敦教育,改革科举推动学校教育发展,方能选拔录用真正的治政人才。

从太学内部的教育管理层面来看,时政变革、派别之争实时反映至太学,影响到太学内诸方面。其一,基于特定时局背景,太学学官频繁更换的突出特点是"选用学官,非执政所喜者不与"。熙丰兴学时,王安石执政不满时任学官,批量黜换之,"陆佃、黎宗孟、叶涛、曾肇、沈季长与选。季长,安石妹婿;涛,其侄婿;佃,门人;肇,布弟也。佃等夜在安石斋授口义,旦至学讲之,无一语出己。其设三舍,皆欲引用其党耳"⑥。其二,经学为主的太学教学内容也紧随政治思潮而时有变化。从宋初建立太学开始,教学内容经历注重注疏之学到宋初三先生疑经惑传的转变,再到王安石向诸学官"斋授口义",颁行《三经新义》。至理学派当权执政,程朱理学成

---

① (宋)范仲淹著,李勇先、王蓉贵校点:《范仲淹全集》,四川大学出版社 2002 年版,第210 页。

② (宋)范仲淹著,李勇先、王蓉贵校点:《范仲淹全集》,四川大学出版社 2002 年版,第237 页。

③ (宋)范仲淹著,李勇先、王蓉贵校点:《范仲淹全集》,四川大学出版社 2002 年版,第237 页。

④ (宋)王安石著,李之亮笺注:《王荆公文集笺注》,巴蜀书社 2005 年版,第 1590 页。

⑤ (宋)王安石著,李之亮笺注:《王荆公文集笺注》,巴蜀书社 2005 年版,第 21 页。

⑥ (清)毕沅:《续资治通鉴》卷六八,中华书局 1957 年版,第 1713 页。

为官学,太学教学中王氏之说又被一概摈弃。其三,太学私试、公试以及科举考校选取,都与朝臣政派之争有莫大关系。如叶谦亨《程学不当一切摈弃劄子》(绍兴二十六年)奏言:"学术粹驳,系于主司去取之间。向者朝论专尚程颐之学,有立说稍异者皆不在选,前日大臣则阴佑王安石,而取其说,稍涉程学者一切摈弃。"①朝臣对于不同学派的政治态度直接决定科举与太学考试的评判标准。国子祭酒周葵说:"科举所以取士,比年主司迎合大臣意,取经传语可讽者为问目,学者竞逐时好。"②《宋史》卷三八一载太学生王居正因不习王氏新学而遭黜落多年,"入太学,时习《新经》、《字说》者,主司辄置高选,居正语人曰:'穷达自有时,心之是非,可改邪?'流落十余年"③。其四,太学生平日所习诗文须经由执政派首肯,私藏禁书者罪及学官。蔡京时"以学校之法驭士人,如军法之驭卒伍,一有异论,累及学官。若苏轼、黄庭坚之文,范镇、沈括之杂说,悉以严刑重赏,禁其收藏,其苛锢多士,亦已密矣"④。太学生刘勉之"以乡举诣太学,时蔡京用事,禁止毋得挟元祐书,自是伊、洛之学不行。勉之求得其书,每深夜,同舍生皆寐,乃潜抄而默诵之"⑤。

学校者,"公议之所在也"。审视太学内部与时政之关联,学校乃公议之地、社会"正论"之代表,成为一时共识。"位卑未敢忘忧国",太学诸生犯颜直谏、弹劾奸佞表现得坚贞不屈,受到政派重视。宁宗嘉定十二年(1219),俞文豹《吹剑录外集》述及学校"公论"之事。其云:

> 己未,秘书监柴中行奏:"三学所言,不宜含糊。付之不恤,是欲私庇其人,而使吾君有拒谏之失。"辛酉,国子监丞萧舜冶札白:"诸生言事,无非公论。而朝廷乃谓:'黜陟之权,不当徇布衣之请',此非天下之公言,特左右游扬之私尔。"丞相乃召太学博士楼昉至赐第,俾谕

---

① (宋)李心传:《道命录》卷四,中华书局1985年版,第39页。
② (元)脱脱等:《宋史》卷三八五,中华书局1977年版,第11835页。
③ (元)脱脱等:《宋史》卷三八一,中华书局1977年版,第11733页。
④ (元)脱脱等:《宋史》卷三五六,中华书局1977年版,第11199页。
⑤ (元)脱脱等:《宋史》卷四五九,中华书局1977年版,第13462页。

诸生。以学校为伸公论,输对为体,朝廷庙堂未尝加喜愠。昉退亦以札白:"乞采公论,助乾决决,若依违含糊,内伏疑根,则昉也一夫之频舌,安能解千万人之惑?而公论且将回指于昉矣!"①

数行之语,多次特意提及"公论",国子监丞和太学博士一直强调学校乃"公论"之地。他们希望站在正义立场,凭借"公论"武器,制造舆论攻势,产生积极影响。自宁宗开禧至理宗端平之后,学校"公论"之意深得人心,《齐东野语》记载当时情形:

> 自开禧之初,迄更化之后,天下公论,不归于上之人,多归于两学(太学、武学)之士。凡政令施行之舛,除拜黜陟之偏,禁庭私谒之过,涉于国家盛衰之计,公论一鸣,两学雷动。天子虚己以听之,宰相俯首而信之,天下倾心而是之。由是四方万里,或闻两学建议,父告其子,兄告其弟,师告其徒,必得其说,互相歆艳。②

此一时期,"公论"不归"上之人"而归两学,学校之"公论"竟已达到"天子虚己以听之"的地步,由此可见太学生群体扮演着十分重要的政治角色。再其后,在理宗与徐元杰的一次对话中,既有理宗对于太学伏阙上书、抨击朝政的不可忍耐,也有徐元杰对敢说异见的竭力回护。

> 元杰云:"学校之书不可泯。"上曰:"学校虽是正论,但言之太甚。"元杰云:"正论是国家元气,今正论犹在学校,正当保存一线之脉。"③

我们看到,理宗不满于学校诸生向来之评议时政,而曾就职国子祭酒、深受太学生群体拥护的徐元杰正是以"公论"之意向皇帝施加压力,维护学校群体的朝廷影响力。

---

① (宋)俞文豹:《吹剑录外集》,中华书局 1991 年版,第 30 页。
② (宋)周密:《齐东野语》卷一九,中华书局 1983 年版,第 347 页。
③ (清)毕沅:《续资治通鉴》卷一七一,中华书局 1957 年版,第 4660 页。

第四节　思辨：太学生议政之纷纭众说

　　太学生参与和战之争的影响力如前所论，论说太学生议政的历史启示之前，尚需辨析宋人、近人、今人对于其人其事的已有评价，于纷纭众说之中深化思考。

　　北宋末期至南宋，太学生群体逐渐登上政治舞台，宋人亲历太学诸生带给朝政的影响和变化，感受颇多。对于太学生评议时政，其褒贬不一是显见的。首当其冲者是参与和战之争的政派各方。太学诸生强烈的主战意愿，受到主战政派的一致赞许。爱国诗人陆游为国子司业芮国器所作送诗中，赞颂学生的爱国主战情怀，其诗云："往岁淮边虏未归，诸生合疏论危机。人材衰靡方当虑，士气峥嵘未可非。万事不如公论久，诸贤莫与众心违。还朝此段宜先急，岂独遗经赖发挥。"①陆游赞其"合疏论危机"乃"公论"之举，希冀朝中诸贤"莫与众心违"。爱国英雄文天祥在《己未上皇帝书》中特意提及学生上书议政事："三数年前，缙绅之能出谠论事者，既为奸人所屏，学校之士，犹叩阍謈謈不自已。奸人疾其为害已也，托名学法，重致意于禁上书之一条，而后陛下之言路尽塞。陛下今既悔悟矣，然食肉之徒，未有能出一语，以救陵迟之祸，惟学校不惮，恳恳以为言。"②与主战派持截然相反意见者，多是受到太学生弹劾攻击之主和权臣。他们忌惮学生的群体力量，忙于奏疏辩解的同时，诋毁太学生动摇国是，直欲除之而后快。主和派用手中特权明禁学生上书言事，秦桧主定学规，"以讪谤朝政为第一等罚之首"。孙觌《侍御史论太学诸生伏阙劄子》斥责太学生领袖陈东："陈东等乃幸天下有大变，蔑视官师，不告而出，怙众兴讹，厚诬朝廷，朋比罪人，迫胁君父，肆行杀戮，遂至大乱。而李纲不知羞

---

　　①　（宋）陆游：《剑南诗稿校注》，上海古籍出版社 2005 年版，第 132 页。
　　②　（宋）文天祥著，熊飞等校点：《文天祥全集》卷三，江西人民出版社 1987 年版，第 85 页。

愧,尚戴其面立于朝端;东安坐学宫,洋洋自若。"①陈东终遭主和派黄潜善辈杀害。

与和战各派或赞或批的评价态度不同,皇帝态度倾向中立,内心既矛盾又颇感无奈,一贯做法是审时度势,视朝政需求而偏向于和战某派。太学生群体亦因皇帝在不同时期或场合的喜恶,而受到不同待遇。钦宗靖康元年(1126)二月,陈东伏阙事件之后,国子司业黄哲上《为太学生伏阙上书请失职之罪奏》:"臣等伏见二月五日,有太学诸生伏阙上书,致令兵民乘势作闹,上烦圣训丁宁。臣等职司教道,不能表率诸生,虽前后屡行约束,尚敢违戾,难以备员学官。现今待罪,伏望特赐黜责。"②钦宗有《国子司业黄哲请罪答诏》:"朝廷方开言路,通达下情,士人伏阙上书,乃是忠义所激,学官何为自疑,乃尔待罪!可速安职,仍晓谕诸生。"③此诏文尚言太学生伏阙乃"忠义所激",却于同月《选太学官诏》中对诸生上书议政心有余悸:"可选用老成忠厚之人为太学官,训教诸生,使自知耻自好,庶不倡导紊乱朝政。"④可见钦宗之矛盾心态。宋高宗时,黄潜善等杀害陈东、欧阳澈,虽是黄氏主谋,但有高宗之授意。其后高宗多次言及"朕甚痛之"、"深悔过之"、"追悔无已","他日赠东官,祭东墓,瞻其家而官其后"⑤。中书舍人王居正草制《追赠朝奉郎祕阁修撰诰》代"朕"行文,追赠陈东朝奉郎、祕阁修撰,其辞意谆切悲痛,发人兴感。诰文曰:

> 呜呼! 古之人愿为良臣,不愿为忠臣。以为良臣身荷美名,君都显号;忠臣已撄祸诛,君陷昏恶。呜呼! 惟尔东其殆有意于为忠臣乎? 由朕不德,使汝不幸,不得为良臣也。虽然汝籍不得已,不失为忠,而顾天下后世,独谓朕何? 此朕所以八年于兹,一食三叹,而不能

---

① (宋)徐梦莘:《三朝北盟会编》卷六二,上海古籍出版社1987年版,第462页。

② 曾枣庄,刘琳编:《全宋文》,上海辞书出版社、安徽教育出版社2006年版,第145册185页。

③ (宋)徐梦莘:《三朝北盟会编》卷三九,上海古籍出版社1987年版,第290页。

④ (宋)汪藻:《靖康要录笺注》卷二,四川大学2007年版,第357页。

⑤ (宋)戴埴:《鼠璞》卷上,中华书局1985年版,第25页。

已也。通阶美职，岂足为恩，以塞予哀，以彰予过，使天下后世，考古知饰非拒谏之主，殆不如是，魂而有知，享朕兹意！①

面对太学诸生的议政纷扰，宋理宗颇感无奈，曾下诏："学校储才之地，乃有蹈于匪彝，诪张为幻，乱政害民，甚非教育初意。"②他不满于太学生群体言事攻击性过强，"学校虽是正论，但言之太甚"③。并以士子最关切之解额威胁之，"如学校纷纷不已，元降免解旨挥，更不施行"④。却也考虑太学诸生的处境和感受，"史嵩之复职，非由卿请，惟朕知之。学舍有言，但虑其复出耳，岂校其职名哉！其人决不再用，其职亦不可夺，所请既不悖理，其安之"⑤。

除此之外，我们从宋代著名笔记《癸辛杂识》和《鹤林玉露》亦可见作者对于太学生群体不同的褒贬倾向。宋末周密在其《癸辛杂识》中批评太学生"恣横"，"三学之横，盛于景定、淳祐之际。……若市井商贾，无不被害，而无所赴诉。非惟京尹不敢过问，虽一时权相如史嵩之、丁大全，不恤行之，亦未如之何也。……自此之后，恣横益甚"⑥。"自淳熙以来，尹京几人其得罪而去者，未始不由学校，可指而数也。然则学校之横，又有出于数者之外矣。"⑦笔记中多批判之语，"极于无义，乃所以起多事之端也"，"朝廷用事，岂学校一一能把持乎"⑧等。对此，近人吴其昌不满，撰文批之："周密《癸辛杂识》极口谤诬。然周密无赖，专以'扬恶隐善'为宗旨，其言皆不可信。""其他周密有含糊影响无根之谈相评，皆所谓'嚼血喷人'者也。言无证据，皆不敢信。"⑨

---

① （宋）陈东撰，张国擎校注：《少阳集》，北京古籍出版社1999年版，第178页。
② （元）汪圣铎点校：《宋史全文》卷三五，中华书局2016年版，第2853页。
③ （清）毕沅：《续资治通鉴》卷一七一，中华书局1957年版，第4660页。
④ （宋）周密：《癸辛杂识》，上海古籍出版社2012年版，第164页。
⑤ （宋）周密：《癸辛杂识》，上海古籍出版社2012年版，第172页。
⑥ （宋）周密：《癸辛杂识》，上海古籍出版社2012年版，第35页。
⑦ （宋）周密：《癸辛杂识》，上海古籍出版社2012年版，第171页。
⑧ （宋）周密：《癸辛杂识》，上海古籍出版社2012年版，第172页。
⑨ 吴其昌：《宋代学生干政运动考》，《吴其昌文集4》，三晋出版社2009年版，第186页。

　　与周密评价太学诸生的意见不同,罗大经在《鹤林玉露》中多有赞语。太学生何大节、李诚之因城陷敌手而以身殉国,罗氏引刘克庄诗云:"淮堧便合营双庙,太学今方出二儒。"并赞其"忠臣义士,可以鉴矣"①。《鹤林玉露》记太学生讽刺诗作既多,且抱同情之态度,于笔记中一唱一和。诸生赋诗讽宋廷函首乞和事,罗氏举例论其谋疏计浅。宁宗嘉定间,西湖三贤堂卖酒,太学士子题诗曰:"和靖东坡白乐天,几年秋菊荐寒泉。如今往事都休问,且为官司趁酒钱。"罗氏言:"府尹闻之,亦愧而止"②。理宗宝庆初,梁成大受当国者指派攻击真德秀、魏了翁,太学诸生讽其应大字旁添一点,呼梁成大曰"梁成犬",罗氏更斥其"犬亦羞与为伍":"余谓犬之猎猎,不过吠非其主耳,是有功于主也。今夫不肖之台谏,受权贵之指呼,纳豪富之贿赂,内则翦天子之羽翼,外则夺百姓之父母,是有害于主也,吾意犬亦羞与为伍矣。"③罗大经称太学生真御史,太学古语曰"有发头陀寺,无官御史台","国有大事,鲠论间发,言侍从之所不敢言,攻台谏之所不敢攻,由昔迄今,伟节相望"。然而近世以来,"或阳为矫激,或阴有附丽,亦未能纯然如古之真御史矣"。故罗氏善意劝告太学生"必甘清苦如老头陀,乃能摅鲠亮如真御史"④。

　　宋代和战之争政派各方、皇帝及记载太学见闻的笔记作者,围绕太学生参与和战之争,有着或赞或批、各不相同的褒贬倾向。但因宋人身处其间,自身立场限制,其评价态度易直接倾向一面,难以客观全面地评论。和战双方因其政治立场不同,褒贬态度明确。皇帝总揽全局,因时因势看法有变,也是出于政治需要顺势而为。周密的批评缘于其反道学身份与太学诸生崇尚道学的矛盾,罗大经的赞语与其曾身为太学生的经历很有关联。

---

① (宋)罗大经:《鹤林玉露》,中华书局 2008 年版,第 207 页。
② (宋)罗大经:《鹤林玉露》,中华书局 2008 年版,第 207 页。
③ (宋)罗大经:《鹤林玉露》,中华书局 2008 年版,第 274 页。
④ (宋)罗大经:《鹤林玉露》,中华书局 2008 年版,第 271 页。

　　近人关于太学生参与和战之争的评论，吴其昌《宋代学生干政运动考》①有开拓之功。吴文认为学界参政乃古代常见之事，皆公理正气、民意之所寄，其意在"表先烈之懿行，为后人之楷式"，对太学生爱国评价甚高。其后黄现璠发表《宋代太学生的政治活动》②，并在此基础上增补，写成 20 世纪有关宋代太学生研究的首部专著《宋代太学生救国运动》，其书从对外篇之乞留主战派、请黜主和派、献策抗敌，对内篇之谏人主、攻权臣、招群盗等方面详论太学生之救国情怀，盛赞太学生议政的历史意义及影响。沈忱农《两宋学生运动考》③、翦伯赞《陈东与靖康元年的太学生伏阙》④等文论述太学生伏阙上书的爱国情怀和议政影响。总体而论，民国时人因切于时艰，论文有感而发，言在论古，意在当代，因而多有褒赞之意，少见批评之语。吴其昌文开篇即言："作者因感于三一八之事，故博考群书，撰成此篇"。程兆奇指出："一九三五年黄现璠《宋代太学生的政治活动》（《师大月刊》，第二十一期）一文说'外抗强权，必先内除奸贼'，一九四七年翦伯赞《陈东与靖康元年的太学生伏阙》（《大学》，第六卷第二期）一文说'中国智识青年应该学习'陈东的反抗精神，如果说黄现璠的潜台词已呼之欲出，翦伯赞则更是现出真身，公开'干政'了。这种'现实意义'赋予了八百年前的故事以新的时代气息。"⑤

　　20 世纪 80 年代以来，学者对太学生运动的关注日趋增多，李伯霖《陈东和宋代太学生救亡运动》⑥从主战反和起论，认为太学生"向投降卖国集团进行了不屈的斗争"。王世宗《宋代太学生的政治运动》⑦以为太学生的爱国运动夹杂着个人私欲，恋于政潮而识见浅陋。勾承益《南宋后

---

①　吴其昌：《宋代学生干政运动考》，《清华学报》第三卷第二期，1926 年。

②　黄现璠：《宋代太学生的政治活动》，《师大月刊》第二十一期，1935 年。

③　沈忱农：《两宋学生运动考》，《东方杂志》第三三卷第四号，1936 年 2 月。《陈东与宋代太学生运动》，《青年学刊》第一卷第五期，1936 年 2 月。

④　翦伯赞：《陈东与靖康元年的太学生伏阙》，《大学》第六卷第二期，1947 年。

⑤　程兆奇：《陈东与靖康学潮》，《史林》，2000 年第 2 期。

⑥　李伯霖：《陈东和宋代太学生救亡运动》，《浙江学刊》，1988 年第 3 期。

⑦　王世宗：《宋代太学生的政治运动》，《历史月刊》，1988 年第 6 卷。

期三学的参政活动及其背景》①在认可太学生群体参政具有相对积极意义的基础上,提出太学生成分良莠不齐,有人气节高贵也有人变节投降。其后,张晓宇《北宋太学制度与太学生救国运动的内在联系初探》②、边勃《两宋太学制度与太学生的参政活动》③、张筱兑《宋代太学论政与文官集团的重组》④等文从不同角度立论,对于太学生评议时政的论述,不同于宋人的身临其间与民国时人的有感现实而发,基于历史角度、就事论事,力图客观论述太学生的政治影响。

综上,论述太学生参与和战之争,应避开宋人式政治立场和自我喜恶的局限性,避免褒贬明显的对立态度;近人在现实因素的感发下重点关注太学生的爱国情怀,而忽略受政派利用产生的消极因素。我们应更为客观地区别看待太学生中多数的忠贞义士与少数的变节投敌,认识到议政缘由涵盖爱国情怀与政派利用双重因素,议政动机由最初"无官御史"的忧国为民发展到"鲠亮"不再的肆意弹劾,群体心态经历由谨微、自信到强横的转变。正如《四库全书总目提要》卷一五七中评价宋代太学生参与和战之争,其文略云:

> 东以诸生愤切时事,摘发权奸。冒万死以冀一悟,其气节自不可及。然于时国步方危,而煽动十余万人,震惊庭陛,至于击坏院鼓,脔割中使,迹类乱民,亦乖大体。南宋末太学之横,至于驱逐宰辅,莫可裁制,其胚胎实兆于此。张浚所谓"欲以布衣持进退大臣之权,几至招乱"者,其意虽出于私,其言亦未始不近理也。后应诏再出,卒以此为小人所构,亦不可谓东等无以致之矣。第以志在匡时,言皆中理。所抨击者皆人不敢触之巨奸,所指陈者事后亦一一皆验。是其事缘

---

① 勾承益:《南宋后期三学的参政活动及其背景》,《成都大学学报》,1997年第2期。
② 张晓宇:《北宋太学制度与太学生救国运动的内在联系初探》,《学术月刊》,2003年第10期。
③ 边勃:《两宋太学制度与太学生的参政活动》,《北方论丛》,2007年第5期。
④ 张筱兑:《宋代太学论政与文官集团的重组》,《甘肃高师学报》,2007年第4期。

忧国,不求出名。①

　　文中论及陈东等摘发权奸、冒死进谏之气节,也以更多文字指责太学之横、几至招乱。回顾前贤时人偏重前者之赞美、轻视后者之批评的评论现状,我们既应对太学生心怀理解同情之态度,更应客观理性地分析其带来的政治影响,以期对现实政治与爱国教育提供历史的借鉴及启示。

　　宋代太学生群体参与和战之争,不仅对于抵制主和权臣,阻止韩侂胄、史弥远、史嵩之、丁大全等人垄断朝政起到不可低估的积极意义,更是以救亡图存的忧患意识、不求名利的奉献精神、死而后已的崇高气节深深影响着后世的有识之士。太学生轰轰烈烈的议政运动也受到后世借鉴,如明末东林党兴起,其间关心国事的学生人士有感于政局败坏、朝野积弊,主张开放言路、纷纷谏议时政,与专权朝政的阉党势力相抗击。清末"公车上书"、民国五四运动,都是学生主体参与的爱国运动。

　　宋代太学生救国运动是为国为民的正义运动,在国家与民族危亡之际,他们始终胸怀满腔热血,以天下为己任,忠义刚直、冒死上谏,这种发自赤心的爱国情怀是中华民族的宝贵精神财富和民族文化之魂。同时,反观宋代太学生参与和战之争,政派各方对于太学生的拉拢利用也给我们提供了反面的经验教训。即如宋理宗时,直言上书攻丁大全的陈宗、刘黻、黄镛、曾唯、陈宜中、林则祖等太学"六君子"遭贬外州,既贬旋还,三数年间皆致通显,变成时相贾似道的政治帮手,好弹劾攻击,后又相继卖降,最终沦为学生攻击的对象。

---

　　①　(清)纪昀总纂:《四库全书总目提要》卷一五七,集部十,别集类十,河北人民出版社2000年版,第4065页。

第四章　宋代太学诗歌与太学生活

　　两宋三百年间，"养士"兼"取士"的太学教育为朝廷输送了成千上万的治政人才，也培育出了一大批才学出众的文人大家，其所创作之妙佳篇什有不少留传至今。本章所论即以宋代太学诗歌为中心，所涉及范围包含师生在太学期间之创作和追忆太学之作，以及他者围绕太学而作之诗歌。这些作品的思想内容丰富，题材涉及广泛，艺术成就突出，具有重要的文学价值和历史价值。

　　学官身处太学，究竟是一种怎样的生活体验，韩愈《送穷文》说："太学四年，朝齑暮盐"①，其《进学解》又说："三年博士，冗不见治"②。南宋刘克庄作制文《陈栩国子博士制》曰："唐以韩愈辈人为之，然犹有冗不见治之叹，岂春诵夏弦之迂阔，不足以补朝齑暮盐之淡泊欤！"③据此，我们也看到宋代太学学官因事务繁杂而生冗不见治之念，因清薄贫苦的物质生活而发朝齑暮盐之叹，因丰富愉悦的精神生活而有春诵夏弦之乐。凡此太学生活事无巨细，皆一一呈现于太学诗歌。

---

　　①　(唐)韩愈著，屈守元、常思春主编：《韩愈全集校注》，四川大学出版社 1996 年版，第 1821 页。

　　②　(唐)韩愈著，屈守元、常思春主编：《韩愈全集校注》，四川大学出版社 1996 年版，第 1909 页。

　　③　(宋)刘克庄著，辛更儒校注：《刘克庄集笺校》第七册，中华书局 2011 年版，第 3038 页。

第一节　盛事留篇什：释奠、落成、幸学

有宋一朝崇儒右文国策的具体体现，涵盖历代统治者皆重视尊孔祭孔，追封其爵号，后裔享受赐官赐田、免除税役等特殊待遇。其中，祭孔仪式是国之大祀重典，祭祀规格一度与帝王相等，"凡殿陛冕服牲玉之制，率用天子之礼"①。祭孔礼仪的重要内容之一就是释奠常礼。释奠即于春秋时拜谒、酌献于先圣先师，历朝皆奉守之。"自京师以达一郡一邑，均得立庙"②，故而释奠之礼成为中央官学乃至地方州县学中甚为重要的教育仪式。太学释奠，更因其中央释奠特殊性而受到朝廷的高度重视。《朝野类要》就载：

> 二月上丁日奠孔子也。凡学官并察官、太常礼官、郎官皆赴太学大成殿，同诸生行礼。亦分为初、中、终三奠，用太常乐。八月同。③

太学师生与礼官、郎官等臣僚齐聚于太学之正殿，即大成殿。"大成"之名取自于《诗·周颂·酌序》"告成大武，言能酌先祖之道，以养天下"④，以周公辅文王而喻孔子化民成俗、大成王业之意。徽宗朝将大成殿名颁于天下州学，诸地孔庙及官学正殿皆同称。

每年春秋季的太学释奠礼仪，太学师生、朝中臣僚等参与人数众多，创作了数量不少的释奠诗。这类诗歌紧密围绕释奠活动，渲染庄重氛围，抒其礼文乐奏之盛。宋祁《观太学释奠》云：

> 乡盛菁莪选，邦崇奠菜仪。

---

① （宋）丁宝臣：《嵊县旧学记》，《中华大典》编纂委员会编纂：《中华大典·哲学典·儒家分典》，云南教育出版社2007年版，第3910页。

② （宋）丁宝臣：《嵊县旧学记》，《中华大典》编纂委员会编纂：《中华大典·哲学典·儒家分典》，云南教育出版社2007年版，第3910页。

③ （宋）赵升编，王瑞来点校：《朝野类要》卷一，中华书局2007年版，第27页。

④ （唐）孔颖达疏：《毛诗注疏》，上海古籍出版社2013年版，第2015页。

涓辰大昕鼓,持节少牢祠。

粉衮瞻凝眒,银袍豫摄齐。

芼羹纷涧沚,郁齐泛尊彝。

璧水回寒影,经槐堕晓枝。

幸观三献罢,共荷百朋时。①

诗中《菁莪》有美育才意,释奠酌献以少牢礼。祭奠者先是"摄齐升堂,鞠躬如也"②,再敬献酒食,经初、中、终三献而礼成。其诗简述仪式过程,语言富丽华美,体现出释奠仪式的庄严肃穆。同样述及祭奠仪式者有魏了翁《和胡秘书学中释奠》,此诗应为开禧年间唱和秘书郎胡有开之作,惜胡诗已佚。魏诗云:

祠官环邃殿,晰燎响晨光。

工有歌咸夏,人无问国庠。

豆笾陈吉飨,磬管奏和锵。

盛事留篇什,赓酬愧不扬。③

释奠活动历来为世所重,此乃肃庄之"盛事",少不得以庄重篇什记颂之。

还有一些释奠诗,则主颂孔子万圣昭垂的圣王形象,如《大观三年释奠六首》赞曰:"仰之弥高,钻之弥坚。于昭斯文,被于万年。""道德渊源,斯文之宗。功名糠秕,素王之风。"④《大晟府拟撰释奠十四首》赞曰:"大哉宣圣,道德尊崇。维持王化,斯民是宗。典祀有常,精纯并隆。神其来格,于昭盛容。""生而知之,有教无私。成均之祀,威德孔时。维兹初丁,洁我盛粢。永适其道,万世之师。"⑤

---

① (宋)宋祁:《景文集》卷十九,中华书局1985年版,第240页。

② 杨伯峻译注:《论语译注》,中华书局1980年版,第97页。

③ (宋)魏了翁:《鹤山集》,纪昀编纂:《影印文渊阁四库全书》第1172册,北京出版社2012年版,第126页。

④ (元)脱脱:《宋史》卷一三七,中华书局1977年版,第3236页。

⑤ (元)脱脱:《宋史》卷一三七,中华书局1977年版,第3236页。

借着释奠时机教育或鼓励诸生,也是此类诗歌的特色内容。吴芾诗题曰《释奠礼毕偶得数语呈广文兼简诸生》,其中有"已见威仪肃,更须经术明。愿言俱努力,看即奋鹏程"①之语,诗由释奠威仪之肃穆劝诫诸生努力向学,方可鹏程大展。

故而可见,太学及地方州县学大成殿之释奠仪式,既有国家统治层面的政治意义,亦含对于士子伦理教化的教育意义。正由于此,即便在宋初三朝中央与地方官学几近荒废的形势下,"而释奠之礼,吏以其著令,故得不废"②。至今留存地方官学释奠诗更是不少,如虞俦《丙辰二月上丁释奠致斋于经史阁呈郡僚》、虞展《释奠诗》、喻良能《释奠礼成上安抚大观文十四韵》、袁说友《释奠斋宿》等等。此类诗歌对于我们认识官学释奠的具体过程及重要意义,具有不可或缺的研究价值。

太学释奠是盛事,不同时期的太学落成亦是盛事。释奠虽每年皆举行,但它关乎国家祭祀大典,不可等闲视之。而太学讲殿乃至校舍之新建落成,或数十年而不一遇,实属难能可贵之事。纵观两宋太学演变情况,校舍之变迁先后经历锡庆院、马军都虞侯公廨、朝集院西庑、辟雍建地、临安府学、岳飞宅等不同阶段。对于太学来说,每一阶段的变动都预示着一个全新发展时期的开始。依据现存太学落成相关诗歌,太学在庆历四年(1044)完全独立于国子监之前,就已有过为其新建讲殿之事。不过因条件所限,也只能是建讲殿而非新校舍。宋祁《太学建讲殿割王第西偏营置》诗具体作年未知,割王第西偏而建者显然在庆历兴学之前,因兴学时就以锡庆院为太学。其诗云:

> 王家赐第曾开府,天子营宫此向儒。
>
> 坏壁有经还阙里,废台无鹿叹姑苏。
>
> 泉疑自涌供池溜,柱欲飞来荷栋桴。
>
> 献岁成工观盛礼,愿陪希瑟趁风雩。③

---

① (宋)吴芾:《湖山集》,《丛书集成续编》第128册,新文丰出版公司1978年版,第18页。
② (宋)欧阳修:《欧阳修集编年笺注3》,巴蜀书社2007年版,第78页。
③ (宋)宋祁:《景文集》卷十三,中华书局1985年版,第155页。

天子向儒之风带动下,方有讲殿成工之盛。诗歌既赞新殿落成之气势,更颂朝廷崇儒右文之功效。欧阳修《诏重修太学诗》则明确注曰"天圣七年(1029)作",诗云:

> 汉诏崇儒术,虞庠讲帝猷。
>
> 丛楹新宝构,万杆逐欢讴。
>
> 照烂云甍丽,回环璧水流。
>
> 冠童仪盛鲁,蒿柱德同周。
>
> 舞翟弥文郁,横经盛礼修。
>
> 微生听昕鼓,愿齿夏弦游。①

此诗持论与宋祁相似,"向儒"、"崇儒"在前,"成工"、"宝构"于后,同观"盛礼"之修,终"愿趁风雩"、"愿齿弦游"。南宋初,周紫芝作有《太学落成二首》,其一曰:"偃革逢华旦,三雍识汉仪。明伦先太学,首善自京师。圣主修文日,诸生望幸时。宸奎在轮奂,万目仰宏规。"其二曰:"当宁敷文德,贤关喜气多。横经将正坐,讲艺忽投戈。云拥桥门路,风摇辟水波。小臣歌圣化,无地献菁莪。"②依据作者时代及太学落成时段推测,此二诗应作于南宋绍兴重建太学之时。这是北宋灭亡十余年后太学的重生,因而作者满怀欣喜之情连作二首,歌咏太学首善之地,赞颂圣主教化之功。

两宋皇帝多有幸视太学之举,以示重视教育之意。一旦幸学,朝廷诸臣、太学师生往往献诗赋颂表,因而产生大量的幸学文字。其中,幸学诗因其以诗歌的形式便于酬唱次韵,故在单篇呈献之外,又有群体性的唱和之作。这也集中体现于元祐六年(1091)哲宗幸学事件。先是吕大防从驾至太学,作有《幸太学倡和》:"清晓金舆出建章,祠宫转仗指虞庠。三千逢掖裾如雪,十万勾陈锦作行。再拜新仪瞻鲁圣,一篇古训赞周王。崇儒盛世无云补,扈跸空惭集论堂。"③他发起唱和的倡议,有秦观、张耒、李之

---

① (宋)欧阳修著,李逸安点校:《欧阳修全集》,中华书局2001年版,第850页。
② 北京大学古文献研究所编:《全宋诗》第26册,北京大学出版社1999年版,第17266—17267页。
③ (清)厉鹗辑撰:《宋诗纪事》卷一九,上海古籍出版社2013年版,第464页。

纯、苏颂、韩忠彦、刘奉世等多人次其韵而作幸学诗。

秦观《驾幸太学》：

> 原庙初更十二章，还舆诏跸幸诸庠。
>
> 法天璧水遥迎仗，映月深衣不乱行。
>
> 风动四夷将遣子，礼行三舍遂宾王。
>
> 前知此举追虞氏，果有球音发舜堂。①

张耒《和门下相公从驾幸学》：

> 继圣文明举旧章，儒宫传跸驻胶庠。
>
> 地疑阙里弦歌宅，经奏周书隶古行。
>
> 遣子东夷思入学，受成西旅仡来王。
>
> 鲁侯在泮犹歌诵，盛事须刊孔子堂。②

李之纯《驾幸太学》：

> 羽卫金舆焕彩章，天街端去入虞庠。
>
> 严师致奠初加拜，延讲终篇不计行。
>
> 万乘屈尊先郡国，诸生赐坐亚侯王。
>
> 辅臣归美荣歌咏，首发清风政事堂。③

苏颂《和门下相公从驾幸太学》：

> 圣主恢儒率旧章，首冬鸣跸下胶庠。
>
> 生师褒博趋鳣序，文武端严列雁行。
>
> 承诏敷陈商戊甲，执经环立晋袁王。
>
> 三千学者多才秀，定有同升孔子堂。④

---

① （宋）秦观著，周义敢等编注：《秦观集编年校注》，人民文学出版社 2001 年版，第 228 页。

② （宋）张耒：《张耒集》，中华书局 1990 年版，第 430 页。

③ （清）厉鹗辑撰：《宋诗纪事》卷二六，上海古籍出版社 2013 年版，第 673 页。

④ （宋）苏颂：《苏魏公文集》，中华书局 1988 年版，第 151 页。

韩忠彦《驾幸太学》：

> 恢崇儒教顿生光，天子亲来幸上庠。
>
> 星弁煌煌环帝座，霜袍密密缀周行。
>
> 庙祠稽首尊先圣，书义终篇劝嗣王。
>
> 学道深惭非入室，此辰荣事亦升堂。①

刘奉世《驾幸太学》：

> 圣典重精及表章，旷仪亲举自宗庠。
>
> 纵观桥拥浮云盖，侍问庭充振鹭行。
>
> 首举儒风隆上国，光增帝业掩前王。
>
> 太平荣遇惭多幸，重见歌虞起庙堂。②

七首诗歌，皆因吕大防之首唱而依次押"庠、行、王、堂"韵，显得响亮有力。诗之内容是清一色的歌咏称颂，故重复之处在所难免。以皇帝幸学过程的先后次序而论，以上诗作可略析如下。所有诗歌的首联都是在表达同一个意义，即天子亲来幸学。再言太学恭迎圣驾仪仗队，秦诗"法天璧水遥迎仗"，李诗"羽卫金舆焕彩章"颂其宏伟庄严，刘诗"桥拥浮云盖"言其规模宏大，苏诗"生师、文武"一联言文武朝臣、太学师生鱼贯而列，参拜圣驾。继言皇帝祭奠孔子、讲经官讲授经义，诗歌多将其以对仗的形式放入某一联中。如吕诗颈联、张诗颔联、李诗颔联、苏诗颈联、韩诗颈联所论都不出此范围。最后赞颂皇帝幸学乃盛世崇儒之举。秦诗"前知此举追虞舜"，张诗"盛事须刊孔子堂"，刘诗"光增帝业掩前王"等，皆歌咏之意。另外，就单篇诗歌的艺术成就而论，秦观、张耒二篇应为最佳，其诗虽不免俗语，却也不失佳构。

释奠、落成及幸学事宜虽举行于太学内部，但并不单是太学事务，而是涉及重大仪式的政治活动，皆可谓之一时盛事。"盛事留篇什"，诸臣与

---

① （清）厉鹗辑撰：《宋诗纪事》卷二四，上海古籍出版社 2013 年版，第 610 页。

② （清）厉鹗辑撰：《宋诗纪事》卷二六，上海古籍出版社 2013 年版，第 674 页。

师生留下的诗词篇章,既真切记录太学盛事礼仪的具体过程,又直接反映出士人对于朝廷重教兴学的热诚情怀。

第二节　朝韲暮盐叹:贫苦清薄的物质生活

宋代统治者不仅在思想政治层面实施崇儒右文国策,更将其全面贯彻于实处,重要表现就是居官文人士大夫切实享受到甚为优厚的薪酬待遇。臣子胸怀致君尧舜之理想抱负,天子给予其安身立命之经济报酬,自古皆然,而有宋一代更为优渥。从官职的重要性推断,太学学官亦应报酬不菲。"学校所以明伦善俗,而人材之盛衰,风俗之隆替"①,此等涉及重要社会问题之职责皆担在学官肩头。然而,宋代太学学官并无想象中的高官厚禄,其待遇情况一路向下。以唐代为参照,就有明显的两点差异。其一,社会地位较唐时下降。唐代"其国子祭酒,多授诸王及驸马都尉"②,"学官中多豪族子"③,太学在唐时仍保持着较高的社会地位。宋代学官之职却并无唐代般多受青睐,实是宋人眼中的轻官卑职。其二,官职品级较唐时下降。元丰改制以前,宋初学官品级尚能与唐时保持一致,自改制后皆有降低之势。国子祭酒由从三品降为从四品;国子司业降为正六品;国子监丞由从六品下降为正八品;国子监主簿由从七品下降为从八品;太学博士为从八品;太学正、太学录皆为正九品。品级之下降,直接意味着待遇之减少。俗话说"九品芝麻官",除国子监正贰长官外,太学博士等全部学官皆处于八、九品的等级上,其官职不可谓不小。即便宋代优待为官者,递减而下至末等时,其所获待遇也可想见。

既然其社会地位及官职品级如上所述,那么,学官教书育人之职责使

---

①　(宋)孙觌:《秘书少监李朴除国子祭酒制》,曾枣庄、刘琳编《全宋文》,上海辞书出版社、安徽教育出版社 2006 年版,第 158 册 361 页。

②　(后晋)刘昫等:《旧唐书·儒学传》卷一八九,中华书局 1997 年版,第 4942 页。

③　(唐)李翱:《李文公集》卷一一,上海古籍出版社 1993 年版,第 53 页。

命就显然满足不了入仕求进者的普遍愿望。多数任职太学者只将其作为积资候迁的过渡。当然,即使全心传道授业者也不可否认,宋代社会已经形成一种"学官为冷官"的集体意识。对此,宋人诗歌有不少直白式呈现,如"我惭太学官况冷"(韩维《奉同原甫槐阴行》)、"尽是西都冷落官"(司马光《和王少卿十日与留台国子监崇福宫诸官赴王尹赏菊之会》)、"学官冷於水"(秦观《送张和叔兼简鲁直》)等等。曾几诗题《汪惇仁教授即官舍作斋予以独冷名之》明言以"独冷斋"命名学校官舍。诗人梅尧臣直至五十五岁时才由举荐任职国子监直讲,故而对于学官之冷暖感触尤深。其诗《次韵和司马君实同钱君倚二学士见过》就是一首感慨之作。诗云:

> 栖栖太学官,日厌尘坌积。
>
> 朋游绝经过,都未昧相识。
>
> 幸得养疏慵,不能事役役。
>
> 天京二贤佐,向晚忽来觌。
>
> 笑我似卢仝,环然空四壁。
>
> 只欠长须奴,诉尹恶少摘。
>
> 移榻近檐楹,谈诗俄至夕。
>
> 回车间巷隘,跛马愁所历。
>
> 明朝看苍苔,已觉生辙迹。①

全篇围绕太学官之备受冷落而立论。环徒四壁,唯有尘埃堆积。间巷窄隘,平日亦少人行。太学之官无役于功,养得疏慵成性。幸得二学士前来探望,移榻谈诗,不觉至夕。友人离去后,崎岖不平、已生苍苔的路面已布满辙迹。学官居住条件不至于破败到如此程度,但这种诗化表现无疑为强调学官之冷。朋游极少来访,这应是客观事实,也是令作者心意疏懒的重要原因。

宋人描述太学艰苦贫困的生活境遇时,往往以"虀盐"一词代而论之。

---

① (宋)梅尧臣著,朱东润校注:《梅尧臣集编年校注》,上海古籍出版社 2006 年版,第1023 页。

从韩愈"太学四年,朝韰暮盐"之叹开始,"韰盐"就成为太学清薄物质生活的代名词,也是宋代太学诗歌的重要意象。学官有与品级对等的薪酬,太学生由朝廷供食宿,表面看来基本生活保障不成问题,但太学诗中频繁出现象征穷苦困顿的"韰盐"意象,值得我们重新审视太学物质生活。

对于学官而言,物质生活的不如人意是显而易见的,这在其诗笔下多有呈现。身任国子监直讲一职,梅尧臣有"颜生枕肱饮瓢水,韩子饭韰居辟雍"(《得福州蔡君谟密学书并茶》)语聊以自慰,也有"老惭太学无经术,空饱韰盐强往还"(《韵和王景彝马上忽见槐花》)语感慨系之,他去世之后,欧阳修《哭圣俞》"晚登玉墀侍珠旒,诗老韰盐太学愁"语惜其穷愁。司马光曾于庆历末年短暂任职国子直讲,对太学生活有着切身体会,故曰"太学先生毡苦薄"(《酬师道雪夜见寄》),自言"我实甚贫者,视君犹白圭。行年三十余,碌碌无他奇。庇身太学官,且夕唯盐韰。"(《和之美二贫诗》)张耒将赴太学尚未任职前,就作《将赴上庠偶成》诗曰:"千世可能寻一饱,韰盐未用食用鱼",对于清苦生活已有相当预期。更甚者,晁补之直言学官生活不若回归家园,"太学韰盐聊乐只,故园桃李且归欤。上书北阙三年困,种豆南山一半芜"(《出都呈十五叔父》)。虽是一时感慨激语,也属特定时境下的心声表达,可见太学官职带给诗人生活的困扰。

大部分学官感叹太学"韰盐"艰辛生活的同时,有少数者表现出不惧穷苦、苦中作乐的意愿。学官王义山《和王槐城寄诗韵》诗曰:"惯熟韰盐味,谁云食淡难。旧尝司国子,今又作儒官。有手肯炙热,无毡不怕寒。芹香至今在,常梦到槐安。"[①]诗人并不否认太学清淡韰盐之味,但已对此"惯熟",即便食淡又"谁云难"。诗句平淡的语气中凸显着坚定的志气。身为学官而苦中作乐者,国子直讲杨褒亦是其一。梅尧臣《和杨直讲夹竹花图》诗中提及"太学杨君固甚贫,直缘识别争来嚚。朝质绨袍暮质琴,不忧明日铛无粥"。杨褒生活清贫,却酷爱藏画。某日又购《盘车图》,梅尧臣先作诗记之,欧阳修有唱和之作,诗题《盘车图》,有语曰:"杨褒忍饥官

---

① (宋)王义山:《稼村类稿》,《文渊阁四库全书》第1193册,上海古籍出版社1987年版,第15页。

太学,得钱买此才盈幅。……乃知杨生真好奇,此画此诗兼有之。乐能自足乃为富,岂必金玉名高赀。"即使忍饥挨饿也要买之,因为对乐在其中的杨褒来说,或许"朝看画,暮作诗,杨生得此可不饥"①,可谓秀色可餐。

宋代学官生活究竟穷困到何种程度,不同时期也有差异。极端困苦时或许如喻良能诗所云:"国子先生老宦游,十年学省一狐裘。饥雷有意鸣蝉腹,寒粟无端起玉楼。"(《谢监丞子长雪中四绝》)②物质生活得不到满足,甚或无粟充饥也有可能,但必是极少时期。大部分情况下,基本生活应能保障。即便学官物质待遇确实差强人意,但所谓朝虀暮盐之叹在更多时候只是一种象征语,透露着一定的消极情绪,是学官对身兼重任却又官卑职轻的不满表达。

而对于太学生来说,"虀盐"不仅仅是一种意象符号,更显得尤为真实。学官毕竟是领着朝廷薪水的国家官员,相比之下,太学生食宿待遇的变化具有阶段性特征,保障制度难以全面实施到位。从泛化的"虀盐"表述中,随处可见专门论及太学诸生者。这些诗歌多是诸生或他人的忆旧之作,在学诸生相似之作虽必甚多,惜人微言轻故多散佚。作诗赋太学诸生生活者,如:"太学群游经最明,青衫憔悴竟何成。虀盐仍作当年味,名誉飞蝇过耳声"(苏辙《次韵李造见赠》),"太学虀盐怆语离,半周甲子定何之。霜空过雁我宴坐,云路看鸿君赋诗"(葛立方《次韵程天游叙旧》),"自言魄磊不可茹,正须一吐空肝肠。太学黄虀了残业,又携束书去挈挈"(李流谦《送杨嗣清国录出倅广汉》),"十年居太学,辛勤厌朝虀。词场事雄俊,傲睨深丛黑"(卫博《送长寿黄主簿》),"十年随牒访三高,不觉星星上鬓毛。尚忆虀盐形夜梦,聊因椒柏荐春醪"(郑霖《淳祐己酉月正人日春雨堂宴三学同舍即事》)等。南宋中兴四家,范成大说"太学虀盐旧,中吴翰墨声。关山题柱笔,风露读书檠"(《胡长民监元挽词》),陆游说"萧索园官菜,酸寒太学虀。时时语儿子,未用厌锄犁"(《示儿》),杨万里更是写有

---

① (宋)欧阳修:《欧阳修集编年笺注》,巴蜀书社 2007 年版,第 243 页。

② (宋)喻良能:《香山集》,《文渊阁四库全书》第 1151 册,上海古籍出版社 1987 年版,第639 页。

《咏菹》诗：

> 庾郎晚菘翡翠茸，金城土酥玉雪容。
>
> 如何俱堕瑶瓮中，却与醢鸡同閟宫。
>
> 金井银床水清泚，雪山冰谷盐轻脆。
>
> 秋风一月酿得成，字曰受辛非曲生。
>
> 太学儒生朝复暮，茹冷啜寒那可度。
>
> 十年雪汁冻蔬肠，一夜饥雷听更鼓。
>
> 不如瓮头吏部瓮头醒，一逢受辛还一醒，毕卓与尔同死生。①

诗分两段，前言制菹之原料及腌制过程，后言诸生之艰难度日。诗人由太学制菹直接联想到晋人酿酒，缘何如此？毕卓盗酒之典故出自《晋书》："（毕卓）为吏部郎，常饮酒废职。比舍郎酿熟，卓因醉夜至其瓮间盗饮之，为掌酒者所缚，明旦视之，乃毕吏部也，遽释其缚。"②此处，菹与酒并而论之，因其皆具有强烈之需求。酒之于毕卓，犹菹之于诸生。瓮边醉倒毕吏部，毕卓之好饮酒可谓至矣，太学生于菹之情同样深厚。这本是其相似之处。然二者实不可同日而语，因毕卓可谓好酒，诸生决非好菹。茹冷啜寒、一夜饥雷，既是忍饥挨饿，彻夜难眠，若得所制之菹食之，聊以填腹，亦属幸事。

由此《咏菹》诗可证，太学诸生朝虀暮盐之生活绝非夸饰之语，而是实有其事。即便虀盐味，常有忍饥时。欧阳修诗云："忆在太学年，大雪如翻波。生徒日盈门，饥坐列雁鹅。"（《读徂徕集》）甚者，偶有绝粮时。葛胜仲有《诸生绝粮偶作二首示勉夫》："庖厨落寞不堪闻，弹铗无鱼甑有尘。谁识箪瓢颜氏乐，可怜鲑菜庾郎贫。固穷始合称君子，临难聊须语细人。曳襟长歌商颂在，未应怼憾去来频。""饥肠愁坐耳无闻，放饭先疑甑拾尘。闻说食功非食志，政宜忧道不忧贫。佐饔但有思尝者，执爨初无欲清人。

---

① （宋）杨万里著，辛更儒笺校：《杨万里集笺校》，中华书局2007年版，第561页。

② （唐）房玄龄等撰：《晋书·毕卓传》，中华书局1974年版，第1381页。

好向计台勤自列,文移见却已频频。"①徽宗一朝,葛胜仲先后任太学正、国子司业、国子祭酒等职。其《丹阳集》有《学正郭勉夫示诗次韵答之》一诗,故上引二首应为其示学正郭勉夫之作。诗中所论,正是太学生绝粮之事,诗人充分体谅诸生断炊之难、穷愁之苦,却又极力劝慰诸生,君子固穷、政不忧贫,少安勿躁,缺粮之事已移文上司,料想不久便会解决。再至靖康围城的特殊时期,诸生因齑盐之困、因疫死者达上百人。丁特起《靖康纪闻》载:"盖自围闭,诸生困于齑盐,多有疾故者,迨春尤甚,日不下死数人,有至十余人者。"②

欧阳修诗所写仁宗时期、葛胜仲诗所写徽宗时期、丁特起所记钦宗时期、中兴四家所写南宋时期,都出现太学诸生困于齑盐,忍饥受饿之情景,可见在两宋大部分时段内,太学诸生过着清贫穷苦、基本温饱的物质生活。朝廷所供限于巨大的政府开支耗费,难以给予诸生更优越的生活待遇,其齑盐之叹实属无奈之举。

第三节 何如咏沂水:丰富愉悦的精神生活

一、春诵夏弦乐:学官教职诗

太学内淡泊清贫的物质生活,无法阻隔师生对春诵夏弦、精神愉悦的多样追求。刘克庄《陈埙国博李伯玉太博制》曰:"入太学,诲诸生,有春诵夏弦之乐,无朝齑暮盐之叹,其所养者益厚矣。"③刘氏制文所言,当然出于劝勉新任太博李伯玉,若无齑盐叹显然并不属实,而春诵夏弦之乐实不可少。《礼记·文王世子》:"春诵夏弦,大师诏之。"皇祐元年(1049)任职

---

① (宋)葛胜仲:《丹阳集》,《文渊阁四库全书》第1127册,上海古籍出版社1987年版,第397页。

② (宋)丁特起:《靖康纪闻》,中华书局1985年版,第63页。

③ (宋)刘克庄著,辛更儒校注:《刘克庄集笺校》第七册,中华书局2011年版,第3038页。

国子监直讲的司马光,作《上巳日与太学诸同舍饮王都尉园》:

> 冠苕郁相依,名园花未稀。
>
> 游丝萦复展,狂絮堕还飞。
>
> 积弩遗风陋,兰亭旧俗微。
>
> 何如咏沂水,春服舞雩归。①

诗人心中所追慕者正是孔子"吾与点也"的"浴乎沂,风乎舞雩,咏而归"②。这既是司马光作为太学学官对授学育才所欲达到的理想境界,也表达出诗中"诸同舍"乃至两宋时期学官的内在心声。

学官在太学的主要活动,可分教职工作和日常生活两个方面。相应地,今存太学诗可以教学类诗歌与生活类诗歌分而论之。从学官教职而言,传道、授业、解惑乃其职责所在,分经授课是最重要的教学活动。授课过程中,师道之尊、授经之礼不可大意,欧阳修《与谢三学士唱和八首·和国庠劝讲之什》曰:

> 春尽沂风暖,芹生泮水清。
>
> 双旌荣照路,博带俨盈庭。
>
> 函丈师临席,锵金壁有经。
>
> 诸生拜王衮,欣识象丘形。③

有宋一代,太学发展虽时有兴衰,但不论哪一时期,尊师重道之情不可能更改,师生之礼绝不可逾越。典型事件是,释褐状元初仕任官事遭朝臣抵制,原因为"释褐之人,方其未中也,固尝以学官为师矣。一旦中选,则与先生并列。方其未中也,固尝以学录、学谕为师矣;一旦中选,则向之为师者反在北面弟子之列。事之不当,莫甚于此"④。因而可见,两宋时期必然严格遵从于"函丈师临席"、"诸生拜王衮"等师生之礼,学官虽自叹

---

①　(宋)司马光著,李文泽、霞绍晖校点:《司马光集》,四川大学出版社 2010 年版,第 239 页。

②　杨伯峻译注:《论语译注》,中华书局 1980 年版,第 109 页。

③　(宋)欧阳修:《欧阳修集编年笺注 3》,巴蜀书社 2007 年版,第 536 页。

④　苗书梅等校:《宋会要辑稿·崇儒》,河南大学出版社 2001 年版,第 62 页。

职轻官卑,但在诸生心目中有着崇高地位。太学兴废并不影响师尊难违,而学官教学之实却与太学发展情况直接相关。特别是在宋初官学几近荒废的数十年间,教学状况甚为堪忧。反映这种教学实情的代表性诗作,是宋祁任国子直讲时所作《学舍诸生罕至,或累旬倚席不讲,愧而成咏》,诗云:

> 直舍沉沉掩回廊,古坛槐树对苍凉。
>
> 一囊有客愁饥死,三尺无人问喙长。
>
> 暝据枯语真用拙,束归高阁分深藏。
>
> 日斜广陌驱归鞅,更似答箐作漫郎。①

诗题就讲明了作诗缘由及其感受。非科考年月,诸生无解额之需,皆罢散而归,常听讲者少至一二十人,甚或出现"累旬"无人可授听的局面。诗人有感于教官之授学职责未尽,"愧"而咏之。这种教学情况只属于宋初特定时期,随着太学兴学和南宋稳定发展,累旬倚席不讲的状况应不复存在。

学官海育诸生之谆谆教导,是其"入太学,海诸生"的教职责任,更是一份劝勉、希冀和鼓励。宋代教育史上产生了诸多教育大家,以师道立身,海人不倦,促成宋代教育的繁兴。皆曾履职太学的宋初三先生就是代表人物,今存石介诗多见劝勉语。他在《勉师愚等》中说:"不行一千里,安得为良马? 不连十五城,安得称善价?"②《爱日勉诸生》曰:"白日如奔骥,少年不足恃。汲汲身未立,忽焉老将至。子试念及此,则昼何暇乎食,夜何暇乎寐?"③观其语句甚为直白,却又深含至理,这种劝语能够直击士子内心,起到强烈的鼓舞作用。石介之诗在宋诗史上历来有怪僻之论,上诗毫无体现,《诏下勉诸生》却可视为范例。其诗云:

> 礼部文章渊,波浪百尺高。
>
> 进士英俊窟,蛟龙千万条。

---

①　(宋)宋祁:《景文集》卷十四,中华书局 1985 年版,第 161 页。

②　(宋)石介著,陈植锷点校:《徂徕石先生文集》,中华书局 1984 年版,第 32 页。

③　(宋)石介著,陈植锷点校:《徂徕石先生文集》,中华书局 1984 年版,第 31 页。

吾子欲求济,整子棹与篙。

吾子欲求胜,操子戈与予。

勿谓水可狎,徒行思游遨。

勿谓龙可驯,空手捋须毛。

波神忽汹涌,怖死填蟹螯。

龙角忽张怒,走同虾蟆曹。

苟利篙楫往,跳海如沟濠。

苟操戈矛行,拉蛟如猿猱。

吾言有所勉,非徒声嘈嘈。①

　　全诗以劝勉诸生求学赴考而立论,起句就将"礼部文章"、"进士英俊"喻为"渊"、"窟",既显新奇又觉怪僻。继而形象化地表达出,唯有棹与篙才能渡过浪高百尺的深海,唯有戈与予才能战胜张牙舞爪的蛟龙。若持利器在手,何惧深海蛟龙;修得真才实学,自有礼部科名。诗人借此比喻,以达"吾言有所勉"之目的。石介诗不论直白或怪僻,其意皆在劝谕诸生,两宋学官及教育家通过形式多样的诗歌,也留下诸多劝学文字。如陈普《云庄劝学》:"群居不及义,游宴日相追。失学莫此甚,一成而百隳。时文筑衰末,不直埋马帷。六经不勤读,学荒身亦危。二刘与三蔡,相腼如埦簏。师门赖有嗣,流泽今未衰。子孙欲不坠,祖训勤奉持。不失伯牙心,不患无子期。"②

　　围绕太学考试、封弥等教学考核活动,学官之间次韵酬唱,寄怀抒感,写有大量相关诗作。晁补之《次韵太学黄博士冕仲同考试作》、《复用前韵再呈博士黄冕仲》、《试院次韵呈兵部叶员外端礼并呈祠部陈员外元舆太学博士黄冕仲》等,皆是考试之余诗人与太博黄裳的次韵之作。如其《次韵太学宋学正遐叔考试小疾见寄》,考试小疾事外,以表达谢意、抒己之感为主,基本内容即扬人抑己,"君莫夸熙宁登科面玉雪,只今未老鬓发苍。

---

①　(宋)石介著,陈植锷点校:《徂徕石先生文集》,中华书局 1984 年版,第 27 页。

②　北京大学古文献研究所编:《全宋诗》第 69 册,北京大学出版社 1999 年版,第 43731 页。

不应弹琴酒炉坐,消渴还有禅病缚。不忘相抛白社一岁长,浮我杜举须十觞"。① 诸生考试结束后,太学借鉴实行锁院、封弥等科举制度考核之,严防徇私舞弊。虞俦《太学秋试封弥夜深独坐怀考试诸友》就是反映太学考试封弥制的诗作,其云:"衡鉴高悬已自公,修严官禁不通风。樊墙便有河山隔,梦寐犹疑笑语同。离索暂应疏酒盏,往来争敢递诗筒。灯花预报杨园约,端的钗头缀玉虫。"②因严格的制度规定所限,作者即便与"考试诸友"同处试院,也无法随意走动,因而在夜深独坐之际作诗怀同试官。既然相互之间"禁不通风",一墙之隔犹如河山之隔,唱和诗作未敢传递,不若梦中相会,或托灯花前去相约了。诗歌抒其在长夜中工作之余独坐试院的慵懒无聊之情,同时反映出太学考试制度的严密性和公正性。

学官教职须履行的责任,还包括太学宿直,即每夜轮流值宿。如司马光任职国子直讲时期,就写有多首宿直诗作。其中有唱和他人宿直诗,即《和邵兴宗秋夜学舍宿直》、《武成斋奉酬吴冲卿寺丞太学宿直见寄二首》等。《闰正月十五日夜监直对月怀诸同舍》二首是作者太学宿直时作,其诗云:

> 雾净金波溢,天开碧幕空。
> 夜寒虽料峭,春意自冲融。
> 熠熠枝上露,翛翛竹杪风。
> 暂还林野兴,不似畜樊笼。

> 淡薄春云散,低昂北斗横。
> 微分汉津雁,静识建章更。
> 浊酒怜虚爵,高文忆友生。
> 前轩空不掩,怅息负孤清。③

作者独自夜宿太学,对皓月,饮浊酒。此情此景恰似李白《月下独酌》

---

① (宋)晁补之:《鸡肋集》,《文渊阁四库全书》第 1118 册,上海古籍出版社 1987 年版,第 407 页。

② (宋)虞俦:《尊白堂集》,《文渊阁四库全书》第 1154 册,上海古籍出版社 1987 年版。

③ (宋)司马光著,李文泽、霞绍晖校点:《司马光集》,四川大学出版社 2010 年版,第 239 页。

之"举杯邀明月,对影成三人",只是心情迥异。李白"独酌无相亲",作者对月怀同舍;然李白"行乐须及春"、"永结无情游",失意中显其旷达不羁,作者"怜虚爵"、"怅息负孤清",有慨叹感伤之意。或许在宁静皎洁的深夜,容易浮想人生。无论如何,"春意自冲融",料峭寒夜之感叹亦难抵心中怀友之温情。

二、乘兴陪诸公:日常交游诗

除了学官教职工作范围内的诗歌创作,日常生活类诗歌更在学官太学诗中占据重要部分。教学之余,平日生活的点点滴滴,都可记之于诗,因而留存诗歌的涵盖面甚广,内容极丰富。曝晒藏书、校理图书,就是其中之项。为防止纸张在长时期储藏中被书虫所噬,太学内有曝晒存书的活动。李流谦《学中曝御书次光虞韵》诗云:

> 晴暾煜煜眩晨光,洗眼来窥云汉章。
>
> 身拜玉阶元夕学,手披金笈有天香。
>
> 风翔凤翼尤妍媚,云卷奎躔不覆藏。
>
> 尚想承平闲气象,从臣鹄立侍君王。①

诗中所记为曝御书事。两宋时期,诸帝幸学诏、谕内外学官诏等皆被收藏于太学,即所指御书。因是帝王之书,故李诗所言少曝书之论,多恭敬之语,由洗耳恭听升级成"洗眼来窥",尽显膜拜之情。宋祁诗《庠局观书偶呈同舍》有"蠹简时披落暗尘"等语。其诗还有于太学校理图书事,《直舍雠理律书呈同舍二首》云:"旧文新札俨成行,柏燻微开帙气香。天下书多殊未见,颜生应笑下雌黄。""经筵敢倦力刊梓,国典将追鼎铸书。静对阙疑还阁笔,不知三古字为鱼。"②因天下书多有未见,面对书中阙疑不敢遽然下笔校对,深恐有误而遭人嘲笑。二诗体现诗人自谦之情。

学官同舍间的娱乐交游,留下诸多欢愉明快的诗作。诗酒酬唱必不

---

① (宋)李流谦:《澹斋集》,《文渊阁四库全书》第1133册,上海古籍出版社1987年版,第561页。

② (宋)宋祁:《景文集》,中华书局1985年版,第225页。

可少，宋祁《直舍饮饯杨子奇》"杯霞三醨客颜酣"之饮酒数杯，与其诗《监中会两禁诸公饮饯吴舍人梁正言富修撰叶龙图以计省不赴作诗见寄》"学省歌骊宴豆开"之高歌数首，或如司马光诗题《同圣民过杨之美听琵琶女奴弹啄木曲亲诸公所赠歌明日投此为谢》所言之听琵琶曲，都是两宋学官宴饮赋诗的必备要素。即如司马光上首诗中之论，"太学餐钱月向何，客来取酒现醒醉"，并不妨碍同舍欢聚，饮酒、高歌、听曲，享受欢娱时光。同舍相邀出行，游山玩水，亦足愉悦身心。或游湖泛舟，如杨万里之诗题《二月二十四日，寺丞田文清叔及学中旧同舍诸丈拉予同屈祭酒，颜丈几圣学官诸丈集于西湖，雨中泛舟。坐上二十人用"迟日江山丽"四句分韵赋诗，余得"融"字呈同社》；或游园赏花，亦如杨万里诗题《大司成颜几圣率同舍招游裴园，泛舟绕孤山赏荷花，晚泊玉壶得十绝句》；或登山访寺，如何澹《两监同舍出游和吴监丞韵》诗中所云："已办登山屐，不羡凌波袜。沿堤逐树阴，傍寺诗禅衲。"①太学同舍之间的宴饮欢聚与相携出游，在丰富学官精神生活的同时，必然增进其相互间的情谊。

太学生活中的点滴小事，也是学官吟咏的对象。国子直讲梅尧臣就因受人馈赠食物而屡次赋诗。其诗题及诗句中皆说明了作诗缘由，《裴直讲得润州通判周仲章咸豉遗一小瓶》云："金山寺僧作咸豉，南徐别乘马不肥。大梁贵人与年少，红泥罂盎鸟归飞。我今老病寡肉食，广文先生分遗微。"《吴太博遗柑子》云："太学先生欺绿橘，吴兴才士与黄柑。黄柑似日胜崖蜜，带叶初擎翠竹篮。还料楚王曾未识，徒将萍实诧江南。"《赠裴直讲水梨二颗言太戢答吴柑三颗以为多走笔呈之》云："绿橘似甘来太学，大梨如水出咸阳。莫将多少为轻重，试擘霜包几瓣香。"它们皆是学官之间的互赠，是一份情谊的见证。即便赠物小如柑子、小瓶，诗人也要吟咏酬谢一番。另外，平日生活中的诗歌杂咏亦有不少。周必大《次韵李得善学录需酒纳妇》借酒贺联姻之喜："合好须凭曲米春，分甘那暇问醍醇。遥知北海招嘉客，共贺东床得好姻。"方岳《日食守局》真实记录太学师生偶遇

---

① 孔凡礼辑：《宋诗纪事续补》，北京大学出版社 1987 年版，第 563 页。

日食的历史事件:"乙巳之秋七月朔,太阳无光天索寞。辟雍诸儒坐读书,谈古谈今自惊愕。玉皇不受紫宸朝,百官拜表群阴消。明朝丞相做礼数,宣押归堂只如故。"

学官同在太学期间的交游唱和,虽有"杨公白首困青骊,坐对流阴颇自嗟"(韩维《奉和杨直讲除夜偶书》)一类的慨叹语,更有"漫将愁思惊天运,好看新诗待物华"(同上)一类的劝勉语。因为情谊所在,相互之间激励劝勉,积极向上。正是因为感情之真切深厚,在学官离开太学后的饯别、追忆甚或祭悼中,总是弥漫着落寞感伤之情怀。饯别诗中,陈傅良《送国子监丞颜几圣提举江东分韵得动字》在"学省虽冷官"语后祝愿行者建立勋业,有句云:"方将属耆英,高举出埃墣。勋业当及时,千年付南董。"追忆诗中,宋祁《再到国子监感昔有怀》深情回顾旧日太学生活,有句云:"十载虞庠路,依然目所存。高槐记经市,秋水识桥门。迥阁珍图秘,长廓审像昏。旧徒皆突弁,故友即尘根。"①诗人重回太学,昔日之情景,高槐秋水、经市桥门,一一迎面扑来。唯有昔日之人,旧徒故友已再难寻觅,相邀欢聚之岁月亦再难复返。伤感之情实难自禁。祭悼诗中,更是充满痛惜追悼之情。方岳《悼祭酒徐仁伯》二首,愤慨徐元杰受害而暴卒,直呼"皇天老眼定何居,祸酷如公古亦稀",怒斥"鸩毒不令猜叔子"、"杀我三良不半年"、"人心纵险难清白",忆其为人做事,"公与朝端清到底,人言次相直如弦。奏篇共上寥阳殿,未必精忠隔九泉"。思及此,不禁"暮江倚徙泪沾衣"。

三、愤悱趋上庠:送行诸生诗

围绕太学生通过考试入太学的特定现象,论述诸人所作送行太学生的诗歌,可以印证,太学受时人关注的范围波及全社会,其教育地位与舍选途径亦颇受看重。依其被送行者的身份不同,可分为补试太学诗和补入太学诗两类。

---

① （宋）宋祁:《景文集》,中华书局1985年版,第269页。

（一）补试太学诗

北宋以来,太学地位日益提升特别是太学解额显有优势,士子赴考太学之风日盛。或因科考落选而补试之,或专程补考太学。而随之产生的赠行送别诗文,即是我们的考察对象。

太学生家人、友人及其师皆有诗文送行,然其间情感亦各异。从家人所作送别诗来看,其主旨往往包含浓浓的亲情,言语之间颇多感慨,以真情实感见胜。孔武仲《遣百朋赴太学补试》曰:"冉冉浪相逐,江湖今十年。念使从远学,家贫乏鞍鞯。一官来京都,环堵当西阡。学省咫尺近,仿佛闻诵弦。暂当辞家庭,裘马去翩翩。英豪多出此,切琢期勉游。昔我远方来,算里近五千。清灯耿残月,积雪堆穷年。对经必敛衽,求师欣执鞭。绚藻颇不乏,屡贡多士先。所愿克堂构,使我安食眠。尔祖最尔爱,置膝自抚怜。追恨不及见,泪下如涌泉。"①全诗只字未提百朋之诗文学业,却将大部分笔墨凝聚于家境之艰辛贫穷,作者之江湖飘摇,祖父之抚爱思念。其诗情意发自肺腑,最能打动人心。

对于补试者学识才华之赞许及努力备考之鼓励,是师友送行诗的常有之义。曾丰《送石江曾元英赴太学补二首》其一:"吾宗叱驭闯贤关,笔涌长江挟泰山。余子望风俱辟易,且容瑞豹露文斑。"②句句皆是赞颂之情。黄庭坚《送石长卿太学秋补》云:"长卿家亦但四壁,文君窥之介如石。胸中已无少年事,骨气乃有老松格。汉文新览天下图,诏山采玉渊献珠。再三可陈治安策,第一莫上登封书。"③黄诗笔力老练而雄健,既不吝赞许,又谆谆教导。再如姚勉《送友人陈上舍兄弟试太学》:"东风飒飒吹行李,荣送双龙璧池水。璧池浪阔高化龙,直透银河三万里。君家兄弟真雁行,季方学行如元方。中眉不是弓刀软,个般人物宜胶庠。只今胶庠多俊杰,正是功名到时节。陈家原有两状元,释褐传胪未应别。顾余亦问京华

---

① （宋）孔武仲等著:《清江三孔集》,齐鲁书社 2002 年版,第 95 页。
② 北京大学古文献研究所编:《全宋诗》第 48 册,北京大学出版社 1999 年版,第 30325 页。
③ （宋）黄庭坚著,刘尚荣校点:《黄庭坚诗集注》,中华书局 2003 年版,第 484 页。

春,苍蝇愿附骥尾尘。干将先去抉云雨,太阿行亦龙延平。"①其诗送别友人,字字赞颂,"荣送双龙"、"兄弟真雁行"、"两状元"等语将陈上舍兄弟置之甚高,颇见作者情意。

　　赞许与鼓励之外,尚有送行者的美好期盼与衷心祝愿。南宋李昴英作有《送陈大雷试太学》:"裹粮数千里,买勇万人场。庚岭琴书去,桥门姓字香。有司应眼具,喜气已眉黄。践履宜天相,时文况所长。"②另有《送叶耆卿试太学》:"背城赢一战,璧水是儒林。词赋八叉手,功名寸铁心。程兼驰数驿,学苦惜分阴。清献起庚戌,长风送捷音。"③二诗既有对其"时文况所长"、"词赋八叉手"的超人才学的赞叹,亦有"有司应眼具"、"长风送捷音"的期许与祝愿。

　　此处特论一篇送行序文。借送行诗文表达作者自身情怀,属于其中的特殊作品。陈藻《送刘叔嘉赴太学试序》全文曰:"士之试也志于得,词之作者志于是,果哉!近岁之为场屋也,赋黄帝以云纪曰纪事,取焉曰纪官,黜之矣;赋上圣垂仁义之统曰统一,取焉曰统绪,黜之矣。圣人祖乾纲以流化,则曰运与权。悲乎哉!随时去取,所主又多端也。从其是,万一不得;从其非,丧厥守。叔嘉与余游数载矣,今以待补赴于京。听吾言也,虽往何益;不听吾言,得宁有是哉?虽然,今必由是而后得,未可知也。姑因其行序,泄吾愤尔。"④刘叔嘉以待补生的身份参加太学入学考试,而"与余游数载矣",故陈藻作序为其送行。然序中所言,非关叔嘉诗文才学,并无期盼祝愿之语,而单论近岁场屋之弊。作者情感激烈,言辞决断,希冀叔嘉"听吾言",故作序文以"泄吾愤"。

　　(二)补入太学诗

　　补试太学而考中者,就可补入太学,正式成为太学生。在其入学之前,诸人亦有诗文送行。这些文字与补试太学赠别诗文相比,其写作出发

①　(宋)姚勉:《姚勉集》,上海古籍出版社 2012 年版,第 220 页。
②　(宋)李昴英:《文溪存稿》,暨南大学出版社 1994 年版,第 148 页。
③　(宋)李昴英:《文溪存稿》,暨南大学出版社 1994 年版,第 145 页。
④　(宋)陈藻:《乐轩集》,《文渊阁四库全书》第 1152 册,上海古籍出版社 1987 年版,第 27 页。

点自然有异,一为希冀考中的祝愿,一为录取入学的祝贺,其内容主旨却也异中有同。在亲人赠别诗中,同样饱含着因其远离家乡而依依不舍的亲情。南宋王希淮作《送子应梅入太学》诗,以父亲身份教诲儿子,诗云:"璧流天下士,取友戒荒嬉。家国关身重,乡园得梦迟。子行虽不恶,我老自堪疑。莫似辽东鹤,悠悠不可期。"①在补入太学的基础上,送行诗有了希其考取功名的更高祝愿。如王迈《送方潜仲入太学》在赞许之余祝其早中科第:"英气轩轩贯斗牛,春风匹马辟雍游。家庭竞秀三株树,伯仲相交五凤楼。回首白云添旧感,细听夜雨入新愁。妙年唾掌收科第,会有欧公避一头。"②姚勉《送胡季弼入太学》在颂人与谦己之中祝其通过舍选入仕:"春秋自有胡氏学,尽束诸家上高阁。当时小试锦江城,横翼秋风天一鹗。只今冠带圜桥门,孤黑兀坐空狐群。近来文气颇卑茶,要使四海宗雄文。余生志愿游璧水,竟隔蓬莱三万里。虽然末第偶成名,俗骨自怜凡可鄙。君今换骨向时中,六馆名流自不同。宰相状元三舍选,斋前碑字看填红。"③祝贺之意皆同,如文天祥《贺刘敬德补入太学》、《贺钟有谦补入太学》等。

王之道在其兄补入太学后,作有《送彦立兄游太学以恩袍草色动为韵》五首,值得注意。"恩袍草色动,仙籍桂香浮",乃宋仁宗于景祐五年(1038)赐新进士及第之诗句。李廷臣曾见夷人携锦臂条上织成此联,遂以千金易之而藏为珍宝。其后,黄裳《谢赐燕表》全用以为一联云:"恩袍色动,迷芳草之依依;仙籍香浮,引薰风之拂拂。"④王之道此处以之为韵,其诗如下:

> 鼠腊要非玉,簏声偶先埙。穷通一生事,早晚焉足论。行行欲何之,阔步登金门。有意韩淮阴,报雠如报恩。

---

① (清)陆心源:《宋诗纪事补遗 3》,山西古籍出版社 1997 年版,第 1951 页。

② (宋)王迈:《臞轩集》,《文渊阁四库全书》第 1178 册,上海古籍出版社 1987 年版,第 441 页。

③ (宋)姚勉:《姚勉集》,上海古籍出版社 2012 年版,第 244 页。

④ 傅璇琮主编:《宋才子传笺证·北宋后期卷》,辽海出版社 2011 年版,第 154 页。

　　西风晓飞霜,猎猎吹征袍。丁宁顾婢语,肯效儿女曹。举鞭问长安,诗海今谁豪。我欲从之游,痛饮歌离骚。

　　文章我家勃,人唤腹为藁。随行载中书,所至得挥扫。新诗如秋月,皎皎清更好。惠连有佳梦,池塘遍春草。

　　梅花破朝寒,似欲壮行色。骎骎小骊驹,回首便数驿。一鹗在云路,鸷鸟空累百。从令马宾王,不是新丰客。

　　君子赠以言,古人重相送。大梁在何许,我心欲飞动。兄才如青钱,万选仍万中。行矣喜冬晴,北方地多冻。①

综观五诗,依次以恩、袍、草、色、动为韵,从一生穷通、怀才际遇、诗海豪杰、相送惜别诸层面叙写,在较大的篇幅内表现出不同的情感内容。作者以仁宗赐新进士诗为韵,既有补入太学之贺,更有早中进士之祝。

士子补入太学,究竟有着怎样的赴考心态、求学缘由及其目标,郑侠《送陈守仁入太学》一诗给我们提供了典型的研究案例。这首长诗采取"客"与"子"对话的独特结构,在一问一答中如实表现二者的思想变化,进而回答了其考试缘由等诸问题。全诗如下:

　　父子本天性,至恩无比伦。矧公之尊府,子舍公一身。料从少小来,迨兹壮有室。未尝越旬月,远去慈亲膝。借问今何之,千里具行装。答言为道艺,愤悱趋上庠。有客前献言,惟道若大路。驾子天神明,贤圣在举步。幽堂列坟典,周孔以为师。学成名亦遂,且不离庭闱。答云子言善,在予非不知。父母生我身,劬劳靡不为。垂髫俾之学,外不与毫丝。乃今有室家,儿女发已亲。分寸无所立,何以酬顾复。如彼甲与乙,名高髦俊科。又若丙与丁,禄位今嵯峨。是皆予亲友,予独无所就。是以不宁居,忙于贾求售。昔者三千徒,负笈洙泗滨。孟轲远游学,母老仍家贫。尚违晨昏侍,以就德业新。盖以慈爱

---

　　①　(宋)王之道:《相山集》,《文渊阁四库全书》第1132册,上海古籍出版社1987年版,第521页。

心,惟期已成达。男子四方志,安能恋房闼。客前贺日都,事固无必
非。子志乃如此,顾予安得知。在家事多夺,远大非可必。大孝在显
亲,为子解羁軜。日月如逝波,无方可维萦。陶侃惜分阴,仲尼犹不
及。自古力道业,寸晷垂琳瑠。子今道所出,处处足浇浮。阳和达京
辇,士女方春游。百宝妆楼台,歌喉珠宛转。恼乱巧迎逢,偏能伺方
便。平生足持守,到此总不见。又有非辈流,频频甚莺斯。顾盼借颜
色,谈笑怀奸欺。从容樽酒间,留连棋局上。英豪俊杰心,鲜不由此
放。子今志者大,思虑宜蚤正。慎子之朋侪,力与光阴竞。由此期显
亲,昊天其斯应。①

全诗以"客"与赴京求学人对话的口吻写成。先是问其缘何欲远去慈
亲之膝而赴千里之外,答曰"为道艺,趋上庠"。客又献言,坟典可读,周孔
可师,亦能学成名遂,何用远赴千里?求学者方用大段言语述其缘由,一
家之中,父母辛劳、立有家室、儿女已长而自无所立,一家之外,亲友或名
高俊科,或身居禄位而己独无成就。此亦可显其赴考心态及求学缘由,此
情景之下,遂起远赴太学以求成名之志。男子胸怀四方,客闻言而迎之,
"子今志者大","大孝在显亲",劝诫其切莫留连樽酒棋局,珍惜光阴为道
艺,以期"德业新"、"贾求售"。此亦其赴京求学之目标。作者送人入太学
诗,虽未明言诗中人物,但其显然以所送对象陈守仁为原型。而陈守仁作
为数千太学生中的普通一员,其求学心态、缘由等又具有一定的典型性。
此诗中所述所论,正可作为大部分太学生求学的缩影,因而具有普遍意
义,值得我们重视。

四、翻为御史台:政治讽谏诗

北宋中后期经历数次大规模兴学运动,太学的社会地位稳步提升。
在此基础之上,面对朝廷内外纷纭复杂的政治形势,太学诸生怀着满腔爱

---

① (宋)郑侠:《西塘集》,《文渊阁四库全书》第 1117 册,上海古籍出版社 1987 年版,第
361 页。

国热情,纷纷参与和战之争、党派之争等国政大事,政治地位日益凸显。自此至南宋末,诸生参政议政之风盛行未衰。太学生冯宋在靖康初就说:"布衣已有回天力,太学翻为御史台"①,对于太学群体之议政力量充满信心。南宋罗大经亦称"有发头陀寺,无官御史台"。宋代太学生既实际参与诸多朝政要事,又留下大量政治讽谏类诗歌。

这些政治讽谏诗中,随处可见诗人自身政治情感的流露,或许没有指名道姓地批判或弹劾,但仍显示出坚定的政治态度。陈东《大雪与同舍生饮太学初筵斋诗》:

> 雪花著地不肯消,亿万苍生受寒苦。
>
> 天公刚被阴云遮,那知世人冻死如乱麻?
>
> 人间愁叹之声不忍听,谁肯采摭传说闻达太上家。
>
> 地行贱臣无言责,私忧过计如杞国。
>
> 揭云直欲上天门,首为苍生讼风伯。
>
> 天公傥信臣言怜世间,开阳阖阴不作难。②

既无言责之官向上传达,作者自愿"翻为御史",伏阙上书,为民请命。诸生华岳怀揣相同的理想扣阍上书,反被远谪外地,他作《寄两庠同舍》诗抒发愤慨之情:"昔年槌鼓扣天阍,远谪南州七度春。大享有恩来北阙,小囚无赖脱东闽。乌衣座满民流血,画烛帘深案积尘。见说九重宵旰虑,长沙犹有少年人。"③七年之久的贬谪生涯,作者并未悔不当初,而动摇其政治立场。陈东之死与华岳之贬,皆慷慨赴之,是非功过自有评说。正是由于诸多太学生将生死安危置之度外,一心为国为民,由此生发的政治情怀最具正义之感,尤为令人钦敬。

诸生所作诗歌除了自我感慨、同舍交流,与朝政要事的直接契合才是

---

① (宋)王象之:《舆地纪胜》卷一五八《潼川府路·普州》,浙江古籍出版社 2012 年版,第3389 页。

② (宋)陈东撰,张国擎校注:《少阳集》,北京古籍出版社 1999 年版,第 116 页。

③ (宋)华岳:《翠微南征录》,《文渊阁四库全书》第 1176 册,上海古籍出版社 1987 年版,第 625 页。

显示其政治影响之处。太学生向来支持朝中主战派。宁宗嘉定间金人交攻,工部尚书胡榘力主求和,侍郎袁燮专主战守而与之争。太学生数百人伏阙上书请罢黜胡榘,结果却是袁燮辞归。临行之际,太学诸生三百五十四人作诗送之,今存《送袁侍郎》曰:

> 天眷频年惜挂冠,谁令今日远长安?
> 举幡莫遂诸生愿,祖帐应多行路难。
> 去草岂知因害稼,弹乌何事却惊鸾?
> 韩非老子还同传,凭仗时人品藻看。①

句句皆为袁侍郎鸣不平,且有公道自在人心之劝慰。其后,在诸生强大压力下,胡榘亦遭罢黜。举凡朝内要事之是非曲直,太学生往往以群体性倾向的形式表露立场,展示力量。宝庆初,大理评事胡梦昱应诏上疏,讼济王之冤,长万余言,因“讦直无忌”而远谪象州羁管。包括诸生在内,为其作诗送行者甚众。太学生胡炎作《送胡季昭窜象郡》:“一封朝奏大明宫,吹起庐陵古直风。言路从来天样阔,蛮烟谁使径傍通?朝中竞送长沙傅,岭表争迎小澹翁。学馆诸生空饱饭,临分忧国意何穷!”②起句即仿韩愈“一封朝奏九重天”(《左迁至蓝关示侄孙湘》),同为奏疏抗颜谏上,胡氏遭贬之缘由、贬途之心情皆与韩愈相似。作者劝勉胡氏虽因直言获罪,但有世人竞送争迎,大可宽心上路。末句发出诸生忧国之意无穷,却又无可奈何的感慨,足见其为国分忧之初心不改。

对于所支持者受到的不公待遇,诸生上疏极力抗议,作诗发不平之鸣。而对于误国之佞臣,诸生既有乞罢之文,又多嘲讽之诗。一代权臣韩侂胄,于宁宗开禧末年因获罪被抄家,其宅改为佛寺,有太学生于寺壁之上作《题韩侂胄旧第》二首。诗云:

> 掀天声势祇冰山,广厦空余十万间。
> 若使早知明哲计,肯将富贵博清闲。

---

① (清)厉鹗辑撰:《宋诗纪事》卷九六,上海古籍出版社 2013 年版,第 2279 页。
② (清)厉鹗辑撰:《宋诗纪事》卷六四,上海古籍出版社 2013 年版,第 1601 页。

花柳依然弄晚风，才郎袖手去无踪。

不知郿坞金多少，争似卢门席不重。①

诗中借用董卓郿坞典故，作者慨叹其曾经的"掀天声势"早已"空余"
"无踪"，讽谏当权者切莫因贪恋权利富贵而落得韩氏般悲惨下场。已然
落权者世人皆可痛批，而正值如日中天之权臣，诸生亦直言敢讽。贾似道
于开庆初任职宰相，权倾朝野，期间私自令人贩盐百艘，运至临安高价卖
之。太学生作有《刺贾似道》诗："昨夜江头长碧波，满船都载相公鹾。虽
然要作调羹用，未必调羹用许多。"②其诗后两句语气平淡却极力嘲讽，调
羹用盐只需一勺即可，满载百船岂非私获暴利。开庆之际，太学生所作
《美文文山劾董宋臣》，更是批评之语甚为激烈，丝毫不留情面，诗中有"扬
扬颜面见士夫，不知世间有羞耻。……当时赖有政府贤，弹泪妖狐与嬴豕。
家奴猥琐何足云，中丞举动可惜尔。庆历诸公闻此诗，勿谓予祸始于此"等
句。石介《庆历圣德诗》颂忠批奸，言辞极大胆，上诗作者自拟于此，不惧诗
祸加身，将当朝权臣如此批驳，必有坚定的政治立场和非凡的精神勇气。

既有对权佞之臣的无情嘲讽，更有对历朝皇帝的大胆讽谏，显出太学
诸生始终坚持为国分忧、为民请命。崇宁年间，徽宗于东京大兴土木，命
朱勔搜括天下奇花异石运至京师。为满足皇帝奢欲，此事耗费亿万，东南
民众深受其扰，致使怨气沸腾。太学生邓肃愤慨之余，连作十一首讽喻
诗，指责"搜求扰民"之过。其中二诗云：

皇帝之圃浩无涯，日月所照同一家。

北连幽蓟南交趾，东极蟠木西流沙。

安得守令体宸衷，不复区区蹑前踪。

---

① （清）厉鹗辑撰：《宋诗纪事》卷九六，上海古籍出版社 2013 年版，第 2292 页。

② （清）厉鹗辑撰：《宋诗纪事》卷九六，上海古籍出版社 2013 年版，第 2294 页。

但为君王安百姓，圃中无日不春风。①

表面来看，前诗颂扬皇帝有着"日不落"的统治范围，引古语"高阳乘龙而至四海，北至于幽陵，南至于交趾，西济于流沙，东至于蟠木"②而铺张夸饰之。然联系整组诗歌，诗人欲抑先扬之意甚明。后诗虽责备守令，因花石纲而百姓不得安居，但此事本源起于皇帝，君王果欲安定百姓，圃中无日不春风，何用扰民括民至此。徽宗览诗一过，自知其嘲讽之意，愤然将邓肃由太学除名。虽遭除名，反而让邓肃之声名鹊起。至绍兴间，高宗养鸽于宫中，整日群飞于外，太学生作诗讽之，《讽养鸽》云："万鸽飞翔绕帝都，朝昏收放费功夫。何如养取云边雁，沙漠能传二圣书。"③二圣被俘未还，高宗日以养鸽为乐，却不思"雁足传书"以迎还二帝，极力嘲讽高宗苟且偷安之政。此事传入宫内，高宗闻之，遂不再畜养。

太学诸生的讽谏诗作，皆源于其"爱国而忘其家，爱君而忘其身，爱道而忘其位，爱义而忘其死"④的忠贞气节，源于其"无心干爵禄，有意镇乾坤"⑤的政治气魄，源于其"诸公事缄默，三学论安危"⑥的义无反顾。正因如此，有多少忠君报国之太学生，先后遭贬谪、羁管、受刑乃至被杀。南宋初陈少阳之杀身成仁和南宋末徐应镳之自焚取义，从"余知少阳不死矣"到《太学生徐公》"凛凛之气，虽死不亡"，其死而后生之感人事迹，激励着无数爱国士子承继遗志，前仆后继。

① (宋)邓肃：《栟榈集》卷一，《文渊阁四库全书》第 1133 册，上海古籍出版社 1987 年版，第 257 页。
② (汉)戴德辑，高明注译：《大戴礼记今注今译》，天津古籍出版社 1975 年版，第 235 页。
③ (清)厉鹗辑撰：《宋诗纪事》卷九六，上海古籍出版社 2013 年版，第 2289 页。
④ (宋)陈东撰，张国擎校注：《少阳集》，北京古籍出版社 1999 年版，第 245 页。
⑤ (宋)陈东撰，张国擎校注：《少阳集》，北京古籍出版社 1999 年版，第 212 页。
⑥ (宋)戴复古著，吴茂云校注：《戴复古全集校注》，中国文史出版社 2008 年版，第 91 页。

第五章　宋代太学诗词的文学文献价值

　　有宋一朝三百年间,宋人围绕太学这一特定教育机构而作的相关诗词作品,构成数量庞大的太学诗词。这些诗词融入宋代诗词的大范围内,产生了积极作用和影响。着眼于太学诗词与宋代诗词的关系来看,既有太学诗词自我特征的呈现,又有其对宋代诗词的融合与丰富。

第一节　太学色彩、融合丰富、太学记忆:
太学诗歌的特有功用

一、太学色彩:太学诗的自我特征

　　即便宋代诗歌涉及范围甚广,涵盖内容极多,太学诗也并未淹没于包罗万象的宋诗而默默无闻,而是体现出鲜明的太学色彩。当然这并非指太学诗有多特殊和与众不同,但就其主要倾向而言,实有其自我特征所在。这缘自两方面原因:一是,太学诗皆有一个围绕中心点,就是太学。所有诗歌或为师生太学期间所作,或为针对太学而发。太学是有着明确内涵的特定机构,太学诗也就有不同于他诗的依附基础。二是,太学作为国家最高教育机构,中央官学的代表,它对于社会士子有明确的导向作用和巨大的社会影响。从北宋时期的大规模兴学到南宋时期的趋于稳定发展,太学一直维持着较高的社会地位,欲考补太学者动辄以数万计。特别

是在以科举考试为最终奋斗目标的士子来看,太学诸生所作诗歌自然成为四方士人学习借鉴的榜样和模范。

故而,能集中表现太学诗异于他诗的地方之一,就是诸生所作应试诗。它不同于社会士子散乱无章的个人应试创作,体现出群体性创作特征,能够代表太学诗区别于他诗的主要特点。太学及科场中的诗赋、经义之争虽屡有改革,但总观两宋考试制度,较多时期内仍实施诗赋与经义并行制。这也就意味着,太学私试、月试、舍试等一系列考试中都有诗歌试,对此,诸生必须认真备考,马虎不得。一是若取得优异成绩可通过舍选取士直接授官入仕,二是加强作诗练习可为科举考试做好应试准备。可想而知,两宋以来数以万计的太学生平日练习及考试所作应试诗,以每人作一百首而计,其数量高达百万首不止。这实在是一个非常庞大的数字。除了科考,再没有哪个机构如太学、人员如诸生,创作出如此有明确针对性而多如牛毛的诗歌数量。当然,一方面由于太学生的诗歌水平毕竟有限,另一方面限于应试诗中五言六韵等不同于一般律诗的严苛程式,历来佳作甚少。葛立方云:"省题诗自成一家,非他诗比。"①孙奕《示儿编》亦云:"省题诗更须留意。"太学生应试诗,皆可称"省题诗"。"凡体制与省题相同的诗,不管是否用于省试,也无论是否用于科场,宋人都称为'省题诗'。"②司马光在其诗话中也说"科场程试诗,国初以来,难得佳者"③。并仅载杨谔、韩钦圣、丁偃、滕甫等数人而已。

太学应试诗虽规模巨大,但今存全宋诗中显得寥寥无几。值得重视的是,祝尚书《宋代科举与文学》列出《选编省监新奇万宝诗山》一书,"今存明刊本三十八卷,……这当是宋末省监(尚书省礼部、国子监)试进士糊名、誊录试卷的集结,故存诗多达一万六千余首"④。据载,此书由建阳书

---

① (宋)葛立方:《韵语阳秋》卷三,上海古籍出版社 1984 年版,第 43 页。
② 祝尚书:《宋代科举与文学》,中华书局 2008 年版,第 249 页。
③ (宋)司马光:《司马温公集编年笺注》,巴蜀书社 2009 年版,第 199 页。
④ 祝尚书:《宋代科举与文学》,中华书局 2008 年版,第 413 页。

贾叶景达汇编而成,盖理宗淳祐末年之刊本。"宋人帖体,亦收罗殆尽矣。"①书中所录,既是礼部省试及国子监试中考生所作应试诗,则一万多首诗中出于太学诸生手者必有数千首。可惜该书一律不载作者名姓。编者之意在于集结五言六韵之应试诗,以备场屋应试之用。

太学学官之诗,是特定群体在特定的太学时期内所创作的太学诗。这些诗歌既感叹贫苦淡泊的物质生活之痛,又感受丰富愉悦的精神生活之乐,"痛并快乐着"。诗歌所抒写内容,特别是朝齑暮盐、官卑职轻之叹,可谓太学学官诗异于他者的独特特点。太学期间的诗歌创作,对于某些学官来说具有特殊意义。著名诗人陈与义任职太学博士,有《和张规臣水墨梅五绝》。"五诗为简斋成名之作,历来论者甚多。"②其中,胡仔《苕溪渔隐丛话·前集》卷五二论曰:

> 去非《墨梅》绝句云:"含章檐下春风面"云云,后徽庙召对,称赞此句,自此知名,仕官亦寖显。陈无己作《王平甫文集后序》云:"则诗能达人矣,未见其穷也。"故葛鲁卿于去非《简斋集》序遂用此语,盖为是也。③

论点有二,一是陈与义由此五诗始知名于世,受到徽宗帝称赞,仕路亦显。二是诗能达人之说。这不禁令人想起欧阳修《梅圣俞诗集序》中"非诗能穷人,殆穷者而后工"之语,当然,"诗穷而后工","欧阳修不是像韩愈那样强调'穷饿其身,思愁其心肠',而是突出了梅尧臣'蕴其于所有而不得施于世','老不得志'而为穷者之诗"④。梅尧臣一生官运不通,辗转于州县,直至嘉祐元年(1056)五十五岁时才因举荐而任国子监直讲,嘉祐五年(1060)迁官尚书省都官员外郎后,不久即逝世。人生最后的四五年间,梅尧臣基本是在国子监度过的。这时期创作的诗歌,远非年少之

---

① (清)莫友芝:《宋元旧本书经眼录》卷一,中华书局2008年版,第43页。
② (宋)陈与义撰,白敦仁校笺:《陈与义集校笺》,上海古籍出版社1990年版,第100页。
③ (宋)胡仔《苕溪渔隐丛话 前集》,人民文学出版社1962年版,第351页。
④ 庆振轩师:《欧阳修"诗穷而后工说"评议》,载庆振轩、胡颖、宁俊红主编:《古代文学教学热点、难点、疑点述论》,兰州大学出版社2010年版,第116—117页。

作,最能代表诗人一生的创作成就。梅尧臣诗极成熟的阶段就是任职国子监时期。而欧阳修著名的"诗穷而后工"说,是在诗人逝世后、可以总结其诗歌成就的嘉祐六年(1061)提出。

二、融合丰富:太学诗对宋诗成就的积极作用

其一,太学诗是宋诗不可或缺的组成部分。太学诗在宋代诗歌中的整体表现和地位成就,主要取决于太学师生的创作数量、诗歌水平。两宋时期的太学学官,少说也有数千人之多,诸生更是数万人不止。规模庞大的创作主体是其基本前提。学官之吟咏酬唱,诸生之应试作诗,必然在宋世产生数量惊人的诗篇。虽多亡佚,依据论文附录所录师生名单,今存诗文者仍有近五百家。其中,创作于太学期间者亦占比不轻。特别是对于一些师生来说,太学诗是其存诗的重要组成甚至全部。诗人梅尧臣任职国子监直讲,亦即太学博士期间,创作的诗歌数量,依据《梅尧臣集编年校注》所言,"(嘉祐元年)秋后,在国子监就职,有《直宿广文舍下诗》"①,自此至嘉祐五年(1060)春为止,其书卷二十六部分、二十七、二十八、二十九,共载太学诗五百七十五首。这个数字已远超大多数《全宋诗》作者存诗,即便对存诗两千八百余首的梅尧臣来说,其比重也显然不轻,更何况作为诗风成熟的人生末年。著名爱国太学生陈东,有《少阳集》存世。他二十七岁入太学,终年四十二,居太学十五年之久,伏阙上书前默默无闻,亡故后他人所搜集的散佚诗文,也多是其近年所作。因此,一部《少阳集》,可谓陈东在太学生身份背景下的作品集,存诗数十首基本皆是太学诗。更甚者,个别作者仅存数首或一首,且为太学诗。如高宗朝国子祭酒邵知柔存诗一首,即太学诗《東吕太学祯》。由于此,宋代诗歌史上又多了一位诗人,多了一首诗歌。而正是一首首零星的诗歌,才汇集组成了全宋诗的整体风貌。

太学师生中,一部分今有存诗者在诗歌史上并无建树,但同时也涌现

---

① (宋)梅尧臣著,朱东润校注:《梅尧臣集编年校注》,上海古籍出版社 2006 年版,第 825 页。

出一批著名的诗人。这些诗人包括宋祁、潘阆、余靖、欧阳修、梅尧臣、石介、李觏、司马光、韩维、程颐、朱长文、李格非、秦观、晁补之、陈师道、张耒、周邦彦、沈与求、陈与义、汪应辰、周必大、杨万里、吕祖谦、陈傅良、魏了翁、真德秀、尤袤、戴表元等。回视以上名单，几乎撑起宋诗的半壁江山。当然，他们创作的太学诗可能有限，但太学之情终难割舍。如欧阳修《送姜秀才游苏州》：

> 忆从太学诸生列，我尚弱龄君秀发。
>
> 同时并荐几存亡，一梦十年如倏忽。①

欧阳修先后于天圣元年（1023）和天圣四年（1026）两次科举落第，补入国子监后，方于天圣七年（1029）参加国子监解试取得解额，且获解元，由此一路直上，再获省元，殿试高中。显然，是国子监打通了欧阳修入仕的大门。另外，太学诗不仅是师生创作，还有许多诗坛大家将诗笔伸向太学，写下诸多反映太学内容的诗歌。王安石在熙丰兴学时对太学的特别关照及诗歌创作、中兴四大家中陆游、杨万里、范成大对于太学蘆盐的感叹，等等，都可纳入太学诗范畴，从而使太学诗成为宋代诗歌不可或缺的组成部分。

其二，太学诗丰富了宋代诗歌的表现内容。师生诗作的主题自然不会限定在太学范围，更多时候所创作的，是诗人反映情志、吟咏生活的作品。从宋诗表现的日常生活内容来说，太学诗几乎涵盖诸个层面。赠友饯别诗，如虞俦《成均同舍饯别新安使君徐子宜太丞分韵》；次韵唱和诗，如方岳《次韵陈祭酒直舍犀》；日常吟咏诗，如宋祁《正言田学士况书言上庠祭酒听北轩予所种竹滋茂》；写景抒情诗，如太学生《池鸥》；咏物言志诗，如陈东《咏雪》；咏史怀古诗，如梅尧臣《项羽》；羁旅行游诗，如李新《甲子春趋太学过华山赋仙掌峰》；闺思怨情诗，如梅尧臣《闺思》；祭悼诗，如吕祖谦《萧果卿祭酒挽章二首》等。某些时期，太学诗引起整个诗坛的关注，成为当时诗坛兴盛的重要组成因素。如哲宗元祐六年（1091）十月幸

---

① （宋）欧阳修撰，李之亮笺注：《欧阳修集编年笺注》，巴蜀书社2007年版，第128页。

视太学后的幸学唱和诗,"既是宋代科举教育的一件大事,亦是元祐诗坛的一件盛事"①。这次幸学,从驾臣僚甚多,丞相吕大防首作《幸太学倡和》,继而和者众多,"这次活动现留下原、唱作品的有吕大防、苏颂、苏辙、范祖禹、秦观、张耒、顾临、刘挚、范纯礼、丰稷、周膏、梁焘、韩忠彦、孔武仲、刘奉世、王岩叟、吴安特、李格非、李师德、李阶、陆佃、曾肇等 22 人共 22 首诗"②。苏轼作《贺驾幸太学表》两篇,苏辙、秦观、张耒、李格非等苏门干将赋诗颂之,共同促成元祐诗坛唱和的兴盛局面。

特殊的太学诗歌,更增添了宋诗的别样多彩。前文所论之幸学诗、释奠诗,就是独存于太学而异于他诗者。诗中虀盐叹,是象征太学贫困生活的代名词。太学省亲诗,也是一类特殊诗歌。宋太学有归家省亲制度,诸生在学九年(后改为三年)须返家探亲,否则违反学规。北宋熙宁间有太学生名洪皓者,十年不归,其父垂白,作诗寄于太学:

> 太学何蕃且一归,十年甘旨误庭闱。
>
> 休辞客路三千远,须念人生七十稀。
>
> 腰下虽无苏子印,箧中幸有老莱衣。
>
> 归期定约春前后,免使高堂赋式微。③

诗情感人至深,洪皓得诗后翌日即南归。南宋太学生郭章写有《归崑山省亲别太学同舍》二首,发出"不堪回首孤云外,望断淮山始是家"之叹。太学生妻作《寄外》诗,"数目相望极,须知意思迷"抒其闺中思亲之情。这些较其他大众化诗作更显特殊者,无形中丰富了宋诗的表现内容。

其三,太学诗既体现又丰富着宋诗的基本特征。严羽《沧浪诗话·诗辨》称宋人"以文字为诗,以才学为诗,以议论为诗"④,后人也多以此为宋诗评价标准。太学诗数量宏大,内容庞杂,其写作手法体现出如上特点,融入宋诗整体的风格特征。若举例之,以文字为诗者如李石《石经堂》;以

---

① 周兴禄:《宋代科举诗词研究》,齐鲁书社 2011 年版,第 115 页。

② 周兴禄:《宋代科举诗词研究》,齐鲁书社 2011 年版,第 114 页。

③ (宋)李献民:《云斋广录》卷二,中央书店 1936 年版,第 14 页。

④ (宋)严羽《沧浪诗话》,人民文学出版社 1983 年版,第 26 页。

才学为诗者如晁补之《用文潜馆中韵赠蔡学正天启》；以议论为诗者如司马光《同圣民过杨之美听琵琶女奴弹啄木曲亲诸公所赠歌明日投此为谢》。另外，宋诗之异于唐诗，袁行霈《中国文学史》认为："唐诗的美学风范，是以丰华情韵为特征，而宋诗以平淡为美学追求，显然是对唐诗的深刻变革。"①对此，以梅尧臣开创宋代平淡诗风最具代表意义。在嘉祐元年（1056）任职国子监直讲前后，他写有《读邵不疑学士诗卷杜挺之忽来因出示之且伏高致辄书一时之语以奉呈》一诗，明确提出"作诗无古今，唯造平淡难"②的诗论主张，既夫子自道，又亲身实践于其诗歌创作。他对普通生活、平凡事物类题材的吟咏，较唐诗更为彻底。不仅如吴太博遗柑子、赠裴直讲水梨等事皆是写诗缘由，而且以蝇、蛙、蚊、豕、龟等为诗题专门咏之，再到《八月九日晨兴如厕有鸦啄蛆》等，直接突破唐人咏物的底线。

三、太学记忆：太学经历对宋诗创作的后续影响

师生身处太学期间的时光长短不一，学官前后任职数年，诸生因逐年升舍可能时间稍长些，年少有为者在青年时期就跳过龙门而授官入仕了，也有数十年困居太学者，甚或年七十以上仍是外舍生。不论其任职或求学的时限，太学经历仍然给诸多师生留下了深刻记忆，影响到职场和人生发展，进而对宋诗创作发展产生一定影响。

查宋人别集名录，北宋教育家李觏，仁宗朝先后任职太学助教、太学说书、国子监直讲、权同管勾太学等，与太学渊源颇深，故留存文集名为《直讲李先生文集》。南宋绍兴时期关注，任职太学正、太学博士，故其集名为《关博士集》。以直讲或博士命名于诗文集，其官职皆不高，但可体现出一定的名誉地位，也寄寓着诗人的太学情意。

诸生入仕前所作应试诗，有着五言六韵等固定的科场程式。考官为便于衡量诗作优劣，制定了一系列选录标准，诸生唯有迎合科考趣味，故

①　袁行霈主编：《中国文学史》第三卷，高等教育出版社 2005 年版，第 14 页。
②　（宋）梅尧臣著，朱东润校注：《梅尧臣集编年笺注》，上海古籍出版社 2006 年版，第 845 页。

而创作了大量呆板固化、缺少灵动诗韵的应试作品。欧阳修以太学生身份赴考取解，仍是以枯燥无味的应试诗博得考官赏识。但在及第入仕后，特别是任西京留守推官时与梅尧臣、尹洙等人切磋诗文，大变应试诗风。直到倡导诗文革新运动，虽针对浮靡华丽的西昆体文风，但也包含对于科场诗文的有意改变。"欧阳修早年为了应试，对骈俪之文下过很深的功夫。"①诗文革新也是对应试诗文的改革。嘉祐二年（1057）欧阳修排抑"太学体"事件，是曾经的太学生排抑"太学体"。其中就包括应试诗，庆历八年（1048）礼部贡院奏言中已有言及：

> 自（庆历）二年以来，国子监生诗赋即以汗漫无体为高，策论即以激讦肆意为工，中外相传，愈远愈滥，非惟渐误后学，又恐后来省试，其合格能几何人。②

可见，太学应试诗赋、策论的肆意奇怪文风由来已久。欧阳修深知应试诗文之弊，直至主贡举之机会，以旧太学生抑新太学生，不数年间，"太学体"基本销匿。

由太学上舍释褐而入仕，或由太学取解而考中科举者，对于太学，必有一份感念之情。这种太学经历，将对其以后的诗歌创作带来影响。诸生诗中，既有对苦中作乐的太学生活的幸福追忆，更有在青春不在、同舍亡故甚或国破家亡之际，回顾太学的无限感伤。如南宋后期太学生林景熙，由外舍入内舍再升上舍，在太学度过人生十年后，于度宗咸淳七年（1271）三十岁时由上舍释褐。上舍及第与进士登第有着同等荣耀，"手折一枝惊昨梦"、"曾搴月窟一枝红"等诗句就是作者对场屋高中的怀念。及第数年后南宋灭亡，太学破败，林景熙追怀往昔，情难自已，写下大量追忆诗篇。如《太学同舍徐应穮誓义沉井，后十年众为营墓立碑，私谥正节先生》、《用韵寄陈振先同舍》、《哭郭同舍》、《哭薛榆溆同舍》、《会严陵邵德芳同舍，邀宿玄同斋道旧有作》、《与邵德芳同舍三首》、《挽浙西提举李公》、

---

①　袁行霈主编：《中国文学史》第三卷，高等教育出版社 2005 年版，第 43 页。
②　（宋）李焘：《续资治通鉴长编》卷一六四，中华书局 1993 年版，第 3942 页。

《辟雍》等。诗作内容更是情深意切,"自我哭斯文,老泪几盈掬"。"故国忽春梦,故人复霜木"。声泪俱下,感人肺腑。览其诗集后明显感觉到,太学身份以及由太学入仕的宋臣身份,始终如一条隐线,贯彻于其中。其太学经历深刻影响着诗人的生活,进而影响诗歌的题材、内容及表现方式等。师生如林景熙者尚有不少,只是其影响程度不一。

围绕太学诗作,论析师生文学创作的内容与特征,特别将太学诗放在宋诗视野下,以探寻其独特成就与重要影响。太学师生留存至今的诗歌文字,不仅涵盖诸多文学价值甚高的作品,而且也是对于考论太学生活极具文献价值的历史资料。这些饱含诗意词情的文字,令人感念太学中交往酬唱、宴饮游玩的欢愉岁月,斗志昂扬、不惧牺牲的激进岁月,食不果腹、遗柑赋诗的齑盐岁月,以及升舍入仕、成就梦想的奋斗岁月,这是那段令无数太学师生追怀而感叹的人生时光。

第二节　以词言志、以词言谐、以词言情: 太学词作的自我价值

与数量庞大、内涵丰富的太学诗相比,太学词的创作成就远不如诗歌。究其原因,主要有两个方面。其一,从宋词整体地位来看,宋词虽为一代之文学,但在宋世仍难逃词为艳科小道之论,甚至被排斥于文集之外。今存全宋诗约二十七万首与全宋词约两万首的倍数差别,也可印证宋诗之盛。在此大环境下,太学诗较词为胜自在情理之中。其二,从太学内部来看,学官的诗词创作因人而异,但总体说来肯定诗多于词;诸生常年习诗以应试,更是以诗为胜。不过,即便太学词成就并不甚突出,我们也不可抹杀其所发挥的作用和存在的价值。太学相关词作,既有围绕太学日常生活的吟咏唱和、饯别感怀之作,这类作品在词体正常表现内容范围内;又有反映政治讽谏类的词作,这是在"诗言志"外兴起的"词言志"的

代表之作;还有俳谐戏谑之俗词,这可视为词体雅俗之辨中的甚俗之作。

一、政治讽谏词:以词言志

太学诸生怀着积极的议政意识与饱满的爱国热情,涉及和战国是,往往对卖国投降者嗤之以鼻,对卫国主战者拥戴有加。高宗绍兴三十二年(1162)春,翰林学士洪迈奉命出使金国。金人欲其以诸侯朝见天子之礼,表中自称"陪臣",洪迈始不同意,既而被锁于使馆,断绝饮食、威逼劝诱,终遂金人心愿。洪迈返朝后,"以迈使金辱命,论罢之"①。士人对其辱命失节之事颇具微词,有太学生作词讽之。《南乡子》云:

> 洪迈被拘留,稽首垂哀告彼酋。
>
> 一日忍饥犹不耐,堪羞。苏武争禁十九秋。
>
> 厥父既无谋,厥子安能解国忧。
>
> 万里归来夸舌辨,村牛。好摆头时便摆头。②

上阕以苏武十九年不降于匈奴之故事,对比洪迈不耐一日之饥而屈从金人之现状,将讽点归结于"堪羞"二字。下阕言及洪迈之父洪皓。洪皓于高宗建炎三年(1129)使金,因始终不肯屈降而被扣留长达十五年,高宗曾誉其"虽苏武不能过"③。词中所论,责其子而连带嫌其父使金毫无建树。洪迈归朝不思其过,却自夸耀能言善辩。因其"素有风疾,头常微掉"④,词人以此作文,讥刺洪迈毫无气节的"摆头"之举,将讽点归结于"村牛"二字。通篇来看,词意虽基于使金事实,但夸饰之意甚明,也正因如此,才更有力地刻画了失节形象,达到了讽刺效果。

同属讽谏词,太学生既可作《南乡子》(洪迈被拘留)类极尽讥讽嘲弄之词,也作有《沁园春》(挽徐元杰)类极尽愤怒申冤之词。淳祐五年(1245)六月,国子祭酒徐元杰中毒暴卒,"口鼻拆裂,血流而腹胀,色变青

---

① (元)脱脱:《宋史》卷三七三《洪迈传》,中华书局1977年版,第11570页。
② (清)潘永因:《宋稗类钞》,书目文献出版社1985年版,第495页。
③ (元)脱脱:《宋史》卷三七三《洪皓传》,中华书局1977年版,第11557页。
④ (宋)罗大经:《鹤林玉露》丙编卷三《容斋奉使》,中华书局2008年版,第289页。

黑,两臂皆起黑泡,面如斗大,其形鬼"①,传因其攻阻权相史嵩之起复而遭害。事发后,三学诸生相继伏阙上书,请求申冤,"上言昔小人有倾君子者,不过使之自死于蛮烟瘴雨之乡。今蛮烟瘴雨不在岭海,而在陛下之朝廷"②。诸生难忍愤慨之情,作词《沁园春》(挽徐元杰):

> 三学上书,冤乎天哉,哲人已萎。
>
> 自纲常一疏,为时太息,典刑诸老,尽力扶持。
>
> 方哭南床,继伤右揆,死到先生事可知。
>
> 伤心处,笑寒梅冷落,血泪淋漓。
>
> 人心公论难欺。愿君父,明明悟此机。
>
> 昔九龄疏谏,禄山必叛。更生累奏,王氏为危。
>
> 变起范阳,祸成新室,说着当年人噬脐。
>
> 君知否,但皇天祚宋,此事无之。③

词作满含痛惜与愤怒,尽力扶持朝政之忠良就这样含冤而卒,施暴者至今逍遥法外。伤心之处,"血泪淋漓"。更须为朝廷所警惕者,奸臣当道,终有一日将危及皇权。前车之鉴,玄宗不听张九龄疏谏终致安史之乱,汉帝不听刘向累奏终至王莽篡权。今日之事,幸赖皇天祚宋,帝王明辨,方保国政稳定。词人表面所言"此事无之",却在暗地讽谏,若如此颠倒是非、放纵奸佞,前世之祸难保重蹈。

二、滑稽俳谐词:以词言谐

词体始本俗,然俗尚有别,或写艳情风韵,或写世俗情调,又或以俚俗之词写幽默滑稽之语。太学诸生今存词作,就有数首滑稽俳谐词,尤值得一论。古人本有"送穷鬼"习俗,宋吕原明所著《岁时杂记》等有载。更著名者应属韩愈《送穷文》,借送穷习俗表达作者穷困潦倒之意。其具体仪

---

① (宋)周密:《癸辛杂识》,上海古籍出版社2012年版,第164页。
② (清)毕沅:《续资治通鉴》卷一七一,中华书局1957年版,第4669页。
③ 唐圭璋编:《宋词纪事》,中华书局2008年版,第346页。

式为:"主人使奴星结柳作车,缚草为船,载糗与粮,牛系扼下,引帆上樯。
三揖穷鬼而告之曰……"①宋代一太学生"长于滑稽",青出于蓝,在韩愈
"缚草为船"的草船基础上,又进化为芭蕉船,并作送穷词。《临江仙》
词云:

> 莫怪钱神容易致,钱神尽是愚夫。为何此鬼却相于。
>
> 只因频展义,长是泣穷途。
>
> 韩氏有文曾饯汝,临行慎莫踌躇。青灯双点照平湖。
>
> 蕉船从此逝,相共送陶朱。②

词人戏骂钱神不识好歹,尽是愚夫,因为庸俗平常之人招之即致,如
我般频施仁义者却困于穷途。德高望重如韩愈者已写《送穷文》与你饯别
了,为何如今还不走? 专门做成芭蕉船,上点青灯两盏,赶快送穷鬼上路
吧。该词语句十分俚俗,词意调侃戏谑,读来令人忍俊不禁。

徽宗宣和时期,朝廷下旨太学,令士人皆结带巾,即必须将所戴方巾
的两条带子结于帽上。否则,就以违制而论,士子甚苦之。有太学生对此
反感不已,故作戏谑之词,云:

> 头巾带,谁理会。三千贯赏钱,新行条例。
>
> 不得向后长垂,与胡服相类。
>
> 法甚严,人尽畏。便缝阔大带,向前面系。
>
> 和我太学先辈,被人呼保义。③

其法虽然甚严,其人未必尽畏。词中满是讥刺之语,嘲讽了朝廷这种
无理规定。太学诸生对于朝廷旨令的无情讽刺,"矛头直指时政,具有强
烈的战斗性,为南宋辛弃疾以俳偕词批判政局国事开启了先声"④。

---

① (唐)韩愈著,屈守元、常思春主编:《韩愈全集校注》,四川大学出版社 1996 年版,第
1821 页。

② 唐圭璋编:《宋词纪事》,中华书局 2008 年版,第 344 页。

③ (宋)龚明之:《中吴纪闻》,上海古籍出版社 2012 年版,第 92—93 页。

④ 曲向红:《两宋俗词研究》,中国戏剧出版社 2008 年版,第 22 页。

三、日常吟咏词：以词言情

对于日常生活情景的吟咏，仍是太学词最主要的表现内容。此处概分赴学、在学与出学三类，论析相关词作。

其一，由他处转任学官或考入太学而赴学的师生，知己好友与其相聚宴饮而赋词送别。杨万里于乾道六年(1170)十月由奉新县知县迁官国子博士，临行之际与友人饯别赋词，奉新袁去华次韵唱和，作《水调歌头》(送杨廷秀赴国子博士用廷秀韵)：

> 笔阵万人敌，风韵玉壶冰。
>
> 文章万丈光焰，论价抵连城。
>
> 小试冯川三异，无数成阴桃李，寒谷自春生。
>
> 奏牍三千字，晁董已销声。
>
> 玺书下，天尺五，运千龄。
>
> 长安知在何处，指点日边明。
>
> 看取纶巾羽扇，静扫神州赤县，功业小良平。
>
> 翻笑凌烟阁，双鬓半星星。①

上阕句句颂扬才学盖世。万里才华出众，胸怀高洁，其文如连城之璧，甚于晁错、董仲舒之奏牍。"李杜文章在，光焰万丈长"，万里之文可媲美之。下阕句句预祝功成名就。由地方迁官京师，前程似锦，不朽声名指日可待，盖过张良、陈平之功名。尽管词中多夸饰之意，但所表达的正是词人心中的一份勉励与祝愿。士子赴太学求学，临行送别词有，南宋卓田《昭君怨》(送人赴上庠)："千里功名岐路，几绹英雄草屦。八座与三台，个中来。壮士寸心如铁，有泪不沾离别。剑未斩楼兰，莫空还。"②词意层次分明，上阕激荡着雄心壮志，下阕满怀着离别伤情。姚勉有《沁园春》(送

---

① (宋)袁去华著，徐冰云、肖正根编注：《袁去华词注》，奉新县地方志编纂委员会，1984年版，第4页。

② (宋)黄升选：《花庵词选》卷七，中华书局1958年版，第299页。

友人补太学)词,"这白衣御史,卿相胚胎","愿径游璧水,直上兰台"之语,劝勉友人潜心求学,成就事业。

其二,师生在太学期间的吟咏酬唱,既可以诗言志,亦可以词传情。有些词作表现舒畅欢愉之情,丘崈《朝中措》(绍兴末太学作)云:"晚风斜日折梅花,楼外卷残霞。领略一城春气,华灯十万人家。轻衫短帽,风前趁马,月下随车。道个小来脚定,那人笑隔笼纱。"①词意所现,是宁静祥和的氛围,隔笼而笑的暖意,轻松愉悦的心境。有些词作表现孤独感伤之情,陈东《蓦山溪》(元夕)云:"半生逆旅,几度经元夜。长是竞虚名,把良宵、等闲弃舍。去年元夜,道得□身闲,依旧是,客长安,寂寞孤眠者。今年元夜,也则非乡社。却有人□约,携手□、灯前月下。那知风雨,此事又参差,成怨恨,独恓惶,清泪潸然洒。"②虚名逆旅,寂寞孤眠,恓惶怨恨,潸然泪下,一连串的感伤语词道出作者的哀怨情怀。另外有些词作则表现奉迎献媚之情,王之道有献高俅词二首,《满庭芳》(代人上高太尉,时在太学)、《醉蓬莱》(代人上高御带,时在太学),前者云:

> 蔡水西来,于门南峙,天波拥入华楹。
>
> 芝兰争秀,难弟遇难兄。
>
> 欲说随龙雨露,庆千载、河海初清。
>
> 良辰好,榴花照眼,绿柳隐啼莺。
>
> 君恩,隆横赐,冰桃火枣,来自蓬瀛。
>
> 正雾横玉篆,泉泻金鲸。
>
> 四座香和酒泛,对妙舞、弦索铿鍧。
>
> 椿难老,年年今日,论报祝长生。③

高俅时为徽宗宠臣,王之道赞词满篇趋附之语。从颂其名门望族的身世到四海升平的功业,从奉其皇恩浩荡的隆赐到长寿无疆的祝愿,都透

---

① 吴熊和主编:《唐宋词汇评·两宋卷》第 3 册,浙江教育出版社 2004 年版,第 2250 页。

② (宋)陈东撰,张国擎校校:《少阳集》,北京古籍出版社 1999 年版,第 134 页。

③ (宋)王之道:《相山集》,《文渊阁四库全书》第 1132 册,上海古籍出版社 1987 年版,第 521 页。

露出词人阿谀奉承、取悦太尉的一片私心。

其三，赴考太学落选而还，甚至因太学除名而出学者，一般来说，往往会表现出惆怅郁闷之情，但也有士人在自励中见豪情，或在愤慨中见闲情。宝祐元年(1253)的状元姚勉，在此之前曾补试太学，无功而返，作有《沁园春》(太学补试归途作)，词云：

> 锦水双龙，鞭风驾霆，来游璧池。
>
> 有一龙跃出，精神电烨，一龙战退，鳞甲天飞。
>
> 一样轩轾，殊途升蛰，造化真同戏小儿。
>
> 时人眼，总羡他腾踏，笑我卑栖。
>
> 促装且恁西归。信自古功名各有时。
>
> 但而今莫问，谁强谁弱，只争些时节，来速来迟。
>
> 无地楼台，有官鼎鼐，命到亨通事事宜。
>
> 三年里，看龙头独露，雁塔同题。①

开篇铺写双龙争斗的激烈场景，寓意着人生成败与仕宦沉浮。词人自励，胜败乃常事，功名各有时，"而今""谁强谁弱"只是暂时。功成名就不过是"来速来迟"之事，"看龙头独露，雁塔同题"语更可谓一语成谶，状元之雄豪志气显露无遗。另外，徽宗朝一位太学生遭除名后，因其出学之词中异于寻常的情志，虽由太学除名却在历史上留下了他的名字。侯彭老，建中靖国时因上书言事得罪，诏其还本贯。临行之际，他作《踏莎行》词别同舍：

> 十二封章，三千里路，当年走遍东西府。
>
> 时人莫讶出都忙，官家送我归乡去。
>
> 三诏出山，一言悟主，古人料得皆虚语。
>
> 太平朝野总多欢，江湖幸有宽闲处。②

---

① (宋)姚勉：《姚勉集》，上海古籍出版社2012年版，第220页。

② (宋)周辉撰，刘永翔校注：《清波杂志校注》卷十二，中华书局1994年版，第517页。

上阕首句即用韩愈"一封朝奏九重天,夕贬潮州路八千"语意,上书得罪而被贬除,此意正与韩愈同。然接下来两句就甚为幽默,调侃自己出都是因"官家送我",与柳永逢人自称"奉旨填词"颇为相似。下阕"三诏""一言"引唐隐士卢鸿与汉谏官车千秋之故事,反证朝廷诏求直言之伪善"虚语"。"朝野太平"、"江湖宽闲"更是讥诮之语。据说,"此词既传,斋各厚贶其行。亦传入禁中,即降旨令改正。属同获谴者不一,乃格"①。

透过对太学词中政治讽谏类、滑稽俳谐类与日常吟咏类的论述,我们考察师生具体生活情形及其精神状态,壮志豪情、爱国热情、嘲讽之情、奉迎之情、感怀伤情,共同铺就了太学师生的多情人生。

---

① (宋)周辉撰,刘永翔校注:《清波杂志校注》卷十二,中华书局 1994 年版,第 517 页。

第六章　宋代太学文

　　宋代太学文所涉及范围,包括师生太学期间创作文章和追忆之作,以及他者围绕太学所作。相对来说,太学文主要内容及特征体现于以下几方面。其一,臣僚编撰学官任免之制诰文,以及皇帝视学之后的赋表等幸学文。其二,学官在接到任职制诰文后所作辞免与谢启文。其三,围绕太学内部诸项大小事务,臣僚所作奏疏文,以及学官与诸生的《书》《记》文。

第一节　臣僚制诰文与幸学文

　　历任知制诰或中书舍人者,编撰太学学官之任免事宜,太学制诰文由此而生。有幸跟随皇帝视学者,歌咏幸学功绩,唱和幸学之赋表颂文由此而生。

一、臣僚制诰文

　　一般来说,制诰文篇幅短小,具有较固定的写作范式。关于太学学官任免的制诰文,通常会先述学校教育的重要性,接着论学官的职责所在,再论欲授官某人的品性特征,最终寄予兴学希望。虽是常规制文,但并不影响其中饱含丰富的太学思想内容,具有一定的文学色彩。

　　就太学制诰文的思想内容而言,首先,其文多有对某学官的真实评价和恪守学官职责的殷切希望。国子祭酒之职责,"举酒而祭,实长辟雍"

（邹浩《孙谔除国子祭酒制》）①。国子监直讲，"讲之以《诗》《书》,劝之以道德,耸之以名誉,至于成人而后已,此国子先生之所职也"（郑獬《国子监直讲可大理寺丞制》）②。太学正,"太学贤士之关,而纠其未迪彝教者,正之职也"（袁甫《娄体仁除太学正制》）③。国子监丞,"丞者,承也,所以承辅其长使无旷职也"（洪咨夔《姚珤国子监丞制》）④。制诰文中对学官的评价,虽常有过于夸赞之嫌,但一些评论也为作者推心之语。欧阳修就曾在制诰文中评价孙复与梅尧臣,这也是我们看待欧阳修评论他人的一个重要视角。他评价孙复:"昔圣人之作《春秋》也,患乎空文之不足为,故著之于行事,以为万世之法。然学而执其经者,岂可徒诵其言哉?惟尔复,行足以为人师,学足以明人性,不徒诵其说,而必欲施于事,吾将见吾国子蔚然而有成。"（欧阳修《国子监直讲青州千乘县主簿孙复可大理评事制》）⑤孙复行为人师、学明人性,对于学校教育之贡献是很值得认可的。而梅尧臣是"行懿而粹,学优而纯,以诗自名,为众所服"（欧阳修《赐屯田员外郎国子监直讲梅尧臣奖谕敕书》）⑥,赞其一代诗人之实至名归。作者对于学官的希冀,更是制诰文常见结语方式。如苏辙谓太学录游酢,"尔以学业之茂,获与兹选。勉修其行,使士大夫有观焉"（《游酢太学录告词》）⑦,蔡幼学谓国子祭酒戴溪,"尔其内辅吾子,殚进善记过之忠;外迪诸生,究成德达材之效"（《戴溪国子祭酒制》）⑧。

　　其次,太学制诰文在其应有的程式化的内容之外,还有诸多超越一般

---

① 曾枣庄,刘琳编:《全宋文》,上海辞书出版社、安徽教育出版社 2006 年版,第 131 册 86 页。

② 曾枣庄,刘琳编:《全宋文》,上海辞书出版社、安徽教育出版社 2006 年版,第 67 册 251 页。

③ 曾枣庄,刘琳编:《全宋文》,上海辞书出版社、安徽教育出版社 2006 年版,第 323 册 242 页。

④ 曾枣庄,刘琳编:《全宋文》,上海辞书出版社、安徽教育出版社 2006 年版,第 306 册 257 页。

⑤ （宋）欧阳修:《欧阳修集编年笺注 4》,巴蜀书社 2007 年版,第 635 页。

⑥ （宋）欧阳修:《欧阳修集编年笺注 5》,巴蜀书社 2007 年版,第 278 页。

⑦ （宋）苏辙:《苏辙集》,中华书局 2004 年版,第 481 页。

⑧ （宋）蔡幼学:《育德堂外制集》,《续修四库全书》第 1319 册,上海古籍出版社 2002 年版,第 83 页。

内容的议论文字,如太学与政治、科举、士风之情状关系是最多提及的。翟汝文言朝廷建学之初衷乃使其从政,"朕建师儒,崇泽宫,群学士大夫讲明道术,岂其好慕古昔,乐无用之空言哉?将使学而后从政,为我奉璋誉毛之众,如古淑问献馘之士,与凡出师受成之礼,于是乎在"(《李瑹除国子博士制》)①。汪藻亦言:"朕惟国家之治乱,未有不由庠序之废兴者也。故古之贤君,有投戈讲艺、息马论道者,岂尝一日忘学哉?"(《方闻国子司业制》)②有关"学"与"治"的论述,欧阳修就赞同古为今用,"夫学,所以为治也。""故教人之法,必该于古今,以博其识,而成其业焉。……取古之有以宜于今者而养成之,则功利广矣。"(《蕲州广济县令充国子监直讲邵必可大理寺丞制》)③论及"学"与"法治"的关系,苏轼曰:"太学,礼义之所从出也。不择人以为法,而恃法以为治,可乎?汉之郭太、符融,唐之阳城、韩愈,士皆靡然化之,其贤于法远矣。朕方诏有司,疏理学政,而近侍之臣,言汝可用。必能于法禁之外,使士有所愧而不为,乃称朕意。"(《吕大临太学博士制》)④翟汝文亦言:"以善服人,不若善养而人服;以法为治,不若择人而为法。"(《李迈国子博士制》)⑤"夫教者使人取法于己,若用法率人末矣。"(《文林郎李侗除国子正制》)⑥他们都对"用法率人"持怀疑之态度,而"择人以法"才是太学教学之道。

制诰文中太学与科举之关系论述,多集中于倾向性地选拔善于应考者为学官,以便引训诸生得中科举。当然,刘克庄曾在制文中希望学官能在"课试之外者"教导学生,他说:"师者所以传道、授业、解惑,唐人犹有此论,其后专以课试程文为职,古意微矣。朕方新美士风,妙选师儒,尔昔尝

---

① 曾枣庄,刘琳编:《全宋文》,上海辞书出版社、安徽教育出版社2006年版,第149册50页。
② 曾枣庄,刘琳编:《全宋文》,上海辞书出版社、安徽教育出版社2006年版,第156册318页。
③ (宋)欧阳修:《欧阳修集编年笺注4》,巴蜀书社2007年版,第635页。
④ (宋)苏轼著,孔凡礼点校:《苏轼文集》,中华书局1986年版,第1111页。
⑤ (宋)翟汝文:《忠惠集》,《文渊阁四库全书》第1129册,上海古籍出版社1987年版,第181页。
⑥ (宋)翟汝文:《忠惠集》,《文渊阁四库全书》第1129册,上海古籍出版社1987年版,第201页。

训迪诸生,今再入广文馆,其作成人材必有在于课试之外者。"(《叶寔太学博士制》)①然而另文中他又说:"古之所谓师者,传道、授业、解惑也,今惟课试而已。然因今之法寓古之意,则存乎其人。……使诲六馆诸生,为朕分任升俊造士之责,有讲义非传道乎? 有命题、发策,非授业、解惑乎? 范模之下,必有观而化者。"(《朱埴除太学博士万道同除太学录制》)②这又将讲义、命题、发策与传道、授业、解惑相对应,等于认同了"课试之业"。这在刘克庄的其他制文中表现得更为明显,如"尔伯玉大廷对策第二,留滞周南,久方来归。入太学,诲诸生,有春诵夏弦之乐,无朝齑暮盐之叹,其所养者益厚矣"(《陈垓国博李伯玉太博制》)③。"尔科目之高,人物之胜,擢诲诸生,士论翕然,曰国子监不寂寞矣。"(《方登太学录制》)④"尔自为诸生,每一篇出,纸价为贵。"(《陈栩国子博士制》)⑤"对策第二"、"科目之高"、"纸价为贵"等,都是看中学官的应举能力。

太学内部的士风情形,也是制诰文所关注的对象。这一点在苏辙制文中最为突出。从其留存不多的太学制文可见,他对于太学生的学习现状有诸多不满之处。太学课程罢废《春秋》,苏辙认为:"《春秋》之废,于今二十年矣。讲者不以为师,而学者不以为弟子。孔氏之遗书而陵迟至是,朕其闵之。尔能讲诵其说,遭弃而不废,盖将有见于此。"(《刘绚太学博士告词》)⑥太学生并未博治诸书,亦不能经世致用,"士溺于专门之学,而不治诸书,不达前世,施之于事,罔焉不知,朕甚患之。尔博于文史,不流不

---

① 曾枣庄,刘琳编:《全宋文》,上海辞书出版社、安徽教育出版社 2006 年版,第 326 册 363 页。
② 曾枣庄,刘琳编:《全宋文》,上海辞书出版社、安徽教育出版社 2006 年版,第 327 册 1 页。
③ 曾枣庄,刘琳编:《全宋文》,上海辞书出版社、安徽教育出版社 2006 年版,第 326 册 226 页。
④ 曾枣庄,刘琳编:《全宋文》,上海辞书出版社、安徽教育出版社 2006 年版,第 326 册 278 页。
⑤ 曾枣庄,刘琳编:《全宋文》,上海辞书出版社、安徽教育出版社 2006 年版,第 326 册 307 页。
⑥ (宋)苏辙:《苏辙集》,中华书局 2004 年版,第 451 页。

固。往司讲解,思所以救其失者"(《孙谔太学博士告词》)①。太学内部文体文风之流荡更是引起苏辙的异议,"天下之士,视成均之所趋向,以为风俗。朕方患其学术之杂驳,而文体之流荡,思得知本务实之士,相与正之"(《阎木太学博士叶涛正告词》)②。

由上可见,太学制诰文中包含着诸多丰富的太学思想内容,而某些制诰文,本身就是一篇短小优美的文学作品。如郑獬《国子监直讲转官制》一文,全文如下:

> 孟子称乐得天下英才而教育之,王者不与焉。朕辟太学以待四方之英俊,而又择明师为之讲解,则王者何尝不与此乐哉!具官某以经行闻于世,横席喻学者,于兹再岁矣,宜有以醻其勤,以毕诸生之业。然则教育英才,其亦有孟子之乐乎?③

文章读来朗朗上口,层次分明,完美地诠释了所谓"一波三折"之意。其文以孟子"君子三乐"之"得天下英才而教育之"起论,孟子有言"君子有三乐,而王天下者不与存焉"。此为短文第一层次。接着突生波折,太学乃皇帝所建,意在择明师、待英俊,从而有"王者何尝不与此乐"之感,是为第二层次。而"官某"即所择之明师学者,受教育者皆天下之英才,如此来说"其亦有孟子之乐乎",则是第三层次。层层转折之中,尤见作者不凡笔力。

有些制诰文主打感情牌,作者以真情实意的撰写态度来感动学官。如刘克庄《林经德太学博士制》:

> 乾、淳间,邑最有径擢国子博士者,有入为紧官者。尔顷宰岩邑,剿盗卫民之功久而未录,登畿再迁,不离学省,"才名四十年无毡"之语殆为尔设。然尔素恬于进,昔通籍而请祠官,今入馆而诲诸生,必

---

① (宋)苏辙:《苏辙集》,中华书局 2004 年版,第 474 页。
② (宋)苏辙:《苏辙集》,中华书局 2004 年版,第 483 页。
③ (宋)郑獬:《郧溪集》,《文渊阁四库全书》第 1097 册,上海古籍出版社 1987 年版,第 109 页。

无冗不见治之叹。①

刘克庄以一种饱含同情的态度为林氏打抱不平,无形中拉近两者之间的心理距离,是善于作制文者。而苏轼之太学制文,也多有不落俗套者,如《处士王临试太学录制》:"观近臣以其所为主,观远臣以其所主。朕初不汝知也,而光论汝可用,其试之太学,汝勉之矣。朕既因光以知汝,亦将考汝所为而观光焉。"②言语之间,颇显新意。

二、臣僚幸学文

一旦皇帝有幸学之举,朝廷诸臣、太学师生往往献诗赋颂表,因而产生大量的幸学文字。幸学前,师生有临幸之请。《湘山野录》载:"石守道介康定中主盟上庠,……仁宗孟夏銮舆有玉津铍麦之幸,道由上庠。守道前数日于首善堂出题曰《诸生请皇帝幸国学赋》,糊名定优劣。"③宣和四年(1122)二月,国子祭酒韦寿隆有《乞临幸太学奏》:"太学录林致用等劄子,有司崇饰先圣庙貌,轮奂一新,仰愿銮舆临幸。"④是年三月,徽宗视学后有《幸太学赐韦寿隆、梁师成等诏》,以示嘉赏。再如绍兴十三年(1143)八月国子司业高闶率诸生上表,乞临幸太学。明年三月高宗视学,先后有《幸太学诏》、《幸太学推恩诏》、《幸太学加恩执经讲书官诏》。幸学后,太学官员又有谢幸太学表,如王洋《代谢幸太学表》。

幸学文的重要部分是朝臣诸士所作贺表及颂赋。只要有皇帝幸学,就肯定会有诸臣上献表、赋事,且每次都会为数不少,只是这些赋表大都已经佚失,如刘锴献《幸太学颂》受真宗嘉赏而命直史馆,元祐时朱京《幸太学颂》"或擿其语有及先朝者",惜其文皆已佚。从现存幸学文来看,其

① 曾枣庄,刘琳编:《全宋文》,上海辞书出版社、安徽教育出版社 2006 年版,第 326 册362 页。
② (宋)苏轼著,孔凡礼点校:《苏轼文集》,中华书局 1986 年版,第 1117 页。
③ (宋)文莹:《湘山野录》卷中,中华书局 1991 年版,第 20 页。
④ (清)徐松辑,刘琳、刁忠民、舒大刚校点:《宋会要辑稿》职官二八之二二,上海古籍出版社 2014 年版,第 2982 页。

内容紧紧围绕"贺""颂"而言,基本为歌功颂德的"恭惟"之词,间或有个人对于太学发展、幸学重学的诸种看法。而其华丽工巧的辞藻、以四六句式为主的语言形式也让贺文显得尤为典雅厚重。幸学表如石懋《贺车驾幸太学表》、李复《贺幸太学辟雍表》、史尧弼《代张观察贺皇帝幸学表》等。其中,苏轼《贺驾幸太学表》两篇是代表之作。原文如下:

　　臣轼言:恭闻十月十五日驾幸太学者。辇回原庙,既崇广孝之风;幄次儒宫,复示右文之化。礼行一日,风动四方。臣某诚欢诚抃,顿首顿首。臣闻五学之临,三代所共。盖天子不敢自圣,而盛德必有达尊。在汉永平,始举是礼。虽临雍拜老,有先王之规;而正坐自讲,非人主之事。岂如允哲,退讬不能。奠爵伏兴,意默通于先圣;横经问难,言各尽于诸儒。恭惟皇帝陛下文武宪邦,聪明齐圣。大度同符于艺祖,至仁追配于昭陵。爰举旧章,以兴盛节。臣早尘法从,久侍经帏。永矣驰诚,想闻合语于东序;斐然作颂,行观献戬于西戎。臣无任。(《贺驾幸太学表　一》)

　　臣轼言:恭闻十月十五日皇帝驾幸太学者。济济多士,灵承上帝之休;雍雍在宫,服膺文母之教。风传海宇,庆溢臣工。臣某诚欢诚抃,顿首顿首。臣闻学校太平之文,而以得士为实;经术致治之具,而以爱民为心。心既立而具乃行,实先充而文斯应。永惟坤载之厚,辅成天纵之能。惟使文子文孙莫不仁,故于先圣先师无所愧。恭惟太皇太后陛下忧深祖构,德燕孙谋。黄裳之文,斧藻万物;青衿之政,长育群材。岂惟鼓舞于士夫,实亦光华于史册。臣冒荣滋久,被遇最深。外告成功,行喜鸦音之革;中修潜德,孰知麟趾之风。臣无任。(《贺驾幸太学表　二》)①

　　苏轼上贺表,缘于元祐六年(1091)十月十五日哲宗幸学事,当时苏轼并未跟从去太学,乃幸学过后所作。此处二文,一献皇帝,一献太皇太后。表中所论,既赞圣驾视学为"广孝""右文"之举,哲宗"大度""至仁","奠爵

---

　　① （宋）苏轼著,孔凡礼点校:《苏轼文集》,中华书局1986年版,第693页。

伏兴，横经问难"，尽显皇帝风范；再颂太皇太后陛下"忧深祖构，德燕孙谋"，作者受太皇太后"被遇最深"。全表之本意乃"斐然作颂"，而以苏轼之才，仍不忘在贺表中抒己之见，将"学校"与"得士"视为"文"与"实"，将"经术"与"爱民"视为"具"与"心"，从而得出"心既立而具乃行，实先充而文斯应"的观点。一些贺表一味停留在对于学校乃"儒冠云集"之地、"太学传圣主之业"的称颂上，苏文更深一层，认为重视"学校"、"经术"仅为手段，其最终目的是得士、爱民。

除幸学表之外，幸学赋中，有文彦博《圣驾幸太学赋并序》值得一论。其文序中以"皇帝乃备法驾，幸于太学，诏诸儒博士，讲论前典，亲临听焉"①述作文之因。继而起赋，阐述兴学重要性，"以为治国之道，校学为先。故周氏东胶，往诰之所显；商人右学，来世之以传"。再论幸学盛事，"趣讲室，明典章。缨緌匝序，巾卷充廊。钜儒硕生，奉帙而在列；礼官博士，掌楄而诏王"。最终在激昂盛赞之语中作结，"夫然，则三代之风必能缓步而越矣，两汉之盛岂可并日而论之。伟乎！轨迹夷易，文物葳蕤，信千载而一时"。由此赋表达内容及具体程式，亦可想见大部分幸学赋的写作情形。

第二节　学官辞免文与谢启文

宋代太学的学官选任制度，在太学发展的不同时期亦变迁不定。重建太学之初，主要通过荐举方式选任学官，不限出身，任职要求亦较低。随着太学不断兴盛，选任要求愈来愈严格，至熙宁兴学时期，王安石进一步严格考选制度。元丰三年（1080）规定："诏自今奏举太学博士，先以所业进呈。"②明年，蔡京制订太学学官考选制度，"凡举进士，赴学士院，试经大义五道，取入上等者为博士，下等为正录，愿任教授者听。"哲宗元祐

---

① （宋）文彦博：《文潞公集》，山西人民出版社 2008 年版，第 1 页。
② （元）脱脱：《宋史》卷一六五，中华书局 1977 年版，第 3911 页。

时期,学官考选制度被罢。元祐三年(1088),限年满三十才有选任学官的
资格。徽宗政和八年(1118)五月有诏:"两学博士、正、录,并诸州教授兼
用元丰试法,仍止试一经。吏部供到元丰法:进士第一甲,或省试十名内,
或府监发解五名内,或太学公私三名内,或季试两次为第一人,或上舍、内
舍生,或曾充经谕以上职掌,或投所业乞试并听试。"①至宣和三年
(1121),臣僚言:"元丰六年,学官召试,六十而所取才四人,皆一时知名之
士,故学者厌服。近观大观、政和所试,率三人取一,既非遴选,故投牒自
请试者日多,其选益轻,欲自今试者十取一,以重其选。"②南宋以降,国子
司业高闶对学制多有发明,对于学官之遴选更重其教育经验与品德修养,
"宜得老成,以掖后进"。学官考选制度在南宋时兴时废。

通过太学学官考选制度等方式获得学官任职资格者,制诰文书下达
到拟除职者手中时,他们也有选择接受与否的权利。若不欲接受则作辞
免文,受之则作谢启文。

一、学官辞免文

从太学学官设置之人数与职位变动之频繁可推,当时的太学制诰文
在数量上应是十分惊人。同理,对应于制诰文之太学辞免或谢启文亦应
数量繁多。然今日之所见唯有寥寥数十文,惜多已佚。由现存太学辞免
文尚可略窥其一斑。辞免文之中心内容就是推辞任命,尤重在陈述辞命
之缘由。这又主要分为三种,其一是自称才不如人,学未闻道,难当太学
大任。如孔武仲《辞免国子监司业》:"更易科举之际,学术议论在所折衷,
管领训导,宜求老成。""如臣之才,无一堪可,使冒处此,义实难安。"③徐
鹿卿《丙辰除兼国子祭酒辞免状》:"某既非其人,又本以乡举进身,素不谙

————————————

　　①　(清)徐松辑,刘琳、刁忠民、舒大刚校点:《宋会要辑稿》职官二八之二一,上海古籍出
版社2014年版,第3771页。
　　②　(元)马端临:《文献通考》卷四二,中华书局1986年版,第395页。
　　③　(宋)孔文仲等著,孙永选校点:《清江三孔集》,齐鲁书社2002年版,第198页。

知学馆事体,此固人共知其为不可者也。"①此类缘由多为自谦之词。其二是积劳成疾,病痛缠身,不得已而辞之。袁甫《辞免国子祭酒状》:"今老且病矣,决不足仰承圣朝新美多士之意。"②其《再辞免祭酒状》亦曰:"微臣深愿克绍,其奈疾患缠绵,左腿又生疮毒。一岁之间,日日从事药里,精神气血,耗损极多,岂可复更劳动。"③此类缘由既有实情,亦有托词之时。其三是本职事尚自顾不暇,再难有兼职之精力。袁甫辞状中即云:"尚系吏铨之衔,求脱未遂,正此无地自容,讵可更令供二乎?"④袁燮辞状曰:"自兼职经筵,讲说之日多,凡三日始得一到学中,相与讲习之时甚少。"(《辞免兼国子祭酒状》)⑤此类缘由多为实情。

　　辞免之情,或是真心,或为假意,状文上呈之后,或受批准,或未通过。如程颐有《辞免服除直秘阁判西京国子监状》、《再辞免判国子监表》(元祐七年四月)等文,最终坚辞之。而徐鹿卿首呈《丙辰除兼国子祭酒辞免状》未准,故在《丙辰除兼国子祭酒辞免第二状》中接受任职的同时提出条件,"朝廷既未有可差之官,某岂敢固执方命。除已一面谢恩祇受外,欲乞公司朝察某病根深痼,委难承乏,速赐妙选名儒,以充大小司成之任,容某早归故山"⑥。而马廷鸾在连呈《除国子监司业辞免奏状》、《再辞免国子监司业申省状》二文被拒后,遂上《除国子司业谢庙堂启》,由辞免文一改为谢启文。

　　现存学官辞免文有:孔武仲《辞免国子司业》、程颐《辞免服除直秘阁

---

　　①　(宋)徐鹿卿:《宋宗伯徐清正公存稿》,《丛书集成续编》第 106 册,上海书店出版社 1994 年版,第 62 页。

　　②　曾枣庄,刘琳编:《全宋文》,上海辞书出版社、安徽教育出版社 2006 年版,第 323 册 394 页。

　　③　曾枣庄,刘琳编:《全宋文》,上海辞书出版社、安徽教育出版社 2006 年版,第 323 册 395 页。

　　④　曾枣庄,刘琳编:《全宋文》,上海辞书出版社、安徽教育出版社 2006 年版,第 323 册 394 页。

　　⑤　曾枣庄,刘琳编:《全宋文》,上海辞书出版社、安徽教育出版社 2006 年版,第 281 册 111 页。

　　⑥　(宋)徐鹿卿:《宋宗伯徐清正公存稿》,《丛书集成续编》第 106 册,上海书店出版社 1994 年版,第 63 页。

判西京国子监状》《再辞免判国子监表》、袁燮《辞免兼国子祭酒状》《辞免国子祭酒状》《再辞免祭酒状》、徐鹿卿《丙辰除兼国子祭酒辞免状》《丙辰除兼国子祭酒辞免第二状》、蔡杭《辞除国子祭酒疏》、徐元杰《兼国子祭酒辞免状》、马廷鸾《除国子监司业辞免奏状》《再辞免国子监司业申省状》等。从中可见，太学辞免文的辞免职位多是国子祭酒、国子司业等较高职级。

二、学官谢启文

从形式上来看，太学谢启文与其他谢启文有着共性特征，即骈文四六句式的基本语言形式，因而，具有句式整齐、对称和谐、精美工丽、引经据典等特点。只是文章的骈俪化程度因作者倾向喜好而各有差异。就其内容而言，本为表达学官谢意而上呈宰执大臣或荐举人之文，其文章结构特色鲜明独特，具有某种程度的共有特征。此处以陈傅良《除太学录谢宰执启》为例，其文云：

> 拜命衡门，备官璧水。书生已重，公论谓何？刭如庸虚，有此踰越。窃以祖宗家传之法，学校风化之原。于其训迪之臣工，可以考论其世故。伣具员而亡择，欲首善以何繇。永惟韩、范、欧、富诸公当国之间，则有孙、胡、石、李一时作人之盛。如某者学不足以适用，才不足以及人。固知迂阔于事情，岂敢觊觎于宦达？营求末第，政未免于为贫；往教遐邦，祇自虞于见短。徒便于此，遑知有他。引而置之荐绅先生之林，从而付之规矩学者之事。还观所缺，岂惟独惭？推本自来，或者上累。但揆之进退，小己以无称报为忧；然较之重轻，公朝有收疏贱之美。徒抱私谊，重违远模。某官直道事君，清议在上。察见颓俗，杜绝倖门。每于斯道寂寥希阔之中，爵有前辈扶持兴起之念。与其妙选以得□，孰若兼收而示公。意有所存，人不暇计。爰俾凡质，亦叨误恩。敢不体悉深知，循其素履？门墙爰博，愿悉略其奔走

伺侯之文;农马□□,庶少尽于洒扫应对之际。①

这篇谢启文可以明确地划分为四个部分,其一是首句至"如某者"之前,主论作者对太学及其教育的自我认识,特别是认为在范仲淹、欧阳修等政治家倡导兴学的前提下,才有宋初三先生等教育大家促成的太学一时之盛。此处强调了太学引进名师的重要性,进而引出启文第二部分,即"如某者"至"某官"之前,作者谦称自己才学不足,难担职任。其三是"某官"至"敢不"之前,恭维宰执之正直清议,感谢前辈之扶持兴起。其四是"敢不"至文末,表达作者尽职尽心于太学的意愿。值得注意的是,以此为对比范例,其他太学谢启文亦多有首论太学、继言自谦、再谢某官、终表决心的四段式行文结构。如许翰《谢赵待制举学官启》中有"伏念某"、"伏遇某官"、"敢不"之语,李昭玘《谢举太学博士启》中"如某者"、"伏遇某官"、"敢不"语,刘弇《谢运判王司封举太学博士启》中"如某者"、"伏遇运判司封"、"某敢不"语,刘弇《谢发运张龙图举太学博士启》中"如某者"、"伏遇发运龙图"、"某敢不"语,王之望《除太学录谢宰相启》、吕祖谦《除太学博士谢陈丞相启》、周必大《谢除学官启》中"如某者"、"伏遇某官"、"某敢不"语,等等,由此可见,这种四段式结构是太学谢启文的通用格式。因而这些文章从结构到内容就都有了共通性特征。

嘉定元年(1208)进士李刘在召除国子录后,作有五篇谢启文《除国子录谢丞相启》、《除国子录谢执政启》、《除国录谢给舍台谏启》、《除国录谢葛祭酒洪启》、《除国录回诸州启》,这种现象也是比较少见的。五文今俱存,兹举《除国子录谢执政启》:

> 抱关金耀,已污掌故之科;分席璜宫,初乏知新之学。进非有德,迁不以劳。永言小善必录之由,全出大钧无垠之造。所感厚甚,无谢可乎?切以太学风化之本原,其来已古;大夫国人所矜式,必立之师。故虽尾僚,亦关首善。道出羲皇而过屈、宋,犹曰于我何有哉;文规姚

① 曾枣庄,刘琳编:《全宋文》,上海辞书出版社、安徽教育出版社 2006 年版,第 267 册 389 页。

姒而逮《庄》、《骚》,尚闻有笑于列者。不善螟蛉蜾蠃之祝,宁无骅骝狗曲之嘲。伏念某学不知方,仕未能信。呻其占毕,缺师友之渊源;著之话言,皆童孺之糠秕。冒昧登黉之缀,追随笑库之家。甲第梁肉之纷纷,岂为我设;穷年膏油之兀兀,反教人为。敢意成均,获齿纠录。居然从国子先生之后,何以报王公大人之知!伏遇某官该辅天功,奋庸人望。收敛攻教,恐驽马有十驾之材;搜揽流离,谓鳟鲂皆九罭之选。亦既招诸生而立馆下,不嫌养万钟而教国中。怜其役役之常,课以循循之诱。某敢不益磨行检,谨饬廉隅?孝先昼眠,正恐嘲师之无笴;昌黎晨入,讵应诘匠以为楗。①

　　五篇谢启文,基本遵循上文所论四段式结构写成,然其具体内容又各有差异,显示出作者深厚的写作功力。如"伏念某"自谦语部分,各篇之用意本来相似,却在行文中呈现出文词迥异的不同面貌。国子录一职级别很低,但作者仍十分激动,连上五篇谢文,这份谢意应是包含真挚情感的。由此也引出一事,即谢启文的文学抒情性问题。学官表达谢意,或有敷衍之作,也多有有感而发之时,因而文中的抒情语言自是不少。李刘之谢启文如是,刘弇之文亦有曰:"身与病会,齿将衰临,痟婴肺络以战枯,秋入颠毛而化绿。再期苴止,百谪樊然。间则自尤,拱以待斥。他日绝交之中散,每取深憎;当年独冷之广文,分迷初局。岂徒屡琐,误辱推褒。"②同样,辞免文具有一定的抒情性。就如西晋李密《陈情表》是文学史上具有代表意义的抒情文,它也是一篇辞免文。太学辞免文中自有一些真情实意之作。

　　现存学官谢启文有:华镇《谢国子祭酒举学官启》、许翰《谢孙傅师举学官启》、《谢赵待制举学官启》、刘弇《谢发运张龙图举太学博士启》、《谢运判王司封举太学博士启》、李昭玘《谢举太学博士启》、王之望《除太学录谢宰相启》、吕祖谦《除太学博士谢陈丞相启》、陈傅良《除太学录谢宰执

---

①　曾枣庄,刘琳编:《全宋文》,上海辞书出版社、安徽教育出版社 2006 年版,第 317 册 178 页。

②　(宋)刘弇:《豫章丛书》第 130 册《龙云集》,南昌古籍书店 1985 年版,第 2—3 页。

启》、周必大《谢除学官启》、戴栩《除太学录谢丞相启》、李刘《除国子录谢丞相启》、《除国子录谢执政启》、《除国录谢给舍台谏启》、《除国录谢葛祭酒洪启》、《除国录回诸州启》、马廷鸾《除国子司业谢庙堂启》等。由上可见,在太学博士、太学正、太学录等级别较低的职位上,少有辞免文,多见谢启文。

第三节　臣僚奏疏文与师生《书》《记》文

太学兴盛发展,既受益于朝中重臣在历次兴学运动等重大事项中的大力支持,亦有其他臣僚事无巨细提议于太学的不少贡献,这主要体现于其所作奏疏文。而太学师生《书》《记》文,或吟咏情性,记事言物,或以笔代剑,直指政令,抒情言志,不一而足。

一、臣僚奏疏文

围绕太学、学官及太学生等涉及太学内部的诸多事宜,朝中臣僚作有大量的奏疏文章。通过奏疏文的方式,非太学臣僚与太学发展有密切关联,其影响亦渗透于太学内各个角落。

关于太学学官的选任,臣僚意见较统一,即选取躬蹈儒训、勤晓政经的"名师"掌教太学。朱光庭《乞择名师主太学奏》(元祐元年)道出众人心声,"今上庠与州郡学校虽名为兴贤,而无养人材之实,所以然者,盖无名师之故也"。则何谓"名师"? 朱文曰:"夫所谓名师者,其经术足以穷圣蕴,其行义足以为人表,又能至诚以教养为己任者是也。"经术、行义、至诚皆是名师的必备条件,然而名师难得,"昔在仁宗朝,诏胡瑗典太学。当是时,天下学者翕然向风,所以成就人材为多,至今未见其继者。岂国家之大,四海之广无其人? 患在不求之也"①。并无异议,胡瑗正是臣僚建议

---

① (宋)赵汝愚编:《宋朝诸臣奏议上》,上海古籍出版社 1999 年版,第 861 页。

择名师之典型。可见,在北宋重建太学的仁宗时期,择求名师就已受到时人重视。求得名师的一种重要途径就是臣僚奏疏荐举,对此,皇帝向来持鼓励态度甚或强令举荐。上引朱文《乞择名师主太学奏》呈上后,哲宗于同月下举学官诏:"尚书侍郎、学士、待制及两省御史以上、国子司业,各限一月内举经明行修、堪充内外学官者二员。"①而胡瑗正是在仁宗求贤若渴、臣僚屡次举荐之下任职太学的。范仲淹主持庆历兴学,又首荐胡瑗入太学。他在《奏为荐胡瑗李觏充学官》开篇就言"臣之至忠,莫先于举士;君之盛德,莫大于求贤",继而荐举胡瑗:"臣窃见前密州观察推官胡瑗,志穷坟典,力行礼义。见在湖州郡学教授,聚徒百余人,不惟讲论经旨,著撰词业,而常教以孝弟,习以礼法,人人向善,闾里叹伏。此实助陛下之声教,为一代美事。伏望圣慈特加恩奖,升之太学,可为师法。"②后来胡瑗任国子监直讲数年,改充天章阁侍讲之际,欧阳修又作有《举留胡瑗管勾太学状》一文,对胡瑗的教育成就甚为赞许,并乞其仍留太学,以宏大学业。文曰:

> 臣等窃见国家自置太学,十数年间,生徒日盛,常至三四百人。自瑗管勾太学以来,诸生服其德行,遵守规矩,日闻讲诵,进德修业。昨来国学、开封府并锁厅进士得解人中,三百余人是瑗所教。然则学业有成,非止生徒之幸,庠序之盛,亦自是朝廷美事。今瑗既升讲筵,遂去太学,窃恐生徒无依,渐以分散。窃以学校之制,自昔难兴,惟唐太宗时,生员最多,史册书之,以为盛美。其后庠序废坏,至于今日,始复兴起。若一旦分散,诚为可惜也。臣等欲望圣慈特令胡瑗同勾当国子监,或专管勾太学,所贵生徒不至分散。③

欧阳修笔下,胡瑗任职太学的重要性几乎已达到"与太学共存亡"的地步。作为有着重要影响地位的政治家和文学家,范仲淹、欧阳修先后多

---

① (清)徐松辑,刘琳、刁忠民、舒大刚校点:《宋会要辑稿》选举二八之一五,上海古籍出版社2014年版,第5795页。
② (宋)范仲淹:《范仲淹全集》,四川大学出版社2002年版,第615页。
③ (宋)欧阳修:《欧阳修集编年笺注6》,巴蜀书社2007年版,第374页。

次上呈荐举学官之文，一直为太学求得"名师"而默默努力。

或有荐举者，或有乞留者，亦或有请罢者。吕陶《请罢国子司业黄隐职任状》（元祐元年）、陈过庭《乞斥责学官杨时等奏》（靖康元年）就是其例。二文在斥论黄隐"素寡问学，薄于操行"、杨时"偏见曲说，德不足以服众"之余，同时将矛头指向北宋新旧党争引发的太学纷争。吕文对王氏新学受到不公正待遇表达不满，"方安石之用事，其书立于学官，布于天下，则肤浅之士，莫不推尊信向，以为介于孔、孟。及其去位而死，则遂从之而诋毁，以为无足可考。盖未尝闻道，而烛理不明故也。隐亦能诵记安石《新义》，推尊而信向之久之。一旦闻朝廷欲议科举，以救学者浮薄不根之弊，则讽谕其太学诸生，凡程试文字，不可复从王氏新说，或引用者，类多黜降。何取舍之不一哉"①？陈文亦对王氏之学与苏氏之学的或崇或禁抒己之见，"自蔡京擅权，专尚王氏之学，凡苏氏之学，悉以为邪说而禁之。近罢此禁，通用苏氏之学，各取所长而去所短也。祭酒杨时矫枉太过，复论王氏为邪说，此又非也"②。二文分别作于元祐元年（1086）、靖康元年（1126），前后相差四十年。由其文可见太学内部的大概情形，熙丰之际专尚王氏新学，元祐年间力诋毁之，至蔡京擅权又专主王学，靖康初则罢禁之而尚苏氏之学。结合二文，纵向联结这四十年间王氏新学在太学内部辗转沉浮的不同命运，可以反窥政治、党争的残酷变化及其巨大影响。

关于太学制度建设及其发展，臣僚之论述始终贯穿于两宋不同历史时期。尚在太宗至道三年（997），孙何《上真宗请申明太学》就说："必见推于太学，方获誉于公朝。从古泊今，斯道不易。东汉则诸生三万，李唐则学生八千。上所拣求，必由此出。"③可惜孙何请求重视太学的建议并未获准。杨亿《代人转对论太学状》对当时的学校现状表达不满："今学舍虽存，殊为湫隘；生徒至寡，仅至陵夷。贡部以乡举为先，诸生以两馆为耻，

---

① 曾枣庄、刘琳编：《全宋文》，上海辞书出版社、安徽教育出版社 2006 年版，第 73 册 157 页。

② 曾枣庄、刘琳编：《全宋文》，上海辞书出版社、安徽教育出版社 2006 年版，第 141 册 61 页。

③ （宋）赵汝愚编：《宋朝诸臣奏议上》，上海古籍出版社 1999 年版，第 848 页。

塞原拔本,莫甚于兹。"①宋初以来,臣僚对于学校教育多有谏言,直至仁宗庆历四年(1044)方重建太学。宋室南渡后,国子监包括太学一时皆废置,黄龟年于绍兴三年(1133)上奏文请即驻跸所在置国子监奏,随即高宗下诏从之,以随驾学生三十六人为监生,置博士二员。可见,南北宋太学的重建也与臣僚的一再建言有关。

臣僚所论,涉及范围甚广,太学制度设置、讲授课程、考核标准皆在其中。这既有个人意见的献策,如刘挚《乞重修太学条制疏》(元祐元年五月)、《乞命学官修定太学条制劄子》(元祐元年十月)等。也有不同意见的论辩,如御史知杂事邓绾《议修广太学疏》(熙宁四年)言太学未尝营建,只有逼窄湫陋的廊屋数十间,乞修广之,而毕仲游《学校议》认为"欲丽师堂,广生舍,众徒弟以为盛,其去道愈远",②反对仅仅注重太学表面的丽而盛。至于诗赋与经义之争,既是社会科场的争议重心,也是太学内部课程考核的焦点之争。如毕仲游《学校议》、彭汝砺《乞学校选举一用元丰条约奏》(元祐三年)等各执一词,议论纷纷。若是关涉太学发展的重大问题,皇帝亲自下诏,诸臣僚答诏论辩,其间争议自然更多。

关于太学生,臣僚奏疏文所论内容亦涉及甚广。如刘挚《论太学狱奏》为虞蕃讼案的牵连者打抱不平:"上自朝廷侍从,下及州县举子,远至闽、吴,皆被追逮。根株证佐,无虑数百千人,无罪之人,例遭棰楚,号呼之声,外皆股栗。臣闻论者谓近年惨辱冤滥,无如此狱。其所从赃,大率师弟子挚见之礼,茶药纸笔好用之物,皆从来学校常事,虽经有司立法,而人情蹄故,未能遽革,尽以监临枉法当之,终身放废,可谓已甚。"③王晚《言太学养士之费奏》(绍兴十三年)言及南宋重建太学后的费用问题:"太学将毕工,养士之费当预备。已括到民间冒占白地钱,岁入三万缗有奇,养

---

① 　(宋)李焘:《续资治通鉴长编》卷四十一,中华书局1985年版,第860页。
② 　(宋)毕仲游撰,陈斌校点:《西台集》,中州古籍出版社2005年版,第59页。
③ 　曾枣庄,刘琳编:《全宋文》,上海辞书出版社、安徽教育出版社2006年版,第76册234-235页。

士三百,想可足用。"①陈亮《国子》针砭时弊:"今朝廷之选用,固已无间于文武若奏补矣,因其父兄之所在,冀其自学而任使之,而教学之法阙然不闻。故虽不学而从政者,举世安之而不以为异,尚乌望其习熟国家之本末源流哉。"②

值得特意关注的,是诸臣僚围绕太学生群体参政议政事件而产生的争辩。因在北宋末至南宋时期,太学生成为一股重要的政治力量,伏阙上书弹劾大臣,爱国情怀无所畏惧。对此,朝臣的态度也分为两派,或赞或贬,各有立场。许翰《论学校谤伤疏》力挺太学生,"窃闻台臣论奏学校谤伤宰相、中丞等事,臣恐陛下遂行其言,则将使忠鲠杜塞,讥毁不闻,朝廷蔽蒙复如前日。此乱亡之机也,不可不审"③。孙觌《侍御史论太学诸生伏阙札子》(靖康元年)则贬斥太学诸生,"陈东等聚众伏阙,鼓倡群少,妄谓宰相连结强胡,开关延敌,欲起李纲复还兵柄。俄顷间啸聚数万,挝登闻鼓,呼声动地,手掷瓦砾,狙击大臣,屠裂中贵人,流血满道。天子震惊,与之召还李纲,然后解去。自衰乱板荡大坏,书传所载,未有如此之甚者也!……陈东等乃幸天下有大变,蔑视官师,不告而出,怙众兴讹,厚诬朝廷,朋比罪人,迫胁君父,肆行杀戮,遂至大乱"④。迥异的态度,可能出于朝臣站在不同角度的平心而论,更可能与党派之争、政治利用等有关。

二、师生《书》《记》文

学官任职太学时期的文章创作,吟咏日常生活、与友人的交游酬赠,是其重要表现内容。涉及太学职务者,既有就学制改革建设向朝廷上奏疏文,亦有太学内部针对具体事务的相关文书。学官之间移书作文,或许是酬谢赠答,也或许是质疑责备。仁宗朝国子监直讲刘敞所作《众学官移

① 曾枣庄、刘琳编:《全宋文》,上海辞书出版社、安徽教育出版社 2006 年版,第 156 册 25 页。
② 曾枣庄、刘琳编:《全宋文》,上海辞书出版社、安徽教育出版社 2006 年版,第 279 册 362 页。
③ (宋)许翰:《许翰集》,河北大学出版社 2014 年版,第 102 页。
④ 曾枣庄、刘琳编:《全宋文》,上海辞书出版社、安徽教育出版社 2006 年版,第 158 册 466 页。

两判监书》，就是一篇反映学官间冲突与对抗的代表文本。略云：

> 前日阁下以刘蒙为学正，某等以为不宜，属草具书，将以荐闻于
> 左右。……又有见教者曰：'凡下之役上，职也；贱之听贵，决也；愚之
> 从贤，义也。今祭酒、司业，贵矣贤矣，为人上矣。博士，愚者贱者，为
> 人下者，听之役之从之而已，尚何多言乎？'某等又以为不知言。何
> 者？……今祭酒、司业之于博士，比肩学官耳，非有君臣天地之隔，吾
> 以礼义法度而告之，庸何慊乎？在人主则必欲听用，已而尽从其言。
> 于己事则耻听于人，遂非而不移，岂贤臣之用心乎？是非所望于祭
> 酒、司业也。古者有官守者，不得其守则去。今阁下废诏文而侵博士
> 之官，用非其人，某等真不得其守，可以去矣。阁下以昏姻之家，私情
> 曲祷，用一庸士。而以大义正道，使五六学官引去。①

事件起因于判监以联姻之故，未经诏令见报，私以刘蒙为太学正，引
发众学官不满和抵制。其书以"有习于事者见教"与"某等"一言一答，互
为辩驳。至"见教者"言祭酒司业既贵且贤、博士既愚且贱，唯有"听之役
之从之而已"，作者愤慨之情逐层递增，祭酒司业之于博士并无君臣天地
之隔。虽有品级与待遇层面的分别，但皆朝廷学官，无尊卑贵贱之别。文
末以去官为由，逼迫判监改命，"阁下上非所以为国，下非所以为身，想阁
下通人，必不尔也。不然，则阁下叛戾诏书，蔑弃寮属，贪用童騃，教率国
子，亦将有宏议远略，非某等所及"。刘攽诸人不屑于与"庸士"为伍，实在
情理之中。从最高统治者到执政重臣、朝野内外及太学师生，皆知名师主
学对于太学发展、人才培养的重要意义。宋人念念不忘一代名师胡瑗曾
主教太学，"昔在仁宗朝，诏胡瑗典太学。当是时，天下学者翕然向风，所
以成就人材为多，至今未见其继者"②。若如判监以公谋私，任人唯亲，太
学教育不可能持续良好发展。

学官因太学生而作之文中，与诸生日常交游赠答之作，时有嘉许语，

---

①　曾枣庄，刘琳编《全宋文》，上海辞书出版社、安徽教育出版社 2006 年版，第 69 册 89 页。

②　（宋）赵汝愚编《宋朝诸臣奏议上》，上海古籍出版社 1999 年版，第 861 页。

如晁补之《太学答学生林自启》中赞其"通达大成,文史足用,升诸乡而有素,告于王而可官"①。因学官以教育诸生为本职,故文中多是劝诫告勉之语,语气温和,严而不厉。即便师生辩论,也是温文尔雅,逐层以理服人。宋祁《对太学诸生文》就地方州县官员未能大举兴学与诸生辩,因而作文。宋祁任国子直讲,有太学生至其宿舍,讨论兴学事,认为未营理地方之学,"宁道之遂污,文之将坠,废仁义于黄老,谢诗书于佛谛,何没振之甚焉"②!作者以兴学事宜不可急于求成而答之,犹如"源甚浚则流甚长,成之暴则坏之亟","树木者为计于十年,成闾者归余于三载",天道常伦,岂可致疑。一番辩论之下,诸生"赧焉汗下,逡巡避席"而自告受教。

诸生的文章创作,若论因其太学之文而留名者,可将此二人列入其中。一为陈东,一为周邦彦。陈东之伏阙上书,作有《登闻检院上钦宗书》、《登闻检院再上钦宗书》、《登闻检院三上钦宗书》、《上高宗第一书》、《上高宗第二书》、《上高宗第三书》等,前后上钦宗、高宗凡十数书,在两宋之交的特殊历史时期,扶主战之重臣,斥主和之六贼,终至因书获罪,秘密被杀。周邦彦于太学外舍求学数年,迟迟未升内舍,因一篇《汴都赋》,深得皇帝欣赏,遂一举擢拔为太学正,并"以一赋而得三朝之眷"。可以说,由这篇太学文开启周邦彦的仕进之路,成就其起初的声名与地位。

除却一获罪而一获官的陈东、周邦彦之文,诸生文中尚有太学记文值得论述。《宋会要辑稿·崇儒一·太学》有关于太学记文的记载:

> 绍兴十三年,六月二十一日,诏差礼部侍郎兼权直学士院王赏撰《兴建太学记》。知临安府王晚有请撰《记》,下国子监勘会。国朝太祖皇帝重建国学,系翰林学士陶谷撰《记》。徽宗皇帝御制《辟雍记》,系翰林学士薛昂撰《序》。及重修监学,翰林冯熙载撰《记》。故有是命。③

---

① (宋)晁补之:《济北晁先生鸡肋集》,上海商务印书馆 1937 年版,第 445 页。
② (宋)宋祁:《景文集》卷四八,中华书局 1985 年版,第 630 页。
③ 苗书梅等点校:《宋会要辑稿·崇儒》,河南大学出版社 2001 年版,第 47 页。

　　然文献所言,皆已散佚无存。地方州县学记文有数百篇留传至今,而太学记文甚少,今存理宗朝两篇,端平二年(1235)诸生周直方《太学云阶斋壁记》与淳祐四年(1244)学官郑起潜《太学前庑学位记》。前文因太学"百年壁记,石久而泐"①而"爰用改为",其意义不仅是"取明经之青紫,侈稽古之印绶,焜燿时人之耳目",更在于"弘道德,充气节,学颜之学,志伊之志"。此记文以修缮壁记而起,"以诏来者"而终。后文之记,具有重要文献价值,其中有载:"建炎驻跸吴会,绍兴十三年立太学,今一百有二年,为举录者一百一十有四人,学谕四百九十有八人,直学一百四十有九人,教谕四十有八人。登巍科,都显位,前后相望。"②并且,由专人"鸠工砻石,萃其名氏州里,序其后先,大书深刻,列于崇化堂之左",惜今已无存。

　　本章所论太学文,通过对臣僚制诰文与幸学文、学官辞免文与谢启文、臣僚奏疏文与师生《书》《记》文分节论之,意在考察宋代太学文的主要面貌与其独有特征,将其和太学诗、词合而观之,可见围绕太学的文学创作数量惊人,内容丰富,艺术精湛,成就突出,太学与文学影响关系甚深,这应当引起研究者的重视。

宋代太学师生诗文表

　　注:姓名后标记△者,兼太学学官、太学生身份。序号1—316为太学学官,318—435为太学生,317留空以示区隔。

序号	时间	事件	资料出处
1	李昉	字明远,深州饶阳人。(925—996)	《全宋文》卷四七收文二九篇
2	孔维	字为则,开封雍丘人。(928—991)	《全宋文》卷四九收文四篇
3	郭忠恕	字恕先,河南洛阳人。(?—977)	《全宋文》卷四一收文三篇,《全宋诗》1册148页始录诗四首

---

① (宋)潜说友纂:《咸淳临安志》,浙江古籍出版社2012年版,第411页。
② 浙江省地方志编纂委员会编:《宋元浙江方志集成》第1册,杭州出版社2009年版,第424页。

续 表

序号	时间	事件	资料出处
4	李觉	字仲明,京兆长安人。(947—993)	《全宋文》卷一○七收文三篇
5	潘阆	字梦空,大名人。(?—1009)	《全宋文》卷一六三收文一篇,《全宋诗》1册 618 页始录诗二卷,《全宋词》5 页始录词 11 首,有《逍遥集》
6	邢昺	字叔明,曹州济阴人。(932—1010)	《全宋文》卷五三收文三篇
7	侯自成	天禧初知濮州。	《全宋文》卷三一八收文一篇
8	杨中和	九经第一及第。	《全宋文》卷四七七收文一篇
9	徐起	字豫之,濮州鄄城人。	《全宋文》卷三二八收文一篇
10	邵必	字不疑,丹阳人。	《全宋文》卷六一七收文九篇
11	胡则	字子正,婺州永康人。(963—1039)	《全宋文》卷一九六收文四篇,《全宋诗》2 册 1081 页始录诗九首
12	孙复	字明复,晋州平阳人。(992—1057)	《全宋文》卷四○一收文二一篇,《全宋诗》3 册 1986 页始录诗八首
13	胡瑗	字翼之,泰州如皋人。(993—1059)	《全宋文》卷四○八收文五篇,《全宋诗》3 册 1992 页始录诗二首
14	钱彦远	字子高,钱塘人。(994—1050)	《全宋文》卷四一○收文一九篇,《全宋诗》3 册 2016 页始录诗一首
15	王洙	字原叔,应天宋城人。(997—1057)	《全宋文》卷四七八收文一二篇,《全宋诗》4 册 2309 页始录诗五首
16	贾昌朝	字子明,真定获鹿人。(997—1065)	《全宋文》卷四八一收文三四篇,《全宋词》117 页始录词一首
17	宋祁	字子京,安州安陆人。(998—1061)	《全宋文》卷四八二收文一一八一篇,《全宋诗》4 册 2330 页始录诗二二卷,《全宋词》116 页始录诗七首,有《景文集》
18	余靖	字安道,韶州曲江人。(1000—1064)	《全宋文》卷五五五收文四○九篇,《全宋诗》4 册 2654 页始录诗一卷
19	梅尧臣	字圣俞,宣州宣城人。(1002—1060)	《全宋文》卷五九二收文三四篇,《全宋诗》5 册 2709 页始录诗三一卷,《全宋词》118 页始录词三首,有《宛陵先生文集》
20	石介	字守道,兖州奉符人。(1005—1045)	《全宋文》卷六一八收文一五九篇,《全宋诗》5 册 3394 页始录诗四卷,有《徂徕石先生文集》

续　表

序号	时间	事件	资料出处
21	田况	字符均,开封人。(1005－1063)	《全宋文》卷六三五收文二一篇,《全宋诗》5 册 3443 页始录诗二五首
22	潘夙	字伯恭,大名人。(1005－?)	《全宋文》卷六三八收文二篇,《全宋诗》5 册 3455 页始录诗一句
23	范师道	字贯之,苏州吴县人。(1005－1063)	《全宋文》卷六三八收文六篇,《全宋诗》5 册 3442 页始录诗三首
24	李觏	字泰伯,建昌军南城人。(1009－1059)	《全宋文》卷八九二收文二九三篇
25	孙思恭	字彦先,登州人。(1009－1069)	《全宋文》卷一〇九七收文一篇
26	司马光	字君实,陕州夏县人。(1009－1086)	《全宋文》卷一一七二收文八七九篇,《全宋诗》9 册 6007 页始录诗一五卷,《全宋词》199 页始录词三首
27	王拱辰	字君贶,开封咸平人。(1012－1085)	《全宋文》卷一〇二七收文一七篇,《全宋诗》7 册 4838 页始录诗六首,《全宋词》196 页始录词一首
28	高良夫	庆历初为太子中舍。	《全宋文》卷五七八收文一篇
29	李虞卿	宋州楚丘人。	《全宋诗》4 册 2139 页始录诗一句
30	吕遘	嘉祐六年(1061)为驾部员外郎。	《全宋文》卷一三六一收文一篇
31	裴煜	字如晦,临川人。	《全宋文》卷一〇五五收文五篇,《全宋诗》8 册 5025 页始录诗三首
32	刘舒	皇祐间人。	《全宋文》卷九九〇收文一篇
33	黄晞	字景微,建安人。(?－1057)	《全宋文》卷四三六收文二篇,《全宋诗》3 册 1837 页始录诗二首
34	王临	字大观,大名成安人。(?－1087)	《全宋文》卷一三六一收文五篇
35	沈扶	钱塘人。	《全宋文》卷九三〇收文一篇
36	李问	广陵人。	《全宋文》卷三〇六收文一篇
37	韩维	字持国,开封雍丘人。(1017－1098)	《全宋文》卷一〇五六收文四二四篇,《全宋诗》8 册 5105 页始录诗一四卷,《全宋词》198 页始录词六首,有《南阳集》
38	郑穆	字闳中,福州侯官人。(1018－1092)	《全宋文》卷一一一四收文一篇,《全宋诗》8 册 5472 页始录诗五首

续　表

序号	时间	事件	资料出处
39	常秩	字夷甫，颍州汝阴人。(1019－1077)	《全宋文》卷一一一七收文五篇，《全宋诗》9 册 6240 页始录诗一句
40	陆珪	字廉叔，山阴人。(1022－1076)	《全宋诗》10 册 7067 页始录诗一首
41	钱藻	字醇老，钱塘人。(1022－1082)	《全宋文》卷一四二七收文三篇，《全宋诗》10 册 7068 页始录诗三首
42	刘攽	字贡父，临江新喻人。(1023－1089)	《全宋文》卷一四八四收文六三一篇
43	黄履	字安中，邵武军邵武县人。(1030－1101)	《全宋文》卷一七九〇收文五〇篇
44	丰稷	字相之，明州鄞县人。(1033－1107)	《全宋文》卷一七六四收文二六篇，《丰清敏公诗文辑存》
45	程颐	字正叔，河南人。(1033－1107)	《全宋文》卷一七五〇收文一五一篇，《河南程氏遗书》
46	郭祥正	字功父，太平当涂人。(1035－1113)	《全宋文》卷一七三九收文二七篇，《全宋词》370 页始录词一首
47	李定	字资深。登进士第。	《全宋文》卷三五九收文一篇
48	朱长文	字伯原，苏州吴县人。(1039－1098)	《全宋文》卷二〇二四收文三二篇，《全宋诗》15 册 9780 页始录诗五卷，有《乐圃文集》
49	吕大临	字与叔，京兆蓝田人。(1040－1092)	《全宋文》卷二三八五收文三八篇，有《玉溪集》
50	赵挺之	字正夫，密州诸城人。(1040－1107)	《全宋文》卷二一〇七收文一八篇，《全宋诗》15 册 10183 页始录诗三首
51	孔武仲	字常父，临江新淦人。(1041－1097)	《全宋文》卷二一八六收文二五九篇，《全宋诗》15 册 10232 页始录诗七卷
52	陆佃	字农师，越州山阴人。(1042－1102)	《全宋文》卷二二〇二收文二一七篇
53	龚原	字深之，处州遂昌人。(1043－1110)	《全宋文》卷一八二八收文一四篇
54	何执中	字伯通，处州龙泉人。(1044－1118)	《全宋文》卷二二六八收文一七篇
55	李格非	字文叔，济南人。(1045－1105)	《全宋文》卷二七九二收文一〇篇

续　表

序号	时间	事件	资料出处
56	曾肇	字子开,建昌南丰人。(1047－1107)	《全宋文》卷二三七五收文一三九篇,《全宋词》444页录词一首
57	朱服	字行中,湖州乌程人。(1048－?)	《全宋文》卷二二一七收文一四篇,《全宋词》450页录词一首,有《朱服文集》
58	刘弇	字伟明,吉州安福人。(1048－1102)	《全宋文》卷二五四七收文二四二篇,《全宋词》451页始录词八首,有《龙云集》
59	秦观	字少游,扬州高邮人。(1049－1100)	《全宋文》卷二五七二收文二九三篇,《全宋诗》18册12063页始录诗一六卷,《全宋词》454－485页始录词,有《淮海集》
60	叶涛	字致远,处州龙泉人。(1050－1110)	《全宋文》卷二二七六收文二三篇
61	吴絪	字子进,杭州钱塘人。	《全宋文》卷二七七三收文一篇
62	徐铎	字振文,兴化军莆田人。(1051－1105)	《全宋文》卷二三五二收文八篇
63	强渊明	字隐季,杭州钱塘人。(1051－1120)	《全宋文》卷二六三七收文八篇
64	晁补之	字无咎,济州钜野人。(1053－1110)	《全宋文》卷二七一一收文七四一篇,《全宋诗》19册12753页始录诗二二卷,《全宋词》553－584页始录词,有《鸡肋集》
65	陈师道	字履常,彭城人。(1053－1102)	《全宋文》卷二六六四收文一八一篇,《全宋诗》19册12631页始录诗七卷,《全宋词》584－592页始录词
66	游酢	字定夫,建州建阳人。(1053－1123)	《全宋诗》19册12908页始录诗一九首,有《游定夫先生集》
67	杨时	字中立,南剑将乐人。(1053－1135)	《全宋文》卷二六七五收文四六六篇,《全宋诗》19册12916页始录诗五卷,有《龟山集》
68	张耒	字文潜,楚州淮阴人。(1054－1114)	《全宋文》卷二七五〇收文三二二篇,《全宋诗》20册13027页始录诗三三卷,《全宋词》592页始录词八首,有《宛丘集》
69	周邦彦△	字美成,钱塘人。(1056－1121)	《全宋文》卷二七七四收文一五篇,《全宋诗》20册13421页始录诗一卷,《全宋词》597－631页始录词,有《清真先生文集》

续 表

序号	时间	事件	资料出处
70	华镇	字安仁,会稽人。(1093前后在世)	《全宋文》卷二六三九收文二六八篇,《云溪居士集》
71	林自	字疑独,兴化军兴化县人。	《全宋文》卷二六三六收文一篇
72	翟思	字子久,润州丹阳人。(?—1102)	《全宋文》卷二○三○收文二四篇
73	沈铢	字子平,真州扬子人。	《全宋文》卷二○一七收文一篇
74	彭汝霖	字严老,饶州鄱阳人。	《全宋文》卷二三五七收文二篇
75	蔡肇	字天启,润州丹阳人。(?—1119)	《全宋文》卷二五三○收文一一篇,《全宋诗》20册13642页始录诗二卷,有《丹阳集》
76	范致虚△	字谦叔,建州建阳人。(?—1137)	《全宋文》卷二八七四收文一二篇,《全宋词》694页始录词一首
77	陈祥道	字用之,福州闽清人。	《全宋文》卷二○一三收文二篇,《全宋诗》14册9751页始录诗一首
78	孙谔	字符忠,应天府荣城人。	《全宋文》卷二二三九收文五篇
79	张庭坚	字才叔,广安军人。	《全宋文》卷二八六五收文九篇
80	陈瓘	字莹中,南剑州沙县人。(1057—1124)	《全宋文》卷二七八二收文一二一篇,《全宋诗》20册13466页始录诗一卷,《全宋词》631页始录词二三首,有《了斋集》
81	邹浩	字志完,常州晋陵人。(1060—1111)	《全宋文》卷二八二五收文五九三篇,《全宋诗》21册13916页始录诗一四卷,《全宋词》639页始录词二首,有《道乡集》
82	王涣之	字彦舟,衢州常山人。(1060—1124)	《全宋文》卷二八六一收文一篇
83	詹文	缙云人。	《全宋文》卷二二一六收文二篇,《全宋诗》72册45237页始录诗一首
84	范柔中	字元翼,南城人。	《全宋文》卷二九八九收文一篇,《全宋诗》19册12986页始录诗一首
85	刘昺	字子蒙,开封东明人	《全宋文》卷三○三八收文一七篇
86	朱京	字世昌,南丰人。(?—1101)	《全宋诗》15册10440页始录诗三首

续 表

序号	时间	事件	资料出处
87	刘正夫△	字德初，衢州西安人。（1062－1117）	《全宋文》卷二八七〇收文二篇
88	陈旸	字晋之，福州人。（1064－1128）	《全宋文》卷二八八〇收文八篇
89	慕容彦逢	字淑遇，宜兴人。（1067－1117）	《全宋文》卷二九二二收文七九三篇
90	刘安节△	字符承，温州永嘉人。（1068－1116）	《全宋文》卷二九五九收文七三篇
91	李昭玘	字成季，钜野人。	《全宋文》卷二六〇五收文二一八篇
92	朱震	字子发，荆门军人。（1072－1138）	《全宋文》卷三〇六一收文三六篇
93	葛胜仲	字鲁卿，常州江阴人。（1072－1144）	《全宋文》卷三〇六四收文四一六篇，《全宋词》715－728页始录词，有《丹阳集》
94	胡安国△	字康侯，建宁崇安人。（1074－1138）	《全宋文》卷三一四六收文五〇篇
95	蒋静	字叔明，常州宜兴人。	《全宋文》卷二五九三收文四篇
96	薛昂	字肇明，杭州人。（?－1134）	《全宋文》卷二七一〇收文十篇，《全宋诗》20册13440页始录诗四首
97	傅楫	字符通，兴化军仙游人。	《全宋文》卷二二一二收文三篇
98	张绰	政和间提举河北西路学事。	《全宋文》卷三三五二收文一篇
99	孙元卿	字东伯，乐清人。	《全宋诗》50册31432页始录诗三首
100	李皓	宣和三年（1121）知绛州。	《全宋文》卷三五〇六收文一篇
101	张汝霖	宣和时为京西转运使。	《全宋文》卷三一四五收文一篇
102	权邦彦△	字朝美，河间人。	《全宋文》卷三三九七收文四篇
103	黎确	字介然，邵武人。（?－1138）	《全宋文》卷三三五五收文五篇
104	王庭珪	字民瞻，吉州安福人。（1079－1171）	《全宋文》卷三四〇六收文二四九篇，《全宋词》816－823页始录词，有《卢溪文集》
105	李朴	字德邵，广陵人。	《全宋诗》71册45096页始录诗一首
106	黄葆光	字符晖，徽州黟县人。	《全宋文》卷二九六三收文七篇

续　表

序号	时间	事件	资料出处
107	孙觌	字仲益，常州晋陵人。（1081—1169）	《全宋文》卷三四一八收文二一一七篇
108	刘嗣明△	开封祥符人。	《全宋文》卷三一四四收文三篇
109	李璆△	字西美，开封人。	《全宋文》卷三七七二收文三篇，《全宋词》979 页录词一首，有《清溪集》
110	李迈	字志远，侯官人。	《全宋文》卷二九四四收文一篇
111	季陵△	字延仲，处州龙泉人。（1081—1135）	《全宋文》卷三五〇二收文八篇
112	胡世将	字承公，常州晋陵人。	《全宋文》卷三八二六收文二九篇，《全宋词》941 页始录词一首
113	孔端朝	字国正，兖州曲阜人。	《全宋文》卷三四〇四收文三篇
114	韦寿隆	钱塘人。	《全宋文》卷二七〇九收文一篇
115	张纲△	字彦正，润州丹阳人。（1083—1166）	《全宋文》卷三六六一收文五四九篇，《全宋词》919—925 页始录词，有《华阳集》
116	綦崇礼△	字叔厚，潍州北海人。（1083—1142）	《全宋文》卷三六三八收文五九〇篇，《北海集》
117	黄哲	成都府华阳人。	《全宋文》卷三一二五收文一篇
118	李熙靖	字子安，常州晋陵人。	《全宋文》卷三〇四〇收文一篇
119	曾几△	字吉甫，赣州人。（1085—1166）	《全宋文》卷三八〇〇收文九篇，《全宋诗》29 册 18499 页始录诗九卷
120	沈与求	字必先，湖州德清人。（1086—1137）	《全宋文》卷三八五五收文二九八篇，《全宋诗》29 册 18752 页始录诗三卷，《全宋词》981 页始录词四首，有《龟溪集》
121	程瑀△	字伯寓，饶州浮梁人。（1087—1152）	《全宋文》卷三八八六收文二八篇
122	耿延禧	字伯顺，开封人。（？—1136）	《全宋文》卷三二〇二收文六篇
123	吴若△	字季海，相州人。	《全宋文》卷三九九〇收文五篇
124	冯檝	字济川，遂宁人。（？—1152）	《全宋文》卷三九六八收文二五篇
125	董迪	字彦远，东平府人。	《全宋文》卷三八三六收文一篇

续　表

序号	时间	事件	资料出处
126	康执权	字平仲,开封人。	《全宋文》卷三九九八收文二篇,《全宋诗》33 册 20909 页始录诗三首
127	何洋	眉州青神人。	《全宋文》卷三九九七收文一篇
128	何伯谨	字诚夫,永嘉人。	《全宋诗》38 册 23792 页始录诗一首
129	高阅△	字抑崇,明州鄞县人。	《全宋文》卷四一三八收文一八篇
130	王纶	字德言,建康人。(?—1161)	《全宋文》卷四三七七收文六篇,《全宋诗》34 册 21464 页始录诗一首
131	袁正功	常州无锡人。	《全宋文》卷三三四八收文三篇
132	张戒	字定甫,正平人。	《全宋文》卷四〇六七收文九篇
133	张希亮	行能甚修,见推朋辈。	《全宋文》卷四一九八收文一篇
134	关注	字子东,越州会稽人。	《全宋文》卷三三四六收文三篇,《全宋诗》32 册 20439 页始录诗四首,《全宋词》1295 页始录词四首,有《关博士集》
135	杨邦弼	字良佐,建州浦城人。	《全宋文》卷四八九三收文三篇
136	何俌	绍兴间乞惩戒太学生。	《全宋文》卷四三四八收文三篇
137	严抑	字德隅,湖州归安人。	《全宋文》卷四一九六收文四篇
138	文浩△	崇观间曾游上庠。	《全宋文》卷三九九四收文一篇
139	史才	字闻道,明州鄞县人。(?—1159)	《全宋文》卷三九七一收文三篇,《全宋诗》33 册 21253 页始录诗三首
140	王大宝△	字元龟,潮州人。(1089—1165)	《全宋文》卷四〇八四收文一一篇,《全宋诗》30 册 19347 页始录诗一首
141	陈与义△	字去非,洛阳人。(1090—1138)	《全宋文》卷三九八五收文二九篇,《全宋诗》31 册 19463 页始录诗三一卷,《全宋词》1068 页始录词一九首,有《简斋集》
142	黄齐	字思贤,建州建阳人。	《全宋文》卷二九八九收文一篇
143	秦桧	字会之,江宁人。(1090—1155)	《全宋诗》31 册 19589 页始录诗一首一句
144	沈清臣	字正卿,杭州盐官人。	《全宋文》卷五〇一〇收文一四篇,《全宋诗》43 册 26883 页始录诗三首,有《晦岩集》
145	彭椿年	字大老,台州黄岩人。	《全宋文》卷五〇一二收文三篇

续 表

序号	时间	事件	资料出处
146	刘度	字汝一,长兴人。(？— 1178)	《全宋诗》37 册 23238 页始录诗一首
147	郑闻	字仲益,开封人。(？— 1174)	《全宋文》卷四八七六收文八篇,《全宋词》1514 页始录词一首
148	宋苞	上书论事。	《全宋文》卷四九二二收文一篇
149	雷观△	字仲立,洪州丰城人。(1091—？)	《全宋文》卷四〇一一收文一篇
150	张震	字真甫,汉州人。	《全宋文》卷四九八六收文四四篇,《全宋词》1850 页始录词五首
151	李若水	字清卿,洺州曲周人。(1093—1127)	《全宋诗》31 册 20102 页始录诗二卷
152	李侗	字愿中,南剑州剑浦人。(1093—1163)	《全宋文》卷四〇六五收文三三篇,《全宋诗》32 册 20277 页始录诗七首
153	陈诚之	字景明,福州闽县人。(1093—1170)	《全宋文》卷四三七六收文七篇
154	潘良贵△	字子贱,婺州金华人。(1094—1150)	《全宋文》卷四〇七八收文三七篇,《全宋诗》32 册 20293 页始录诗一卷,《全宋词》1168 页始录词一首
155	周执羔	字表卿,信州弋阳人。(1094—1170)	《全宋文》卷四〇六七收文一一篇
156	邵知柔	字民望,政和人。(1095—1167)	《全宋诗》29 册 18617 页始录诗一首
157	黄中	字通老,邵武人。(1096—1180)	《全宋文》卷四〇九四收文三九篇,《全宋词》2783 页始录词一首
158	陈康伯△	字长卿,信州弋阳人。(1097—1165)	《全宋文》卷四一四二收文四二篇,《全宋诗》33 册 20806 页始录诗四首,《全宋词》1172 页始录词二首,有《葛溪集》
159	周葵△	字立义,常州宜兴人。(1098—1174)	《全宋文》卷四一五二收文一八篇
160	陈鹏飞	字少南,永嘉人。(1099—1148)	《全宋诗》33 册 21254 页始录诗四首
161	石延庆	字光锡,越州新昌人。(1101—1149)	《全宋文》卷四二八三收文二篇,《全宋诗》34 册 21462 页始录诗二首
162	王之望	字瞻叔,襄阳谷城人。(1102—1170)	《全宋文》卷四三五一收文三七二篇,《全宋词》1336 页始录词二六首

续 表

序号	时间	事件	资料出处
163	史浩	字直翁,明州鄞县人。(1106—1194)	《全宋文》卷四三九七收文八〇一篇,《全宋诗》35 册 22112 页始录诗八卷,《全宋词》1250—1285 页始录词
164	胡沂	字周伯,余姚人。(1107—1174)	《全宋文》卷四四二七收文一三篇
165	杨甲	字鼎卿,遂州小溪人。(1110—1184)	《全宋文》卷六一一八收文五篇,《棣华馆小集》
166	萧之敏	字敏中,九江人。(1112—1177)	《全宋诗》37 册 22974 页始录诗四首
167	惠迪	字棨吉,宜兴人。(1114—1167)	《全宋诗》37 册 23054 页始录诗二首
168	林光朝	字谦之,兴化军莆田人。(1114—1178)	《全宋文》卷四六五〇收文一六八篇,《全宋诗》37 册 23061 页始录诗一卷,有《艾轩集》
169	魏掞之	字子实,建阳人。(1116—1173)	《全宋文》卷四六七八收文二篇,《全宋词》1356 页始录词一首
170	汪应辰	字圣锡,信州玉山人。(1118—1176)	《全宋文》卷四七六一收文五一一篇,《全宋诗》38 册 23572 页始录诗一卷,有《玉山文集》
171	颜师鲁	字几圣,漳州龙溪人。(1119—1193)	《全宋文》卷四七五八收文一一篇,《全宋诗》38 册 23711 页始录诗二首
172	喻良能△	字叔奇,婺州义乌人。(1120—?)	《全宋文》卷五四〇〇收文九篇,《全宋诗》43 册 26916 页始录诗一六卷,有《香山集》
173	黄洽	字德润,福州侯官人。(1122—1209)	《全宋文》卷四八九二收文一四篇
174	程大昌	字泰之,徽州休宁人。(1123—1195)	《全宋文》卷四九〇八收文五〇篇,《全宋诗》38 册 24015 页始录诗一〇首
175	林栗	字黄中,福州福清人。	《全宋文》卷四八六八收文二六篇,《全宋诗》37 册 22978 页始录诗四首
176	周绾	字彦约,处州遂昌人。	《全宋文》卷三一二五收文一篇
177	余时言	字知默,信州上饶人。	《全宋文》卷四八八三收文三篇
178	周利建	吉州庐陵人。周必大父。	《全宋文》卷四二二八收文一篇

续 表

序号	时间	事件	资料出处
179	周必大	字子充,吉州庐陵人。(1126－1204)	《全宋文》卷五〇一四收文四七八七篇,《全宋诗》43 册 26677 页始录诗一四卷,《全宋词》1607 页始录词一七首,有《周益国文忠公集》
180	杨万里	字廷秀,吉州吉水人。(1127－1206)	《全宋文》卷五二八五收文一一四二篇,《全宋诗》42 册 26063 页始录诗四四卷,《全宋词》1664 页始录词八首,有《诚斋集》
181	李祥	字符德,常州无锡人。(1128－1201)	《全宋文》卷五三八二收文二篇,《全宋诗》43 册 27080 页始录诗七首
182	陈自强△	字勉之,福州闽县人。(1130－?)	《全宋文》卷六四〇九收文七篇
183	袁枢△	字机仲,建安人。(1131－1205)	《全宋文》卷五四二〇收文六篇,《全宋诗》45 册 27717 页始录诗一五首
184	李石	字知己,资州盘石人。(?－1181)	《全宋文》卷四五五八收文三一八篇,《全宋诗》35 册 22255 页始录诗五卷,《全宋词》1296－1302 页始录词,有《方舟集》
185	程宏图△	字士南,饶州浮梁人。	《全宋文》卷五四二四收文三篇
186	吴飞英	字德华,处州龙泉人。	《全宋文》卷五〇一二收文二篇
187	黄伦△	字彝卿,闽县人。	《全宋诗》47 册 29567 页始录诗二首
188	王质△	字景文,郓州人。(1135－1189)	《全宋文》卷五八〇五收文一三三篇,《全宋词》1636－1649 页始录词
189	吕祖谦	字伯恭,婺州金华人。(1137－1181)	《全宋文》卷五八六七收文六一二篇,《全宋诗》47 册 29136 页始录诗一卷,有《东莱吕太史文集》
190	刘焞	字文潜,成都人。	《全宋文》卷四八六二收文六篇,《全宋诗》38 册 23787 页始录诗一首
191	陈傅良	字君举,温州瑞安人。(1137－1203)	《全宋文》卷六〇一七收文九四七篇,《全宋诗》47 册 29218 页始录诗九卷,有《止斋文集》
192	张孝伯	字伯子,和州人。(1137－?)	《全宋诗》47 册 29564 页始录诗三首
193	马大同	字会叔,严州建德人。	《全宋诗》38 册 24055 页始录诗八首

序号	时间	事件	资料出处
194	虞俦△	字寿老,宁国人。	《全宋文》卷五七〇八收文一二四篇,《全宋诗》46 册 28463 页始录诗四卷,《全宋词》2014 页始录词二首
195	季翔	处州龙泉人。	《全宋文》卷四九九八收文二篇
196	黄钧	字仲秉,绵竹人。	《全宋文》卷四九五七收文一二篇,《全宋诗》38 册 24029 页始录诗一句
197	关耆孙	字寿卿,嘉州人。	《全宋文》卷四四二九收文二篇,全宋诗》38 册 23706 页始录诗二首
198	王信	字诚之,处州丽水人。(?—1194)	《全宋文》卷六〇六五收文一九篇,《全宋诗》47 册 29562 页始录诗五首,有《是斋集》
199	沈揆	字虞卿,嘉兴人。	《全宋文》卷五四〇八收文一四篇,《全宋诗》45 册 27702 页始录诗四首
200	薛元鼎	字叔云,兴化军兴化人。	《全宋文》卷五四一三收文五篇
201	黄度	字文叔,绍兴新昌人。(1138—1213)	《全宋文》卷六一一四收文一二篇,《全宋诗》47 册 29658 页始录诗九首
202	沈焕△	字叔晦,定海人。(1140—1192)	《全宋文》卷六一五八收文四篇,《全宋诗》48 册 30018 页始录诗一首一句
203	罗克开	字达夫,吉州龙泉人。(1141—1209)	《全宋文》卷六八八二收文一篇,《全宋诗》48 册 30105 页始录诗一首一句
204	章颖	字茂献,临江军新喻人。(1141—1218)	《全宋文》卷六二六七收文一七篇
205	薛叔似△	字象先,温州永嘉人。(1141—1221)	《全宋文》卷六二六八收文六篇
206	彭龟年	字子寿,临江军清江人。(1142—1206)	《全宋文》卷六二九四收文二三四篇,《全宋诗》48 册 30131 页始录诗三卷,有《止堂集》
207	刘光祖	字德修,简州阳安人。(1142—1222)	《全宋文》卷六三一三收文四九篇,《全宋诗》48 册 30339 页始录诗八首,《全宋词》2063 页始录词一一首
208	詹体仁	字符善,福建崇安人。(1143—1206)	《全宋文》卷六三五三收文一六篇,《全宋诗》48 册 30365 页始录诗十首
209	刘爚	字晦伯,建阳人。(1144—1216)	《全宋诗》50 册 31019 页始录诗五首

续　表

序号	时间	事件	资料出处
210	袁燮△	字和叔,鄞县人。(1144—1224)	《全宋文》卷六三六五收文二七五篇,《全宋诗》50 册 30985 页始录诗二卷,有《絜斋集》
211	郑鉴△	字自明,福建连江县人。(1145—1182)	《全宋诗》49 册 30965 页始录诗一首
212	何澹	字自然,处州龙泉人。(1146—1219)	《全宋文》卷六三九七收文四六篇,《全宋诗》47 册 29094 页始录诗二五首,《全宋词》2019 页始录词五首,有《小山集》
213	高文虎	字炳如,四明人。	《全宋文》卷五四一一收文一二篇,《全宋诗》45 册 27694 页始录诗十二首,有《蓼花洲闲录》
214	费士寅	字戒父,成都府广都人。	《全宋文》卷六四三九收文一篇
215	周泊	字子及,临海人。(?—1185)	《全宋诗》47 册 29130 页始录诗一首
216	戴几先	常州无锡人。	《全宋文》卷四九二一收文二篇
217	陈邕	安和父,衡山人。	《全宋诗》50 册 31440 页始录诗三首
218	陈希点	字子与,处州青田人。	《全宋文》卷六三五八收文二篇
219	汤璹	字君宝,潭州浏阳人。	《全宋文》卷六六七六收文二篇
220	戴溪	字肖望,温州永嘉人。(?—1215)	《全宋文》卷六四三〇收文二五篇,《全宋诗》51 册 32082 页始录诗一首,有《岷隐文集》
221	陈岘	字寿南,温州平阳人。(1145—1212)	《全宋文》卷六三六四收文二篇,《全宋诗》50 册 31031 页始录诗九首
222	黄裳	字文叔,剑州普成人。(1146—1194)	《全宋文》卷六三九六收文一八篇,《全宋诗》50 册 31058 页始录诗三首,有《兼山集》
223	刘尧夫△	字醇叟,金溪人。(1146—1189)	《全宋诗》50 册 31058 页始录诗一首一句
224	汪逵	字季路,信州玉山人。	《全宋文》卷六四一二收文一篇
225	孟浩	南国之良。	《全宋文》卷六四三四收文一篇
226	邵康	字似之,婺州金华人。	《全宋文》卷六五九五收文三篇
227	雷孝友	字季仲,筠州新昌人。	《全宋文》卷六一六一收文七篇

序号	时间	事件	资料出处
228	叶适	字正则，温州永嘉人。(1150—1223)	《全宋文》卷六四六五收文五七三篇，《全宋诗》50 册 31199 页始录诗三卷，《全宋词》2123 页始录词一首，有《水心先生文集》
229	杨炳	字若晦，泉州晋江人。(1150—1230)	《全宋文》卷七三〇九收文三篇，《全宋诗》50 册 31051 页始录诗一句
230	刘俟△	字允叔，台州宁海人。(1152—1215)	《全宋文》卷六六一〇收文一篇，《全宋诗》56 册 35143 页始录诗一二首
231	颜棫△	字叔坚，泉州永春人。(1154—1206)	《全宋文》卷六五九五收文一篇，《全宋诗》51 册 31977 页始录诗四句
232	吴柔胜	字胜之，宣州宣城人。(1154—1224)	《全宋文》卷六五九八收文一篇，《全宋诗》51 册 31974 页始录诗五首
233	宣缯△	字宗禹，庆元府鄞县人。	《全宋文》卷六七七一收文三篇
234	李寅仲	字君亮，汉州雒县人。	《全宋文》卷六四一二收文三篇，《全宋诗》50 册 31171 页始录诗二首，《全宋词》2127 页始录词一首
235	庄夏	字子礼，泉州永春人。(1155—1223)	《全宋文》卷六五二一收文一二篇
236	易祓△	字彦章，潭州宁乡人。(1156—1240)	《全宋文》卷六四四三收文七篇，《全宋词》2273 页始录词三首，有《山斋集》
237	王介	字元石，婺州金华人。(1158—1213)	《全宋文》卷六六八二收文九篇，《全宋诗》51 册 32233 页始录诗一首
238	危稹	字逢吉，抚州临川人。(1158—1234)	《全宋文》卷六七六七收文六一篇，《全宋诗》51 册 32191 页始录诗一卷，《全宋词》2275 页始录词三首，有《巽斋集》
239	范之柔	字叔刚，苏州吴县人。	《全宋文》卷六三五四收文七篇
240	林瑑	字景良，福州福清人。(1159—1229)	《全宋文》卷六七〇〇收文一篇
241	曹叔远	字器远，温州瑞安人。(1159—1234)	《全宋文》卷六七〇四收文八篇，《全宋诗》53 册 32844 页始录诗二首
242	叶武子	字文之，邵武人。(？—1246)	《全宋文》卷七七五九收文三篇
243	郑昉△	衢州人。	《全宋文》卷六九四五收文一篇

续 表

序号	时间	事件	资料出处
244	徐侨	字崇甫，婺州义乌人。(1160—1237)	《全宋文》卷六七○四收文八篇,《全宋诗》52 册 32809 页始录诗一卷,有《咏文集》
245	李大同	字从仲，婺州东阳人。(1164—1250)	《全宋文》卷六七七三收文五篇,《全宋诗》53 册 33305 页始录诗三首
246	王居安△	字资道,台州黄岩人。(约 1167—1232)	《全宋文》卷六六七五收文九篇,《全宋诗》51 册 32212 页始录诗八首,《全宋词》2276 页始录词二首,有《方岩集》
247	叶味道	字知道,温州人。(1167—1237)	《全宋文》卷七六七八收文三篇
248	许应龙△	字恭甫,福州闽县人。(1169—1249)	《全宋文》卷六九一六收文五三四篇,《全宋诗》54 册 33769 页始录诗一卷,有《东涧集》
249	李道传	字贯之，隆州井研人。(1170—1217)	《全宋文》卷六九三七收文一一篇,《全宋诗》53 册 33986 页始录诗一首
250	徐鹿卿	字德夫,隆兴府丰城人。(1170—1249)	《全宋文》卷七六六七收文一二○篇,《全宋词》2315 页始录词一二首,有《鬼谷文集》
251	范钟	字仲和，婺州兰溪人。(1171—1248)	《全宋文》卷七三○七收文三篇
252	王益之	字行甫,婺州金华人。	《全宋文》卷六五九六收文三篇
253	留元刚	字茂潜,泉州永春人。	《全宋文》卷七二一二收文一五篇,《全宋诗》55 册 34457 页始录诗七首,《全宋词》2424 页始录词一首,有《云丽集》
254	周端朝△	字子静,永嘉人。(1172—1234)	《全宋文》卷六九七七收文四篇,《全宋诗》55 册 34196 页始录诗五首
255	柴中行	字与之，饶州余干人。(1175—1237)	《全宋文》卷六七一○收文九篇,《全宋诗》53 册 32831 页始录诗三首
256	陈武	字蓍叟,温州瑞安人。	《全宋文》卷六三五九收文七篇,《全宋诗》50 册 31178 页始录诗一首
257	杨宏中△	字充甫,福州人。	《全宋文》卷六九七七收文一篇
258	李宗勉	字强父,临安府富阳人。(？—1241)	《全宋文》卷六九四九收文一二篇,《全宋诗》56 册 35227 页始录诗一首
259	李琪	字孟开,平江府吴县人。	《全宋文》卷六六四六收文二篇,《全宋诗》53 册 33330 页始录诗二首

序号	时间	事件	资料出处
260	许沇	泸州泸川人。	《全宋文》卷六九四八收文二篇,《全宋诗》55 册 34458 页始录诗一首
261	金渊	字渊叔,临安府人。	《全宋文》卷七四二二收文一篇
262	姚珤	字贵叔,南剑州顺昌人。	《全宋文》卷七三一〇收文四篇
263	戴栩	字文子,永嘉人。	《全宋文》卷七〇三〇收文一〇九篇,《全宋诗》56 册 35096 页始录诗三卷,有《浣川集》
264	李刘	字公甫,抚州崇仁人。(1175—1245)	《全宋文》卷七二六五收文一一三〇篇,《全宋诗》56 册 35126 页始录诗一卷,《全宋词》2320 页始录词一一首,有《梅亭类稿》
265	葛洪	字容甫,婺州东阳人。(?—1235)	《全宋文》卷六六〇一收文五篇,《全宋诗》51 册 32016 页始录诗四首,有《蟠室老人文集》
266	孙杓	字居敬,东阳人。	《全宋诗》51 册 32211 页始录诗一首
267	林埛△	字宗鲁,福州人。	《全宋文》卷六九四八收文三篇
268	郑清之△	字德源,庆元府鄞县人。(1176—1251)	《全宋文》卷七〇三六收文二五篇,《全宋诗》55 册 34618 页始录诗九卷,《全宋词》2322 页始录词一首,有《安晚堂诗集》
269	李韶	字符善,吴县人。(1177—1251)	《全宋文》卷七三二四收文一六篇,《全宋诗》55 册 34809 页始录诗二首
270	吴炎△	字济之,兴化军莆田人。	《全宋文》卷六五五六三收文一篇
271	楼昉	字旸叔,庆元府鄞县人。	《全宋文》卷六七七二收文六篇
272	杨璘	字德翁,台州临海人。	《全宋文》卷七〇一五收文二篇
273	邵朴	字德纯,严州分水人。	《全宋文》卷六四一〇收文一篇
274	陈振	字震亨,福州人。	《全宋文》卷六七〇三收文二篇
275	魏了翁	字华父,邛州蒲江人。(1178—1237)	《全宋文》卷七〇五三收文一一一三篇,《全宋诗》56 册 34864 页始录诗一四卷,《全宋词》2366—2404 页始录词,有《鹤山先生大全文集》

续 表

序号	时间	事件	资料出处
276	真德秀	字景元，建州浦城人。(1178—1235)	《全宋文》卷七一三五收文一三六〇篇，《全宋诗》56 册 34833 页始录诗二卷，《全宋词》2423 页始录词一首，有《西山文集》
277	陈贵谊	字正甫，福州福清人。(1183—1234)	《全宋文》卷七四〇九收文八篇，《全宋诗》57 册 35656 页始录诗八首
278	陈振孙	字伯玉，湖州安吉人。(约 1183—约 1262)	《全宋文》卷七六七八收文六篇，《全宋诗》56 册 35249 页始录诗一首，有《直斋书录解题》
279	李冲	字道卿，侯官人。	《全宋文》卷六九一四收文一篇
280	叶应辅	字子仪，台州黄岩人。	《全宋文》卷七四七〇收文一篇
281	吕殊	字愚叔，婺州永康人。	《全宋文》卷七四一九收文四篇，《全宋诗》56 册 35092 页始录诗三首，有《敏斋稿》
282	叶㪩	直简而廉，得乎正大。	《全宋文》卷六九三八收文一篇
283	应㒦	字之道，庆元府昌国人。(？—1255)	《全宋文》卷七七〇九收文七篇
284	徐范△	字彝甫，福州侯官人。(约 1189—？)	《全宋文》卷六九四九收文二篇，《全宋诗》56 册 35084 页始录诗二首
285	游泽	字澄之，建宁府建安人。	《全宋文》卷六九一五收文一篇
286	张虑	字子宓，庆元府慈溪人。	《全宋文》卷六八七三收文一三篇
287	徐荣叟	字茂翁，浦城人。	《全宋文》卷七四二〇收文三篇，《全宋诗》57 册 35835 页始录诗五首，有《谏垣存稿》
288	何处恬△	字智夫，处州龙泉人。	《全宋文》卷七六八〇收文一篇
289	邓若水	字平仲，隆州井研人。	《全宋文》卷七六七八收文二篇
290	孙德之	字道子，婺州东阳人。(1191—1274)	《全宋文》卷七六九四收文六二篇，《太白山斋稿》
291	蔡杭	字仲节，建阳人。(1193—1259)	《全宋文》卷七七一一收文一二四篇
292	徐元杰	字仁伯，信州上饶人。(1194？—1245)	《全宋文》卷七七四四收文二六二篇，《全宋诗》60 册 37805 页始录诗一卷，《全宋词》2860 页始录词一首
293	郑士懿	字从之，宁德人。	《全宋文》卷七九八三收文二篇，《全宋诗》62 册 39271 页始录诗二首

序号	时间	事件	资料出处
294	章公权	字衡之，处州龙泉人。	《全宋文》卷八〇二七收文一篇，《全宋诗》63 册 39710 页始录诗一首
295	郑起潜△	字子升，平江府吴县人。	《全宋文》卷七四一一收文五六篇
296	陈埙	字和仲，庆元府鄞县人。（1197－1241）	《全宋文》卷七八六二收文一〇篇
297	江万里△	字子远，都昌人。（1198－1275）	《全宋文》卷七八七三收文一三篇，《全宋诗》61 册 38122 页始录诗一四首，《全宋词》2777 页始录词一首
298	方岳	字巨山，徽州祁门人。（1199－1262）	《全宋文》卷七八七九收文八六三篇，《全宋诗》61 册 38262 页始录诗三六卷，《全宋词》2834－2850 页始录词，有《秋崖集》
299	程元凤	字申甫，徽州人。（1199－1268）	《全宋文》卷七九一五收文三五篇，《讷斋文集》
300	朱熊孙	字兴甫，饶州浮梁人。（1258 年前后在世）	《全宋文》卷八一二三收文三篇
301	汤汉	字伯纪，饶州安仁人。（1202－1272）	《全宋文》卷七九二四收文二二篇，《全宋诗》62 册 38997 页始录诗十首，有《东涧集》
302	陈宗礼	字立之，建昌军南丰人。（1203－1271）	《全宋文》卷八〇八九收文一一篇，《全宋诗》62 册 39199 页始录诗十首，有《寄怀斐稿》
303	何梦然	字子是，婺州东阳人。	《全宋文》卷八一二三收文一篇
304	文及翁	字时学，绵州巴西人。	《全宋文》卷八二〇六收文一三篇，《全宋诗》66 册 41286 页始录诗六首，《全宋词》3138 页始录词二首
305	林经德	字伯大，福州福清人。	《全宋文》卷八〇二二收文一篇，《全宋诗》62 册 39126 页始录诗一首
306	朱埴	字圣陶，庐陵人。（1215－?）	《全宋文》卷八一二四收文二篇，《全宋词》3074 页始录词三首
307	杨栋	字元极，眉州青城人。	《全宋诗》61 册 38597 页始录诗四首
308	马廷鸾	字翔仲，饶州乐平人。（1222－1289）	《全宋文》卷八一七七收文四〇〇篇，《全宋诗》66 册 41237 页始录诗四卷，《全宋词》3141 页始录词五首

续　表

序号	时间	事件	资料出处
309	袁甫	字广微,庆元府鄞县人。(1216 年前后在世)	《全宋文》卷七四二四收文三八二篇,《全宋诗》57 册 35846 页始录诗二卷,有《蒙斋集》
310	李伯玉	字纯甫,饶州余干人。(?—1274)	《全宋文》卷七九八四收文六篇,《全宋诗》62 册 39261 页始录诗八首
311	常挺	字方叔,福州人。(?—1268)	《全宋文》卷七九九六收文二篇,《全宋诗》63 册 39367 页始录诗四首
312	翁合	字与可,崇安人。	《全宋文》卷七九九七收文六篇,《全宋诗》63 册 39406 页始录诗四首,《全宋词》2957 页始录词二首
313	张镇	字仲甫,福州长乐人。	《全宋文》卷七九五五收文二篇
314	洪芹	鄱阳人,洪适之曾孙。	《全宋文》卷七九八五收文四篇
315	叶梦鼎△	字镇之,台州宁海人。(?—1278)	《全宋文》卷七九三三收文一四篇,《全宋诗》65 册 40856 页始录诗六首
316	陈宜中△	字与权,永嘉人。	《全宋文》卷八一六〇收文六篇,《全宋诗》68 册 42798 页始录诗三首
317			
318	欧阳修	字永叔,庐陵人。(1007—1072)	《全宋文》卷六六三收文二四八四篇,《全宋诗》6 册 3582 页始录诗,《全宋词》120—165 页始录词,有《欧阳文忠公集》
319	郑獬	字毅夫,安州安陆人。(1022—1072)	《全宋文》卷一四五七收文六八七篇,《全宋诗》10 册 6817 页始录诗七卷,《全宋词》210 页始录词三首,有《郧溪集》
320	何群	字通夫,果州西充人。(1049 年前后在世)	《全宋文》卷一一一九收文一篇,《全宋诗》7 册 4909 页始录诗一首
321	王子韶	字圣美,太原人。	《全宋文》卷一六三二收文六篇
322	黄履	字安中,邵武人。(?—1101)	《全宋文》卷一七九〇收文五〇篇,《全宋诗》11 册 7482 页始录诗二一首
323	陈次升	字当时,兴化仙游人。(1044—1119)	《全宋文》卷二二四〇收文一三九篇
324	常安民	字希古,邛州人。(1049—1118)	《全宋文》卷二五六三收文十篇
325	洪中孚	字思诚,歙州休宁人。(1049—1131)	《全宋文》卷二五六三收文五篇

序号	时间	事件	资料出处
326	虞蕃	建州人。太学生虞蕃讼案。	《全宋文》卷二五二五收文一篇
327	陈师锡	字伯修,建州建阳人。(1057－1125)	《全宋文》卷二○三一收文一五篇
328	乔执中	字希圣,高邮人。	《全宋文》卷一七六五收文二篇
329	郑居中	字达夫,开封人。(1058－1122)	《全宋文》卷二七九一收文一三篇,《全宋诗》20 册 13542 页始录诗二首
330	吕荣义	字德修,泉州人。	《全宋文》卷三七六九收文一篇
331	侯彭老	字恩孺,长沙人。	《全宋文》卷三○五五收文二篇,《全宋词》899 页始录词一首
332	蔡蕠	字文饶,开封人。(1067－1124)	《全宋文》卷二九四七收文七篇,《全宋词》660 页始录词一首
333	张根	字知常,饶州德兴人。	《全宋文》卷二八六八收文一六篇
334	周行己	字恭叔,永嘉人。(1067－1125)	《全宋文》卷二九五○收文一一六篇
335	刘延世	字玉孟,新喻人。	《全宋诗》20 册 13446 页始录诗七首
336	刘安上	字元礼,温州永嘉人。(1069－1128)	《全宋文》卷二九六五收文一四八篇
337	孙	字叔静,钱塘人。	《全宋文》卷二八六九收文一篇
338	萧楚	字子荆,庐陵人。	《全宋文》卷二九一四收文一篇
339	蒋夔	字子庄,信州永丰人。	《全宋文》卷二一○八收文二篇
340	陈朝老	字廷臣,建州关隶人。(1077－1147)	《全宋文》卷二九一六收文二篇
341	聂昌	字贲远,江西临川人。(1078－1127)	《全宋文》卷三三二一收文五篇
342	程俱	字致道,衢州开化人。(1078－1144)	《全宋文》卷三三二四收文五五八篇
343	李光	字泰发,越州上虞人。(1078－1159)	《全宋文》卷三三○六收文二九二篇,《全宋词》785 页始录词一四首
344	刘一止	字行简,湖州归安人。(1078－1160)	《全宋文》卷三二六四收文五八七篇,《全宋词》792－800 页始录词
345	章谊	字宜叟,建州浦城人。(1078－1138)	《全宋文》卷三二八五收文九九篇

续 表

序号	时间	事件	资料出处
346	黄伯思	字长睿,邵武人。(1079－1118)	《全宋文》卷三三五六收文二二二篇,《东观文集》
347	王次翁	字庆曾,济南人。(1079－1149)	《全宋文》卷三三四六收文六篇
348	汪藻	字彦章,饶州德兴人。(1079－1154)	《全宋文》卷三三六三收文八一六篇,《全宋词》800页始录词四首
349	朱弁	字少章,徽州婺源人。(1085－1144)	《全宋文》卷三八○二收文二一篇
350	陈东	字少阳,镇江丹阳人。(1086－1127)	《全宋文》卷三八三二收文一三篇,《全宋诗》29册18746页始录诗一卷,《全宋词》981页始录词四首
351	李迨	东平人。(1086－1148)	《全宋文》卷四一九五收文四篇
352	胡宪	字原仲,建之崇安人。(1086－1162)	《全宋文》卷三八五三收文五篇
353	朱倬	字汉章,闽县人。(1086－1163)	《全宋文》卷三八三五收文二七篇
354	胡松年	字茂老,海州怀仁人。(1087－1146)	《全宋文》卷三八八○收文一二篇,《全宋词》983页始录词二首
355	王居正	字刚中,扬州人。(1087－1151)	《全宋文》卷三八八三收文二五篇
356	何元泰	陈东同舍生。	《全宋诗》29册18751页始录诗一首
357	刘才邵	字美中,吉州庐陵人。	《全宋文》卷三八三八收文四八四篇,《全宋词》3875页始录词一首,有《樉溪居士集》
358	萧振	字德起,温州平阳人。	《全宋文》卷三八三一收文一一篇
359	吴敏	字元中,真州人。(1089－1132)	《全宋文》卷三九七三收文一五篇,《全宋诗》30册19218页始录诗四首
360	李弥逊	字似之,苏州吴县人。(1089－1153)	《全宋文》卷三九四四收文三五八,《全宋诗》30册19228页始录诗一○卷,《全宋词》1047－1061页始录词,有《筠溪集》
361	邓肃	字志宏,南剑沙县人。(1091－1132)	《全宋文》卷四○一四收文九六篇,《全宋诗》31册19675页始录诗一○卷,《全宋词》1104－1110页始录词,有《栟榈集》

序号	时间	事件	资料出处
362	徐兢	字明叔，建州瓯宁人。(1091—1153)	《全宋诗》31册19672页始录诗二首
363	陈桷	字季壬，温州平阳人。(1091—1154)	《全宋诗》31册19673页始录诗二首
364	张阐	字大猷，永嘉人。(1092—1165)	《全宋文》卷四〇〇八收文八篇
365	王之道	字彦猷，无为军无为县人。(1093—1169)	《全宋文》卷四〇五七收文一四三篇，《全宋诗》32册20127页始录诗一五卷，《全宋词》1136—1165页始录词，有《相山集》
366	金安节	字彦亨，歙州休宁人。(1094—1170)	《全宋文》卷四〇七〇收文五七篇
367	张嵲	字巨山，襄阳人。(1096—1148)	《全宋文》卷四〇九七收文七二二篇，《全宋诗》32册20446页始录诗一〇卷，有《紫微集》
368	陈康伯	字长卿，信之弋阳人。(1097—1165)	《全宋文》卷四一四二收文四二篇，《全宋诗》33册20806页始录诗四首，《全宋词》1172页始录词二首，有《葛溪集》
369	朱翌	字新仲，舒州怀宁人。(1097—1167)	《全宋文》卷四一四九收文一四篇，《全宋诗》33册20809页始录诗四卷，《全宋词》1171页始录词三首，有《灊山文集》
370	张浚	字德远，汉州绵竹人。(1097—1164)	《全宋文》卷四一二一收文三五〇篇，《全宋诗》33册20803页始录诗一一首
371	范宗尹	字觉民，襄阳邓城人。(1098—1136)	《全宋文》卷四二五一收文一四篇，《全宋诗》33册20921页始录诗六首
372	胡寅	字明仲，建州崇安人。(1098—1156)	《全宋文》卷四一五三收文六一〇篇，《全宋诗》33册20924页始录诗五卷，《全宋词》1240页始录词一首，有《斐然集》
373	张运	字南仲，信之贵溪人。	《全宋文》卷四一三八收文十篇
374	胡闳休	字良（左弜右攵），开封人。	《全宋文》卷四一九九收文一篇
375	高登	字彦先，漳浦人。(？—1148)	《全宋文》卷三九五九收文四八篇，《全宋诗》31册20095页始录诗一卷，《全宋词》1293页始录词一二首
376	郭印	字信可，成都人。	《全宋文》卷三一三四收文四篇，《全宋诗》29册18620页始录诗一二卷，有《云溪集》

续 表

序号	时间	事件	资料出处
377	徐揆	字宅卿，衢州信安人。	《全宋文》卷四一四〇收文一篇
378	沈长卿	字文伯，湖州归安人。（？—1160）	《全宋文》卷四一九七收文三篇，《全宋诗》33 册 21271 页始录诗三首
379	施宜生	字明望，邵武人。（？—1160）	《全宋诗》33 册 21272 页始录诗一六首
380	杨海	蜀人。	《全宋文》卷三八七九收文一篇
381	丁特起	靖康元年（1126）为太学生。	《全宋文》卷四〇九六收文一篇，《靖康纪闻》
382	汪若海	字东叟，歙人。（1101—1161）	《全宋文》卷四二七〇收文七篇
383	朱梦说	字肖隐，严州桐庐人。	《全宋文》卷三八一五收文二篇
384	蔡延世	字永叔，建昌军南城人。	《全宋文》卷三九一四收文一篇
385	吴芾	字明可，浙江台州府人。（1104—1183）	《全宋文》卷四三五〇收文二五篇，《全宋诗》35 册 21833 页始录诗一〇卷，《全宋词》1247 页始录词一首，有《湖山集》
386	王十朋	字龟龄，温州乐清人。（1112—1171）	《全宋文》卷四六一四收文五七九篇，《全宋词》1350 页始录词二一首
387	葛立方	字常之，江阴人。（？—1164）	《全宋文》卷四四三四收文一七九篇，《全宋诗》34 册 21789 页始录诗六卷，《全宋词》1340—1348 页始录词，有《归愚集》
388	施师点	字圣与，上饶人。（1124—1192）	《全宋文》卷四九二一收文七篇
389	尤袤	字延之，常州无锡人。（1127—1194）	《全宋文》卷四九九九收文五九篇，《全宋诗》43 册 26850 页始录诗一卷，《全宋词》1632 页始录词二首，有《梁溪遗稿》
390	王厚之	字顺伯，临川人。（1131—1204）	《全宋诗》45 册 27717 页始录诗一首
391	林大中	字和叔，婺州永康人。（1131—1208）	《全宋文》卷五四二一收文一八篇，《全宋诗》45 册 27721 页始录诗一首
392	王信	字诚之，处州丽水人。（？—1194）	《全宋文》卷六〇六五收文一九篇，《全宋诗》47 册 29562 页始录诗五首
393	冯康国	字符通，遂宁府人。	《全宋文》卷三八二八收文四篇
394	周梦若	常州武进人。	《全宋文》卷五四二三收文三篇

续　表

序号	时间	事件	资料出处
395	张观	隆兴时太学生。	《全宋文》卷六二六〇收文一篇
396	乔矗	绍熙时太学生。	《全宋文》卷六九三八收文一篇
397	黄矞	字元章,临安余杭人。	《全宋文》卷六一五七收文九篇
398	舒璘	字元质,奉化人。(1136—1199)	《全宋文》卷五八四七收文一一六篇
399	应孟明	字仲实,婺州永康人。(1138—1219)	《全宋文》卷五七七三收文六篇
400	巩丰	字仲至,婺州武义人。(1148—1217)	《全宋文》卷六四一〇收文三篇,《全宋诗》50 册 31146 页始录诗一卷,有《东平集》
401	钱文子	字文季,温州乐清人。(1148—1220)	《全宋文》卷六八八八收文六篇,《全宋诗》53 册 32976 页始录诗三首
402	孙应时	字季和,绍兴府余姚人。(1154—1206)	《全宋文》卷六五八二收文三四八篇,《全宋诗》51 册 31696 页始录诗七卷,有《烛湖集》
403	章斯才	处州丽水人。	《全宋文》卷六五六五收文一篇,《全宋词》2274 页始录词二首
404	商飞卿	字羿仲,台州临海人。	《全宋文》卷六七〇六收文二篇
405	黄灏	字商伯,南康都昌人。	《全宋文》卷五七二〇收文二篇
406	余古	钱塘人。	《全宋文》卷六五二二收文一篇
407	钱厚	字德载,临安人。	《全宋文》卷六六四八收文一篇,《全宋诗》53 册 33448 页始录诗六首,有《竹岩拾稿》
408	敖陶孙	字器之,福州人。(1154—1227)	《全宋文》卷六五九八收文一篇,《全宋诗》51 册 31873 页始录诗五卷
409	崔与之	字正之,广州人。(1158—1239)	《全宋文》卷六六七八收文七六篇,《全宋诗》51 册 32241 页始录诗一卷,《全宋词》2203 页始录词二首
410	华岳	字子西,池州贵池人。(?—1221)	《全宋文》卷六九八〇收文一四篇,《全宋诗》55 册 34360 页始录诗一〇卷
411	张方	字义立,资州资阳人。	《全宋文》卷六九一二收文六篇,《全宋诗》54 册 33801 页始录诗三首,有《亨泉遗稿》
412	李方子	字公晦,昭武人。	《全宋文》卷六七〇二收文五篇,《全宋诗》57 册 35838 页始录诗一首
413	唐璘	字伯玉,古田人。	《全宋文》卷七六六一收文三篇

续 表

序号	时间	事件	资料出处
414	史弥巩	字南叔,鄞人。(1170—1249)	《全宋文》卷六九四○收文一篇,《全宋诗》54 册 33989 页始录诗一首,《全宋词》2315 页始录词一首
415	池元坚	宝祐间太学生。	《全宋文》卷八二五二收文一篇
416	林自养	理宗时太学生。	《全宋文》卷八二四九收文一篇
417	郑霖	字景说,台州宁海人。(1180—1251)	《全宋文》卷七八六五收文九四篇,《全宋诗》61 册 38593 页始录诗八首,有《雪岩集》
418	罗大经	字景纶,庐陵人。(1196—1252 后)	《全宋文》卷七九六五收文七篇,《全宋诗》60 册 37920 页始录诗一六首
419	刘黻	字声伯,乐清人。(1217—1276)	《全宋文》卷八一五七收文二五篇,《全宋诗》65 册 40678 页始录诗三卷
420	黄镛	字器之,莆田人。(1230—1300)	《全宋文》卷八二四六收文五篇
421	林居雅	号四川,金乡艾阳人。	《全宋文》卷八○二二收文一篇
422	朱应元	字见则,湖州安吉人。	《全宋文》卷八一二三收文一篇
423	姜文龙	处州丽水人。	《全宋文》卷七九三四收文一篇
424	高斯得	字不妄,蒲江人。(1241 年前后在世)	《全宋文》卷七九四五收文一一二篇,《全宋诗》61 册 38542 页始录诗三卷,有《耻堂存稿》
425	周直方	字敬伯,吉州吉水人。	《全宋文》卷六九八三收文三篇
426	赵景纬	字德父,临安府于潜人。	《全宋文》卷八○二四收文八篇
427	黄恺伯	温州瑞安人。	《全宋文》卷八一六六收文一篇
428	程九万	字鹏飞,池州青阳人。	《全宋文》卷六三六二收文一篇,《全宋诗》53 册 32836 页始录诗九首
429	常楘	字长孺,临邛人。(?—1282)	《全宋文》卷八二四七收文三篇,《全宋诗》66 册 41208 页始录诗一首
430	吴绮	景定中太学生。	《全宋文》卷八三二七收文二篇
431	沈震孙	鄞县人。	《全宋文》卷七四六七收文一篇
432	赵希逢	太祖九世孙。	《全宋诗》62 册 38921 页始录诗一卷
433	潘凯	字南夫,温州永嘉人。	《全宋文》卷七九三四收文一篇

序号	时间	事件	资料出处
434	赵文	字仪可,庐陵人。(1239－1315)	《全宋诗》68 册 43234 页始录诗二卷,《全宋词》3321－3328 页始录词,有《清山集》
435	戴表元	字帅初,奉化人。(1244－1310)	《全宋诗》69 册 43636 页始录诗四卷,有《剡源先生文集》

第七章　太学经历与文人影响论例
——周邦彦与太学考论

　　翻开一代大词人周邦彦的政治履历,其沉浮于宦途凡三十余年,历知溧水县、河中府、隆德府、顺昌府等职,尤以提举大晟府为世所重。然其漫长仕途的开始源自一个特殊的机构——太学。周邦彦并非科举出身,而是以太学生身份出任太学正一职而步入仕途。他也并非依照任职的正常步骤升迁,而是宋神宗将他从外舍生直接擢为太学正。不论是生活经历还是诗词文创作,太学阶段都是周邦彦一生中的重要时期。从太学生、太学正到国子监主簿,度过其人生十年。肖鹏就这样评论周邦彦,“说他是大晟词人,他地下有知,一定会争辩说他应当是太守词人,至少也是太学生词人、京飘词人”①。他既是“太学生词人”,又是太学生诗人、文人。他在太学的履历、生活及文学创作引起了我们的研究兴趣。

第一节　周邦彦太学履历考

　　青年时期的周邦彦从故乡钱塘赴京师,考中太学生,因向神宗献《汴都赋》而擢为太学正,离职赴任庐州教授,约十年后的绍圣四年(1097)被召还朝任国子监主簿,至元符元年(1098)六月改官秘书省正字。这些太

---

① 肖鹏:《宋词通史》,凤凰出版社 2013 年版,第 405 页。

学履历向来毋庸置疑，为学者所认可。但因史料阙载，具体何年考入太学则有争议，此处试作考论。

　　关于周邦彦何时入都为太学生，现有元丰二年（1079）和元丰五年（1082）两种说法。前者以王国维为代表，其《清真先生遗事》谓："宋太学生额，熙宁初九百人，后稍增至千人。至元丰二年诏增太学生舍为八十斋，斋三十人，外舍生二千人，内舍生三百人，上舍生百人（《宋史·选举志》）。先生入都为太学生，当在此时。"①王国维认为周邦彦是在元丰二年太学扩张后考中太学生，这种观点在长时期内得到研究者的认同。直至 2008 年出版《周邦彦别传周邦彦生平事迹证稿》一书中，薛瑞生力证周邦彦为太学生应在元丰五年。其文依据《宋史》、《续资治通鉴长编》等史料中的明确记载，得出如下结论："现各集载之甚明，知元丰二年八月二十二日始命宋用臣修展太学，十二月始建成八十斋，颁《学令》，生员实扩至二千四百人自当在元丰三年（1080）以后，谓邦彦于元丰二年即入太学岂非无据？"②这个结论驳倒了元丰二年太学扩张后入学的可能性。著者考辨认为，周邦彦入学亦不在元丰三、四年。考虑到元丰七年（1084）才由外舍生任太学正，"若邦彦于元丰三、四年间入太学，又屡试而不中式升舍，恐亦早被学制所'去其籍'，'屏出学校'，令'出之'，何能让其在外舍直呆到元丰七年耶"③？继而，作者将入学时间考为元丰五年三月。"据此，知邦彦入京师当在元丰元年（1078）冬，而入太学却当在元丰五、六年间。上引方勺《泊宅编》，谓元丰六年（1083）太学入学在七月，然元丰六年五六月间，邦彦即在太学写《薛侯马并序》，准此，则知邦彦入太学必在元丰五年无疑。又据周密《癸辛杂识》所载，每遇省试之年，太学试在二月下旬；而元丰五年刚好是省试之年，由此即可断定邦彦入太学必在元丰五年三月无疑。"④

---

①　（宋）周邦彦：《周邦彦集》，江西人民出版社 1983 年版，第 185—186 页。

②　薛瑞生：《周邦彦别传邦彦生平事迹证稿》，三秦出版社 2008 年版，第 71 页。

③　薛瑞生：《周邦彦别传邦彦生平事迹证稿》，三秦出版社 2008 年版，第 73 页。

④　薛瑞生：《周邦彦别传周邦彦生平事迹证稿》，三秦出版社 2008 年版，第 74 页。

　　周邦彦于元丰二年太学扩张后入学，薛文已将其考辨为伪，那么，太学扩张招生前的元丰二年，周邦彦有没有可能入学？是年八月二十二日至十二月间修展太学，则正月至八月这段时期呢？这就要看当年的太学入学考试安排在几月份。依据薛文所引《癸辛杂识》记载，"每遇省试之年，太学试在二月下旬"，元丰二年正好亦是省试年，二月就有太学考试。下诏扩建太学远在八月，则二月的考试肯定是如常进行的。周邦彦入太学可能是参加这次考试，或是与堂兄弟周邦式一起赴京。王国维《清真先生遗事》载有周邦式事迹："《咸淳志人物》尚有周邦式，字南伯，著名钱塘，中元丰二年进士，官至提点江东刑狱，知宿州、滑州，皆不赴，提举南京鸿庆宫。十二年，起知处州，不行。积官中大夫。其传即在先生传后，盖先生兄弟行。"①周邦式是邦彦兄弟行，但并非亲兄弟。在揭开周氏家世无考之谜的《周邦彦家世发覆》一文中，刘永翔引吕陶《周居士墓志》论及周原之子，"男曰邦直、镇、邦彦。镇早世"②。则邦彦与周邦式为堂兄弟。已知，周邦式于元丰二年中进士。依据薛文考辨，邦彦无法参加元丰二年的科举考试，因为元丰元年的解试正值邦彦丁父忧期间。但周邦式可以参加。他通过了解试，并将赴京师省试（其时邦彦服丧已满二十七个月）。周邦式能够在元丰二年即邦彦二十四岁时考中进士，依唐宋时期"三十老明经，五十少进士"的形势来看，或比邦彦年长。在邦彦服丧期满后，他跟随周邦式赴京闯荡，一路结伴而行，至京师则一为省试，一补太学。

　　另外，刘扬忠《周邦彦传论》一书云："年方 24 岁的周邦彦正好赶上这个'扩大招生'的机会，他以州县考试的良好成绩，被选拔为太学生。"③作者认为邦彦通过州学升贡的形式进入太学，亦可商榷。州学升贡法虽肇自熙宁年间，但"其正式实施，是在哲宗元符二年"④。且据《宋史》记载，周氏少时"不为州里推重"。故邦彦应是赴京参加太学考试而入学。具体

---

①　（宋）周邦彦：《周邦彦集》，江西人民出版社 1983 年版，第 184 页。

②　刘永翔：《周邦彦家世发覆》，《华东师范大学学报》1996 年第 3 期，第 10 页。

③　刘扬忠：《周邦彦传论》，陕西人民出版社 1991 年版，第 8 页。

④　朱重圣：《宋代太学之组织及其取士》，《宋史研究集》第 18 辑，第 33 页。

时间,史料记载仅言其"元丰初,游京师","初"字偏向元丰二年二月。

上引薛文言,邦彦为外舍生,屡试均未升舍,若自元丰三、四年入学,"恐亦早被学制所'去其籍','屏出学校',令'出之'",如何能够在外舍一直待到元丰七年?"去其籍"与令"出之"事,薛文曰:"《宋史·选举三》亦明载:国子监制,'凡入学授业,月旦即亲书到历。如遇私故或疾告、归宁,皆给假,违程及期月不来参者,去其籍。'四门学制,'不中式者仍听读,若三试不中,则出之。'"①"屏出学校"事,文引"勺元丰六年秋七月入学,年尚幼,见司业朱行中服奉行新规甚峻,生员犯不检,许人告,赏钱三百贯,同保皆连坐,屏出学校"②。此处所引诸种"去籍"情形,涉及请假违程、犯不检等事,实与邦彦是否被削籍无关。其中"三试不中,则出之"句,亦为庆历初四门学制之规定,与元丰时期三舍法无关。考元丰二年所出《学令》,外舍生升补内舍生的途径是"公试,外舍生入第一、第二等,参以所书行艺,预藉者升内舍"③。公试即外舍升内舍的考试,每年举行一次。能够考入第一、二等的比例,究竟有多低,"京师旧法太学生外舍两千人校定百人"④,即每年只有百分之五的外舍生具有升补内舍的资格。这样算来,"三试不中"的外舍生就太多了,只有年复一年地竞争考试。因竞争太过激烈,许多外舍生入太学多年仍难以升舍,几至垂垂老矣,朝廷有时会下诏特予照顾。如宋孝宗淳熙十三年(1186)曾下诏:"太学外舍生应诜等十一人,年七十以上,并依庆寿赦,特与补迪功郎。"⑤

周邦彦因献《汴都赋》被擢为太学正,是在元丰七年(1084)三月。但何时献赋,有元丰六年七月(王国维说)和元丰七年三月(薛瑞生说)两说。何时从太学正离职而赴庐州教授,有元祐二年(1087)春(王国维《清真先生遗事》)、元祐三年(1088)(薛瑞生、孙虹《清真事迹新证》)、元祐四年

①　薛瑞生:《周邦彦别传周邦彦生平事迹证稿》,三秦出版社2008年版,第72页。
②　薛瑞生:《周邦彦别传周邦彦生平事迹证稿》,三秦出版社2008年版,第73页。
③　(宋)李焘:《续资治通鉴长编》卷三〇一,中华书局1992年版,第7328页。
④　(宋)李心传:《建炎以来朝野杂记》乙集卷一五《太学生校定新制》,中华书局2000年版,第778页。
⑤　苗书梅等点校:《宋会要辑稿·崇儒》,河南大学出版社2001年版,第45页。

(1089)(陈思《清真居士年谱》)三说。现存周邦彦《重进〈汴都赋〉表》有曰
"其元丰元年七月所进《汴都赋》",王国维考证"元"字乃"六"字之误,今从
王说。离任太学正时间,元祐二年、三年的可能性大。

总体而论,周邦彦在元丰元年服丧期满后即赴京都,参加二年举行的
太学考试,成为太学外舍生,至六年七月献《汴都赋》,七年三月召为太学
正,元祐二、三年间离任太学正。绍圣四年(1097)任国子监主簿,元符元
年(1098)六月改秘书省正字。

第二节　周邦彦太学生活考

元丰二年至元祐二、三年间,周邦彦的太学生活如何度过,因史料阙
载,我们只能从零星材料中抽绎细检,以窥其一斑。

首先,周邦彦身处太学的时期,正是北宋太学演变史上特殊的历史阶
段,这也让邦彦的太学经历特别难忘。元丰年间是北宋第二次兴学运
动——熙丰兴学的重要时期。太学教育进一步发展,制度设置更为繁密,
学生人数规模空前,前景形势大好。但同时出现了一些负面事件,其造成
的不良后果,需要周邦彦等太学生共同承受。著名的"元丰太学狱"事件
就是其一。元丰元年十二月,建州进士虞蕃上书讼太学学官考试不公、徇
私舞弊,讲课态度消极、效率低缓,朝廷先后令开封府、御史台追究处理。
因此案牵扯众多,自元丰二年七月始,五个月后方才惩罚完毕。七年后的
元祐元年(1086),刘挚忆及此案仍历历在目:"上自朝廷侍从,下及州县举
子,远至闽、吴,皆被追逮,根株证佐,无虑数百千人。无罪之人,例遭棰
楚,号呼之声,外皆股栗。臣闻论者谓近年惨辱冤滥,无如此狱。"(《论太
学狱奏》)①"元丰太学狱"在太学内部掀起了一场地震。此案过后,"比以
太学屡起狱讼,有司缘此造为法禁,烦苛愈于治狱,条目多于防盗,上下疑

---

① 　(宋)刘挚撰,裴汝诚、陈晓平点校:《忠肃集》卷七,中华书局 2002 年版,第 90 页。

贰,以求苟免。甚可怪者,博士、诸生禁不相见,教谕无所施,质问无所从,月巡所隶之斋而已。斋舍既不一,随经分隶,则又《易》博士兼巡《礼》斋,《诗》博士兼巡《书》斋,所至备礼请问,相与揖诺,亦或不交一言而退,以防私请,以杜贿赂"①。师生禁不相见、不交一言而退的怪现象,就是太学内部的周邦彦在长时期内面对的现实情况。这种带有政治压迫的由上而下的管理制度,给周邦彦及身处的太学带来诸多不便和弊端。

邦彦做外舍生时,太学生活条件非常艰苦。太学扩至八十斋,每斋三十人,容太学生二千四百人。当时太学生的居住情形是,"每斋五间,容三十人,极甚迫窄,至两人共卧一榻,暑月难处,遂更互请假外出。学者失所如此"(程颐《论改学制事目》)②。"旧来常是二人或者三人共一榻,不惟暑月难处,兼亵渎之甚。"(程颐《回礼部取问状》)③这样拥挤逼窄的居住条件,正是周邦彦所亲身经历的。邦彦文《足轩记》有"太学斋率容三十人"语,与当时实际情形相吻合。从《足轩记》可知,迫于居住条件太过窄挤,无奈之下,周邦彦与诸生集资买地,在斋后空隙之处,新建讲肆游冶之堂。邦彦为其命名为"足轩",并作《足轩记》。这是邦彦在太学期间发生的重要事件。《足轩记》云:"太学斋容三十人,几席鳞比,讽诵之声相续。于是各□□斋后之隙地,哀众财,构小轩,为讲肆游□□□□□□□觌德堂之后,……"④惜字有阙,但尚可见其大意,"几席鳞比"形象描绘了床榻拥挤不堪之情状。

其次,在现实的压迫和困难境遇面前,周邦彦不忘苦中作乐,追求精神愉悦。太学所处的自然环境应是不错,"足轩"构筑完工,周邦彦亦心情大好,不论薄荷青萍、榆柳杂花,上下群雁、蜂蝶虫鱼,在其心中皆有风情。《足轩记》叙其眼中景:"孤屿圮岸,幽藻随波,寒芦怀风,群雁上下。""轩之左右皆凿地为池,植蒲荷,泛清萍,取小鱼置其中。□外有榆有柳,轩之两

---

① (宋)刘挚撰,裴汝诚、陈晓平点校:《忠肃集》卷七,中华书局2002年版,第89页。
② (宋)程颐,程颢:《二程集》,中华书局1981年版,第563页。
③ (宋)程颐,程颢:《二程集》,中华书局1981年版,第448页。
④ (宋)周邦彦:《周邦彦集》,江西人民出版社1983年版,第151页。

傍,各有杂花数十本。观其露重而荷翻,萍密而鱼跳,土薄而笋见,草疏而
虫跃。孤花自媚,乍开乍东,蜂吟蝶停,并干而绕幽丛。"①凡此种种,对于
邦彦来说"蕞然有可喜者"。这时不必再在"几席鳞比"的斋舍中朗朗讽
诵,"众友环坐于轩,或议而争,或笑而哗,或相视而默,起观池鱼之游泳,
坐指花实之荣谢。既已,复执卷以沉思,以是终日。虽景象至微,而意态
自足"②。这是周邦彦在太学内部生活的真实重现。

太学的生活条件并不尽如人意,而放眼太学之外,此时期的汴京都
城,举目皆是青楼画阁,雕车宝马,"金翠耀目,罗绮飘香。新声巧笑于柳
陌花衢,按管调弦于茶坊酒肆"③。京城景象之繁华刺激了邦彦之视听。
史载邦彦"疏隽少检","性落魄不羁",与京城歌妓的来往必然不少。甚至
因此引发一段太学生周邦彦与名妓李师师的千古公案:

南宋张贵义《端耳集》记载:

> 道君幸李师师家,偶周邦彦先在焉。知道君至,遂匿于床下。道
> 君自携新橙一颗,云:"江南初进来",遂与师师谑语。邦彦悉闻之,隐
> 括成《少年游》云:"并刀如水,吴盐胜雪。纤手破新橙"。后云"城上
> 已三更,马滑霜浓,不如休去,直是少人行"。李师师因歌此词,道君
> 问谁作,李师师奏云:"周邦彦词。"道君大怒。④

宋末周密《浩然斋雅谈》载录:

> 宣和中,李师师以能歌舞称,时周邦彦为太学生,每游其家。一
> 夕,值祐陵临幸,仓猝隐去。既而,赋小词,所谓"并刀如水,吴盐胜
> 雪"者,盖纪此夕事也。未几,李被宣唤,遂歌于上前,问谁所为,则以
> 邦彦对。于是遂与解褐,自此通显。⑤

---

① (宋)周邦彦:《周邦彦集》,江西人民出版社1983年版,第152页。
② (宋)周邦彦:《周邦彦集》,江西人民出版社1983年版,第152页。
③ (宋)孟元老:《东京梦华录》,中华书局1985年版,第1页。
④ (宋)周邦彦:《周邦彦集》,江西人民出版社1983年版,第164页。
⑤ (宋)周邦彦:《周邦彦集》,江西人民出版社1983年版,第166页。

二书均为宋人所著,记载却颇异,然其言已被王国维《清真先生遗事》证伪。此处迻录,旨在说明邦彦与京城歌妓不仅多有往来,且留下诸多绮靡香艳之词,在当时就有不小影响,以至于南宋人已将其与李师师之间附会出故事,并被后人传颂数百年。可见,留恋于柳陌花衢,新声巧笑而赋曲作送,也是身处太学的周邦彦生活中的一部分。

再次,周邦彦太学学习与新党的关系,也是我们重点考察内容。最初赴京入学,学习目的明确,一是获取具有较高比例的太学解额,再赴科举考;二是在太学三舍法制度下,通过舍选途径入仕。但如前文所引,太学内部考试的竞争非常激烈,由外舍补内舍再升上舍,有一套严密的考核和升级制度。"月一私试,岁一公试,补内舍生;间岁一舍试,补上舍生,弥封、誊录如贡举法;而上舍试则学官不预考校。公试,外舍生入第一、第二等,升内舍;内舍生试入优、平二等,升上舍:皆参考所书行艺乃升。上舍分三等。"①这是元丰二年所颁《学令》,正是邦彦处外舍生时一直实行的考选制度。在这样的制度下,他要通过舍选而释褐授官就显得特别艰难。

元丰时期,王安石新党派的变法运动触及社会的各个层面和角落,影响遍及朝野内外,其中就包括太学。前人对于周邦彦与新党的关系颇有争议,或言他与新旧两党均无依附,或言他支持新党,是新党的一分子。撇开邦彦数十年宦海沉浮与党争的关系,若将视线拉回太学内部,我们发现,这一时期的周邦彦与新党有一定关联。这主要体现在:第一,太学学官多新党人物,他们实际掌握着太学内部的一切事务。元丰二年五月,张璪判国子监;三年二月,李定判国子监,张璪管勾国子监;三年八月,蔡卞管勾国子监;五年五月,蔡卞兼权国子司业……这些新党中坚人物身在太学最高层,其新党作风、行事政策势必影响太学内部。第二,太学学习课程及考核录取皆是新学内容。早在熙宁八年(1075),王安石主持完成的《三经新义》就被颁赐太学,成为学官讲授、太学生研读的必备教科书。无论太学私试、公试还是舍试,甚至太学之外的科举考试,《三经新义》及《字

---

① (元)脱脱:《宋史》卷一五七,中华书局 1977 年版,第 3657 页。

说》都是升选和录取的重要依据。元丰时期亦是如此。太学诸生若不在王氏新学上下功夫，就难有出路。从太学学官、学习课程、考核标准等因素来看，周邦彦处太学生数年间，所接受基本上是新党教育。第三，邦彦个人对于新党的变法政策及其实效，是比较拥护的，这集中体现于献《汴都赋》事件。他在元丰六年七月献赋，这时新法已轰轰烈烈开展多年，成效已显。献赋之动机，是为了赞颂"神宗皇帝，盛德大业，卓高古初"。神宗帝支持下的王安石变法运动，"积害悉平，百废具举，朝廷郊庙，罔不崇饰。仓廪府库，罔不充牣。经术学校，罔不兴作。礼乐制度，罔不厘正。攘狄斥地，罔不留行"（《重进〈汴都赋〉表》）①。第四，周邦彦在献赋后任职太学正期间，与旧党人物无交游之记载。王国维《清真先生遗事》曰："先生交游殊不易考，其见于遗诗者只有蔡天启、贺公叔。"②今查其遗诗还有游酢。蔡天启即蔡肇，初为王安石弟子，史载其元祐中为太学正，周邦彦《天赐白》诗并序言"蔡天启得其事于西人，邀余同赋"，疑其时邦彦与蔡肇皆任太学正。邦彦晚年时作有《游定夫见过晡饭，既去，烛下目昏，不能阅书，感而赋之》一诗，游定夫即游酢，于元祐元年任太学录、博士，此时邦彦亦在太学正任上，两人初交游当在太学。旧党人物特别是苏门弟子，元祐元年晁补之任太学正，元年张耒任太学录，元年陈师道任太学博士。苏门重要人物与周邦彦的交游记载令人关注，惜今存周文集中无有涉及。

第三节　周邦彦太学文学论

青年周邦彦在太学时期创作了一系列的诗词文作品，这些作品不仅不能因"青年"、"太学"而等闲视之，而且在邦彦以后的文学创作乃至人生命运中都起着重要作用。研究者将周邦彦视为风流自命的婉约派大词人，"词人之甲乙"自是定论，然近人亦对其诗文创作及由此形成的邦彦新

① （宋）周邦彦：《周邦彦集》，江西人民出版社 1983 年版，第 141 页。
② （宋）周邦彦：《周邦彦集》，江西人民出版社 1983 年版，第 186 页。

形象有了更多关注。宋人陈郁对此早有议论："二百年来以乐府独步,贵人学士、市侩妓女,知美成词为可爱,而能知美成为如何人者,百无一二也。"并举邦彦文以佐证其言,"盖公少为太学内舍(笔者注:外舍)选,年未三十,作《汴都赋》,铺张扬厉,凡七千言。奏之,天子命近臣读于迩英阁,遂由诸生擢太学正,声名一日震耀海内。神宗上宾,哲宗置之文馆,徽宗列之郎曹,皆自文章而得"。再论邦彦诗,"至于诗歌,自经史中流出,当时以诗名家如晁(补之)、张(耒),皆自叹以为不及。姑以一二篇言之,如《薛侯马》云(略),如《天赐白》云(略),若此凡数百篇,岂区区学晚唐者可及邪"(《藏一话腴》)①? 值得注意的是,陈郁在此所举诗文《汴都赋》、《薛侯马》、《天赐白》,皆是其中经典作品,亦均为周邦彦太学时所作。

《汴都赋》一文,对于周邦彦一生命运影响甚大。由于太学升舍试的竞争异常激烈,邦彦在入学五年后仍是一外舍生,补内舍升上舍再释褐实是遥遥无期。却因元丰六年七月向神宗献《汴都赋》,一举擢为太学正,正式进入仕途,并在哲宗朝重进《汴都赋》而改官、徽宗朝亦受礼遇,"以一赋而得三朝之眷"。此赋亦受到后人重视,朱熹就曾与弟子谈论时提及,曰:"神宗修汴城成,甚喜,曰:'前代有所作时,皆有赋。'周美成闻之,遂撰《汴都赋》进。"②然有学者指出,汴城修成时间与元丰六年尚相差数年。事实如此,则邦彦献赋应别有原因。在其《汴都赋》序言和《重进〈汴都赋〉表》中,邦彦自言献赋之缘由,"伊彼三国,割据方隅,区区之霸,言余事乏,而三都之赋,磊落可骇,人到于今称之。矧皇居天府,而有遗美,可不愧哉! 谨拜手稽首献赋曰:……"(《汴都赋》)③古有《三都赋》,今却无《汴都赋》,"可不愧哉","窃惟汉晋以来,才十辈出,咸有颂述,为国光华。……未闻承学之臣,有所歌咏,于今无传,视古为愧。臣于斯时,自惟徒费学公廪,无益治世万分之一。不揣所堪,哀集盛事,铺陈为赋,冒死进投"(《重进

---

① (宋)周邦彦:《周邦彦集》,江西人民出版社1983年版,第200—201页。
② (宋)朱熹:《朱子语类》卷一三九,中华书局1986年版,第3300页。
③ (宋)周邦彦:《周邦彦集》,江西人民出版社1983年版,第122页。

《汴都赋》表》)①。史载,此次献赋是太学生集体行动,诸生约百人同献,唯周文可取,遂擢以官。学者考辨,元丰七年正月间,神宗应有幸学,故而诸生赋颂,若如此,则邦彦献赋的直接动机就已清楚。然据查考,未有元丰七年幸学的相关记载,此说尚待确证。

此赋深得神宗帝嘉赏是无疑的。一方面,赋作铺张扬厉,富哉壮哉,显示出青年周邦彦高卓的文学才华。后人对此称赞甚多,《清真先生遗事》即云:"壮采飞腾,奇文绮错。两刘博奥,乏此波澜;两苏汪洋,逊其典则。至今同时硕学,只读偏旁;异世通儒,或穷音释。然在先生犹为少作也。"②更重要一方面,赋颂汴都能"指陈事实",故深得神宗帝欢心。"此赋非无夸饰,终与《两都》、《二京》、《三都》之泛陈侈丽之言者不同,所谓指陈事实,诚不诬耳。"③

《汴都赋》内容并非大而化之的泛泛而谈,而多与熙丰变法时的朝政变化紧密相关。即如文治武功,神宗朝呈现出新的面貌。整备军武事,《宋史·兵志一》就载:"仁宗之世,西兵招刺太多,将骄士惰,徒耗国用,忧世之士屡以为言,竟莫之改。神宗奋然更制,于是联比其民以为保甲,部分诸路以隶将兵,虽不能尽拯其弊,而亦足以作一时之气。时其所任者,王安石也。"④神宗与王安石更制其弊,遂有赋颂所言:"百工备尽,霜凝电烁。故有强冲劲弩,云梯轒车,修铩延鏦,铦戈兑殳,繁弱之弓,肃慎之矢,溪子之弩,夫差之甲,龟蛇之旐,鸟隼之旟,军事蚤正,用戒不虞。"⑤至于儒治功绩,因邦彦身在太学,对于太学内部的发展情形更是深有感触,故用一大段文字赋颂之。其文曰:

> 至若儒宫千楹,首善四方,勾襟逢掖,褒衣博带,盈仞乎其中。士之匿华铲采者,莫不拂巾祍褐,弹冠结绶,空岩穴之幽邃,出郡国之遐

---

① (宋)周邦彦:《周邦彦集》,江西人民出版社 1983 年版,第 140 页。
② (宋)周邦彦:《周邦彦集》,江西人民出版社 1983 年版,第 190 页。
③ 罗忼烈:《周邦彦清真集笺》,三联书店香港分店 1985 年版,第 419 页。
④ (元)脱脱:《宋史·兵志一》,中华书局 1977 年版,第 4569 页。
⑤ (宋)周邦彦:《周邦彦集》,江西人民出版社 1983 年版,第 128 页。

陋。南金象齿,文旄羽翮,世所罕见者,皆倾囊鼓箧,罗列而愿售。咸能湛泳乎道实,沛然攻坚而大叩。先斯时也,皇帝悼道术之沉郁,患训诂之荒谬,诸子腾蹿而相角,群言骀荡而莫守,党同伐异,此妍彼丑。挈俗学之芜秽,诋淫辞而击掊,灭爝炎之荧烛,仰天庭而睹昼,同源共贯,开天发部。于是俊髦并作,贤才自厉,造门闉而臻壸奥,骋辞源而驰辨圃。术艺之场,仁义之薮,温风扇和,儒林发秀,宸眷优渥,皇辞结纠。荣名之所作,庆赏之所诱,应感而格,驹行雉呴,磨钝为利,培薄为厚,魁梧卓行,透锋露颖,不驱而自就。复有佩玉之音,笾豆之容,弦歌之声,盈耳而溢目,错陈而交奏。焕烂乎唐虞之日,雍容乎洙泗之风。夸百圣而再讲,旷千载而复觌。又有律学以议刑制,算学以穷九九,舞象舞勺,以道幼稚,乐德乐语,以教世冑。成材茂德,随所取而咸有。①

赋中所论,太学内部亦经历由“党同伐异,此妍彼丑”到“俊髦并作,贤才自厉”的发展阶段,从“挈俗学,诋淫辞”而重现“唐虞之日,洙泗之风”,可见,作者对于太学中存在的新学风气颂声甚高。

众所周知,此赋于神宗朝初献,哲宗朝重献,然邦彦“以一赋而得三朝之眷”,则徽宗朝是否又献之,尚需在此一辨。罗忼烈《周邦彦清真集笺》言《汴都赋》“此赋凡三进”②,其证据是赋文中出现“算学以穷九九”之语(即上段引文),罗书考辨,“立算学盖徽宗朝事,则今所见之赋,疑为徽宗朝所进之本也。随进赋之年而附益时事,以求切合,亦理所当然者。然附益之处必极少,一以初赋为准,亦复理所当然”③。在此对三献赋之说再作新探讨。《全宋文》录有李长民《广汴都赋》一文,文前有序云:“昔在元丰中,太学生周邦彦尝草《汴都赋》,奉御神考,遂讬国势之重,传播士林。然所纪述,大略率而未备。若乃比岁以来,宫室轮奂之美,礼乐容与之华,则又有所未及。臣愚不才,出入都城十年于兹矣,耳目所闻见,亦粗得其

---

① (宋)周邦彦:《周邦彦集》,江西人民出版社 1983 年版,第 129 页。
② 罗忼烈:《周邦彦清真集笺》,三联书店香港分店 1985 年版,第 383 页。
③ 罗忼烈:《周邦彦清真集笺》,三联书店香港分店 1985 年版,第 419 页。

梗概,辄鼓舞阴阳,以鸣国家之盛,因改前赋而推广焉。"①作者自言此文乃广周邦彦之《汴都赋》而成。我们已知,《广汴都赋》作于徽宗朝,且李长民亦因献此赋而被授官。从引文所言创作缘由来看,作此《广汴都赋》时,邦彦于徽宗朝并无献赋事。此赋之创作时间,南宋初学者王明清(1127?—1202?)著《挥麈录》,在叙及周邦彦哲宗朝重献赋后,紧接着说:"宣和中,李元叔长民献《广汴都赋》,上亦甚喜,除秘书省正字。"②其言应可信。而周邦彦卒于宣和三年(1121),若向徽宗献赋,则需在宣和元年(1119)至三年间。此时期他六十四岁至六十六岁,辗转于处州、睦州、杭州、南京等地,应无向徽宗献赋之机会。从引文显见,王明清亦认为周邦彦在徽宗朝并无献赋事,故才提及李长民《广汴都赋》。而《汴都赋》原文中今存"算学"之语又该如何解释?"算学"实是在徽宗朝颁行实施,但有资料可证,神宗朝时就已修算学之法,只是未及颁行。刘嗣明《乞复国子监算学奏》(政和三年三月)曰:"承前算学内舍算学生武仲宣进状,昨于去年三上封章,乞留算学等。奉圣旨,令国子监依元丰六年九月十六日指挥施行。"③应是在元丰六年神宗下旨言及算学事。而在元丰七年十二月,神宗就曾下诏:"许四选命官通算学者,依参选人赴吏部就试。"④薛昂《请复置算学奏》(崇宁五年十一月)明确言及神宗修算学事:"窃谓《周官》以六艺教民,而数居其一焉。盖于政治显有实用,故齐桓公以设庭燎,以见献九九之术者,良有以也。神宗皇帝追复古制,修算学之法,未及颁行。陛下嗣承先志,置学立法。"⑤据此,周邦彦于元丰时期作《汴都赋》时应已有算学事。

周邦彦存诗四十余首,最具代表者当为太学时所作时事诗《天赐白》、

① (宋)李长民:《广汴都赋》,曾枣庄、刘琳编:《全宋文》,上海辞书出版社、安徽教育出版社 2006 年版,第 181 册 333 页。

② (宋)王明清:《挥麈录》,上海书店出版社 2001 年版,第 230 页。

③ 苗书梅等点校:《宋会要辑稿·崇儒》,河南大学出版社 2001 年版,第 154 页。

④ (清)黄以周等辑注:《续资治通鉴长编拾补》第 2 册,中华书局 2004 年版,第 894 页。

⑤ (宋)杨仲良撰:《皇宋通鉴长编纪事本末》第 4 册,黑龙江人民出版社 2006 年版,第 2287 页。

《薛侯马》。二诗所展现的，是诗人昂扬奋发的精神面貌和建功立业的豪情壮志。这是另一个周邦彦，与艳情词人的传统形象不可等而视之，所谓"诗庄词媚"之意。青年周邦彦积极关注朝廷时政大事，其诗具有"感于哀乐，缘事而发"的创作精神。元丰五年（1082）九月，西夏攻陷宋之永乐城，主事官徐禧始因狂妄轻敌、刚愎自用终以身死城中，唯有骁将曲珍等数人突围而出。败事传至京，神宗为之食不下咽。周邦彦与友人蔡肇同赋此事，故有《天赐白》诗。诗人以"天赐"之白马为线，引出这一历史事件。首言宋兵败城下，将士泪如雨泣，且走且战，心折骨惊，天赐白马救曲珍脱身。接着话锋一转，"舣舟不渡谢亭长，有何面目归江东"①，大有"至今思项羽，不肯过江东"之感慨，是该叹息战事之悲壮，还是该谴责逃敌之软弱，诗人的心情颇为复杂。《薛侯马》诗，亦以马命篇，以马为线。事由缘起于元丰六年闰六月西方罢兵，宋之兵马经年闲置，故作者赋诗以记之。《薛侯马并序》：

> 薛侯，河东土豪也，以战功累官左侍禁。西方罢兵，薛归吏部授官，带所乘骆马寓武城坊，经年不得调，羁马庳屋下，马怒败主人屋，时时踯躅市贩盎器，薛悉卖装以偿。伤己陁屈，因对马以泣。邻居李文士因之为薛作传，同舍赋诗者十一人，仆与其一焉。

> 薛侯俊健如生猱，不识中原生土豪。蛇矛丈八常在手，骆马蕃鞍云锦袍。往属嫖姚探虎穴，狐鸣萧萧风立发。短鞯淋血斩胡归，夜斫坚冰濡马渴。中都久住武城坊，屋头养骆如养羊。枯萁不饱篱壁尽，狭巷怒蹄盆盎伤。只今栖栖守环堵，五月湿风柔巨黍。千金夜出酬市儿，客帐昼眠听戏鼓。边人视死亦寻常，笑里辞家登战场。铨劳定次屈壮士，两眼荧荧收泪光。齿坚食肉何曾老，骗马身轻飞一鸟。焉知不将万人行，横槊秋风贺兰道。②

诗歌可分三部分，薛侯之形象亦有三变。从前是勇猛俊健、英姿威风

---

① （宋）周邦彦：《周邦彦集》，江西人民出版社1983年版，第112页。
② （宋）周邦彦：《周邦彦集》，江西人民出版社1983年版，第111页。

的战场男儿，如今是听戏买醉、虚掷光阴的京城闲客，诗人设想明日，视死如归、驰骋沙场才是壮士应有的英雄形象。对于薛侯及其马的赋颂，正是诗人自身情怀的流露。

从诗作以马为线的写作用意来看，二诗写二马，一以其救人于战场之上而赋，一以其屈羁于库屋之下而赋。二马之命运不同，二诗之用意一焉。

周邦彦以词名世，太学时期的词作数量亦甚多。赵治中《香艳软媚淡远清妍——周邦彦太学时期词作初探》一文专论之，并言"在太学时期，周邦彦词作的数量颇为可观，几近《片玉集》的四分之一"①。这些太学词作有其自身特点，是青年时期的周邦彦所特有的作词风格。对此，龙沐勋的评价已为学界公认，"更检集中诸词，其有时、地可考者，犹能藉以推知其环境改移，与作风转变之迹。清真软媚之作，大抵成于少日居汴京时"②。由此，我们可将周邦彦的太学词列出"软媚"一类。这也并非太学词的全部，故另列出"羁旅"一类，以"软媚"与"羁旅"略论其太学词。

"软媚"词作，多是以应歌为主的歌妓词，抒写离情恋歌，词境绮靡艳丽，仍然是传统艳情词的套路，个性特色并不突出。《少年游》（并刀如水）是其中代表作，词云：

> 并刀如水，吴盐胜雪，纤手破新橙。
>
> 锦幄初温，兽烟不断，相对坐调笙。
>
> 低声问向谁行宿，城上已三更。
>
> 马滑霜浓，不如休去，直是少人行。③

这首词颇有影响，后人附会周邦彦与李师师故事，就是以此词为依托。词作叙写青楼佳人与所欢男子共食新橙、对坐调笙，又劝男士止宿楚馆的故事。本是寻常的场景和言语，却显绵绵情意，感人深挚。词作柔婉

---

① 赵治中：《香艳软媚远清妍——周邦彦太学时期词作初探》，《丽水师专学报》1990 年第 3 期，第 29 页。

② 龙沐勋：《清真词叙论》，《词学季刊》第 2 卷第 4 号，第 8 页。

③ （宋）周邦彦著，王强编：《周邦彦词新释辑评》，中国书店 2006 年版，第 185 页。

清丽,乃本色佳制,尤显作者笔力。

　　"羁旅"词作,也是邦彦太学词的一部分。因久居汴京,难免思乡心切,这类词可以《苏幕遮》(燎沉香)为例。词云:

> 燎沉香,消溽暑。
>
> 鸟雀呼晴,侵晓窥檐语。
>
> 叶上初阳乾宿雨,水面清圆,一一风荷举。
>
> 故乡遥,何日去。
>
> 家住吴门,久作长安旅。
>
> 五月渔郎相忆否,小楫轻舟,梦入芙蓉浦。①

　　此词亦为其代表性作品。在"先暑、后雨、复晴"的写景过程中,作者抓住"荷花"这一关键词,虚实交融,铺写羁旅思乡之情怀。"叶上初阳"三句写实,"真能得荷之神理者"。周文《足轩记》就叙及太学内眼前之荷花:"轩之左右皆凿地为池,植蒲荷,泛清萍,取小鱼置其中。……观其露重而荷翻,萍密而鱼跳。"②"梦入芙蓉浦"写虚,家乡之荷花在柳永《望海潮》(东南形胜)词中就曾称颂:"有三秋桂子,十里荷花"。全词构思佳妙,"尽态极妍,令人意往魂消"。③

　　二十四岁的周邦彦入太学为外舍生,至元祐二、三年间离任太学正,时年三十二、三岁。将近十年的时间,邦彦一直待在太学。这本来就是人生中值得留恋回味的一段青春时光,也是塑造个体性格、奠定未来成就的一个重要阶段。特别是周邦彦,他在太学时期的生活经历及其文学创作,深刻影响之后的仕途命运。正因献《汴都赋》一文,周邦彦从一名默默无闻的外舍生到"声名一日震耀海内",神宗亦亲听此赋,进而越级提拔其为太学正,可谓备极荣耀。邦彦历仕三朝,"以一赋而得三朝之眷",太学在其一生中注定是一个特殊时期,论其仕途,也是一个难忘的开始。邦彦的

---

①　(宋)周邦彦著,王强编:《周邦彦词新释辑评》,中国书店 2006 年版,第 139 页。

②　(宋)周邦彦:《周邦彦集》,江西人民出版社 1983 年版,第 152 页。

③　(宋)周邦彦著,王强编:《周邦彦词新释辑评》,中国书店 2006 年版,第 142 页。

太学诗词,与其后来的作品相比较,还是有很大不同。即如前引所论,"软媚"之词多作于少居汴京时,而随着词人仕途浮沉,羁旅飘零,后期词作也呈现出"将身世之感,打并入艳情"的特征,字里行间多凄婉之音,沉郁之叹。邦彦太学词"为以后随着生活的急遽变化而形成沉郁顿挫词风打下良好的基础,为词作的高峰期做了必要的准备",[1]"清真词风"也是在其太学词的基础上逐步发展形成。总之,太学既是周邦彦人生经历及文学创作的重要阶段,考察这一时期作家的仕途履历、生活状态及文学特征,显得尤为必要。

---

① 赵治中:《香艳软媚 淡远清妍——周邦彦太学时期词作初探》,《丽水师专学报》1990年第 3 期,第 36 页。

附录一 宋代太学演变史简表

序号	时间	事件	资料出处
1	太祖建隆三年（962）	六月，以左谏议大夫崔颂判监事，始聚生徒讲学。	《宋会要辑稿·崇儒一·太学》
2	开宝八年（975）	初，国子监因周旧制，颇增学舍，以应荫子孙隶学受业。	《宋史》卷一五七
3	开宝八年（975）	生徒旧数七十人，先奉诏，令分习《五经》。	《文献通考》卷四二
4	开宝八年（975）	宋初增修国子监学舍，修饰先圣、十哲像。	《宋会要辑稿·崇儒一·太学》
5	太宗太平兴国九年（984）	国子监所解举人，父兄居官不在本贯，可收补发解。	《全宋文》卷六八
6	端拱元年（988）	八月庚辰，幸太学，命博士李觉讲《易》，赐帛。	《宋史》卷五
7	真宗大中祥符二年（1009）	补荫出身人，将来差遣，并须先于国学听书二年。	《宋会要辑稿·崇儒一·太学》
8	大中祥符七年（1014）	收试国子监学士子弟须保识。	《全宋文》卷二四九
9	仁宗景祐元年（1034）	诏以河南府学为西京国子监。	《燕翼诒谋录》卷四
10	庆历二年（1042）	闰九月，自今去经试补学生并依起请，听读满五百日，方许取解。	《宋会要辑稿·崇儒一·太学》
11	庆历二年（1042）	自今每岁一补试，差学官锁宿对弥，精加考校。	《宋会要辑稿·崇儒一·太学》
12	庆历二年（1042）	自今国学收补七品已上子孙，另立四门学，收补八品以下至庶人子孙。	《宋会要辑稿·崇儒一·太学》
13	庆历三年（1043）	十一月，诏国子监、太学、天下州县学生徒，更不立听读日限。	《宋会要辑稿·崇儒一·太学》

续　表

序号	时间	事件	资料出处
14	庆历四年(1044)	四月,以锡庆院为太学。太学正式重建。	《宋史》卷一一
15	庆历五年(1045)	二月,以马军都虞候公廨为太学。	《宋史全文》卷八下
16	皇祐三年(1051)	太学生旧制二百人。如不能充数,止以百人为限。	《宋史全文》卷九上
17	皇祐四年(1052)	胡瑗为国子监直讲。	《宋史》卷四三二
18	嘉祐元年(1056)	瑗既为学官,其徒益众,太学至不能容,取旁官舍容之。	《宋史全文》卷九下
19	嘉祐二年(1057)	欧阳修知嘉祐二年贡举,排抑"太学体"。	《宋史》卷三一九
20	嘉祐三年(1058)	太学生员以四百五十人为额。	《宋会要辑稿·崇儒一·太学》
21	嘉祐七年(1062)	太学生员另增一百五十人。	《宋会要辑稿·崇儒一·太学》
22	神宗熙宁元年(1068)	太学有内舍生二百人,新增外舍生一百人。	《宋史全文》卷一一
23	熙宁元年(1068)	以四方士人盛集京师,遂以九百人为额。	《宋会要辑稿·崇儒一·太学》
24	熙宁四年(1071)	十月,立太学生内、外、上舍法。	《宋史》卷一五
25	熙宁四年(1071)	以初入学生员为外舍,不限员;自外舍升内舍,内舍升上舍。上舍以百员,内舍以二百员为限。	《宋会要辑稿·崇儒一·太学》
26	熙宁四年(1071)	生员各治一经,从所讲之官讲授。主判官、直讲,逐月考试。	《宋会要辑稿·崇儒一·太学》
27	熙宁四年(1071)	近制,除主判官外,直讲以十员为额,每二员共讲一经,以三年为任。	《宋会要辑稿·崇儒一·太学》
28	熙宁四年(1071)	主判、直讲、职事、生员,并等第增添支食钱。	《宋会要辑稿·崇儒一·太学》
29	熙宁四年(1071)	十月,诏以锡庆院为太学。	《宋会要辑稿·崇儒一·太学》
30	熙宁六年(1073)	诏王安石设局置官,训释《诗》、《书》、《周礼》义。	《皇宋通鉴长编纪事本末》卷七四
31	熙宁八年(1075)	颁王安石《书》《诗》《周礼》义于学官,是名《三经新义》。	《宋史》卷一五七

续　表

序号	时间	事件	资料出处
32	熙宁八年(1075)	始立教授试法。	《宋史》卷一五六
33	元丰二年(1079)	颁《学令》,太学置八十斋,斋各五楹,容三十人。外舍生二千人,内舍生三百人,上舍生百人。	《宋史》卷一五七
34	元丰三年(1080)	正月,诏改国子监直讲为太学博士,每经二人。	《宋史全文》卷一二下
35	元丰三年(1080)	元丰官制行,始置祭酒、司业、丞、主簿各一人,太学博士十人,正、录各五人。	《宋史》卷一六五
36	元丰三年(1080)	十二月,开封府解额并拨属太学。	《全宋文》卷二四九四
37	元丰八年(1085)	十二月,罢太学保任同罪法。	《宋史全文》卷一二下
38	哲宗元祐元年(1086)	三月,命太学公试,司业、博士主之,如春秋补试法。	《宋史》卷一七
39	元祐元年(1086)	置《春秋》博士。	《宋史职官志补正》
40	元祐元年(1086)	五月,诏修立国子监太学条制。	《皇宋通鉴长编纪事本末》卷九三
41	元祐二年(1087)	增司业一员。又诏内外学官选年三十以上历任人充。	《宋史》卷一六五
42	元祐三年(1088)	诏国子监置长贰。	《宋史》卷一六五
43	元祐三年(1088)	蔡京上所修《内外学制》,始颁诸天下。	《《宋史》卷一五七
44	元祐四年(1089)	诏太学正、录依熙宁法,选上舍生充,阙则以内舍生。	《宋史》卷一六五
45	元祐六年(1091)	十月,幸太学,国子祭酒丰稷讲《尚书·无逸》篇。	《宋史全文》卷一三下
46	元祐六年(1091)	范祖禹《幸太学仪》一卷。	《宋史》卷二百四
47	元祐七年(1092)	复取太学额百人还开封府。	《宋史》卷一五七
48	绍圣元年(1094)	三月,诏太学合格上舍生推恩免省试。	《宋史》卷八
49	绍圣元年(1094)	闰四月,太学补外舍,依元丰令,一岁四试。	《皇宋通鉴长编纪事本末》卷一百
50	绍圣元年(1094)	五月,诏中外学官,非制科、进士、上舍生入官者并罢。	《宋史》卷一八

续 表

序号	时间	事件	资料出处
51	绍圣元年(1094)	六月,除去王安石《字说》之禁。	《宋史全文》卷一三下
52	绍圣元年(1094)	太学正、录依元丰旧制,各置五人。	《宋史》卷一六五
53	绍圣二年(1095)	十一月,国子监雕印《字说》。	《皇宋通鉴长编纪事本末》卷一三○
54	绍圣三年(1096)	开封府解额并拨属太学。	《全宋文》卷三二四九
55	绍圣五年(1098)	自今学官增试两经,仍分两场,每试一经,大义三道。	《全宋文》卷三二五五
56	元符元年(1098)	诏许命官补国子生,毋过四十人。	《宋史》卷一五七
57	元符元年(1098)	复置《春秋》博士。	《宋史》卷一五七
58	元符二年(1099)	初令诸州行三舍法,考选、升补,悉如太学。	《宋史》卷一五七
59	元符二年(1099)	九月,诏太学上舍推恩依元丰法。	《全宋文》卷三二六○
60	元符二年(1099)	十一月,诸州置教授者,学生依太学三舍法考选升补。	《全宋文》卷三二六一
61	元符三年(1100)	太学试补外舍改用四季,学官自考,不誊录,仍添试论一场。	《宋史》卷一五七
62	徽宗崇宁元年(1102)	以三舍考选法遍行天下。学生自县学考选升州学。州县并置小学。并立学生在学升黜法。	《皇宋通鉴长编纪事本末》卷一二六
63	崇宁元年(1102)	十一月,蔡京上《诸路州县学敕令格式》并一时指挥凡十三册。	《皇宋通鉴长编纪事本末》卷一三二
64	崇宁元年(1102)	增置辟雍。	《宋史》卷一六八
65	崇宁元年(1102)	国子祭酒总治学事,司业、丞各一人,仍增博士为十员,正、录为五员,学生充学谕者十人,直学二人。	《宋史》卷一五七
66	崇宁元年(1102)	十月,增太学上舍生为二百人,内舍生六百人,外舍生三千人。	《全宋文》卷二三六○
67	崇宁三年(1104)	始定诸路增养县学弟子员,大县五十人,中县四十人,小县三十人。	《宋史》卷一五七
68	崇宁三年(1104)	诏辟雍置司成、司业各一员。	《宋史》卷一六五

续　表

序号	时间	事件	资料出处
69	崇宁三年(1104)	十一月,幸太学。	《宋史》卷一九
70	崇宁元年(1102)	诏取士悉由学校升贡,其州郡发解及试礼部并罢。	《宋史》卷一五七
71	崇宁四年(1105)	闰二月,改辟雍司成为太学司成,总国子监及内外学事。	《宋史》卷一六五
72	崇宁四年(1105)	六月,在京厘务官本家有服异居,大功以上观听充国子生。	《全宋文》卷三五八
73	崇宁五年(1106)	太学试上舍生由间岁改用岁试。	《宋史》卷一五七
74	崇宁五年(1106)	每春季,太学、辟雍生悉公试,同院混取,总三百七十四人。以四十七人为上等,即推恩释褐;一百四十人为中等,遇亲策士许入试;一百八十七人为下等,补内舍生。	《宋史》卷一五七
75	崇宁五年(1106)	国子监解额尽均拨诸府、诸州解额。	《宋史》卷一五七
76	崇宁五年(1106)	自今始,太学生之考察始格,悉分上、中、下三等。	《宋史》卷一五七
77	崇宁五年(1106)	凡内外私试,始改用仲月,并试三场。	《宋史》卷一五七
78	崇宁五年(1106)	定太学生"退送"法。	《宋史》卷一五七
79	大观元年(1107)	十一月,幸太学。	《宋会要辑稿·礼五二·巡幸》
80	大观元年(1107)	诏以八行取士。苟备八行,免试补上舍。	《皇宋通鉴长编纪事本末》卷一二六
81	大观元年(1107)	诏愿兼他经者,量立升进之法。	《宋史》卷一五七
82	大观元年(1107)	置国子博士四员,国子止、录各二员。太学、辟雍博士共二十员,国子、太学每经一员,辟雍二员。	《宋史》卷一六五
83	大观三年(1109)	六月,太学生陈朝老上书议政。	《皇宋通鉴长编纪事本末》卷一三一
84	大观四年(1110)	八月,诏裁适学校法。	《全宋文》卷三五七五
85	大观四年(1110)	八月,诏减罢学官。	《全宋文》卷三五七五

续　表

序号	时间	事件	资料出处
86	政和元年(1111)	五月,诏两学博士、正、录,依元丰旧制选试,朝廷除授。	《宋史职官志补正》
87	政和三年(1113)	四月,定士子之名称,选士、俊士、贡士。	《皇宋通鉴长编纪事本末》卷一二六
88	政和三年(1113)	九月,诏八行人多占学额,可依条限贡发施行。	《皇宋通鉴长编纪事本末》卷一二六
89	政和三年(1113)	九月,诏《大晟乐》颁于太学、辟雍。	《宋史》卷一二九
90	政和四年(1114)	六月,诏小学仿太学,立三舍法。	《皇宋通鉴长编纪事本末》卷一二六
91	政和四年(1114)	九月,诏以辟雍大成殿名颁之诸路州学。	《皇宋通鉴长编纪事本末》卷一二六
92	政和六年(1116)	十二月,今后八行预贡之人,必与诸州贡士混试太学上舍。	《皇宋通鉴长编纪事本末》卷一二六
93	政和八年(1118)	八月,诏天下学校诸生添治内经。	《全宋文》卷三六○一
94	重和元年(1118)	九月,诏太学、辟雍各置《内经》《道德经》《庄子》《列子》博士二员。	《宋史》卷二一
95	重和元年(1118)	十一月,诏太学官集众修《新定五经字样》。	《皇宋通鉴长编纪事本末》卷一三○
96	宣和三年(1121)	二月,诏罢天下三舍,太学以三舍考选,开封府及诸路以科举取士。	《宋史》卷一六五
97	宣和三年(1121)	辟雍官属并罢。国子博士、正、录改充太学正、录。	《宋史》卷一六五
98	宣和三年(1121)	二月,诏太学开封府及诸路取士并依无丰法。	《全宋文》卷三六一○
99	宣和四年(1122)	三月,幸太学。	《宋会要辑稿·礼五二·巡幸》
100	宣和七年(1125)	十二月,太学生陈东伏阙上书。	《宋史全文》卷二三
101	钦宗靖康元年(1126)	太学生陈东、徐揆、沈长卿、杨海、丁特起等皆上书议政。	《宋史全文》卷一五
102	靖康二年(1127)	二月,金人移文索太学生。	《靖康纪闻》
103	靖康二年(1127)	太学生因疫死者三之一。	《靖康纪闻》
104	靖康二年(1127)	四月,太学生百余人捧表赴南京。	《靖康纪闻》

序号	时间	事件	资料出处
105	高宗建炎元年（1127）	八月，斩太学生陈东、布衣欧阳澈。	《宋史》卷二四
106	建炎三年（1129）	诏国子监并归礼部。	《宋史》卷一六五
107	绍兴三年（1133）	六月，复置国子监，置博士二员，监生三十六人。	《宋史职官志补正》
108	绍兴十二年（1142）	四月，增修临安府学为太学。	《宋史》卷三〇
109	绍兴十二年（1142）	十二月，命太学弟子员以三百人为额。	《宋史》卷三〇
110	绍兴十二年（1142）	十二月，置祭酒、司业各一人，太学博士三员，正、录各一员。	《宋史职官志补正》
111	绍兴十三年（1143）	正月，以岳飞第为国子监太学。	《宋史全文》卷二一中
112	绍兴十三年（1143）	正月，复兼试进士经义、诗赋。	《宋史》卷三〇
113	绍兴十三年（1143）	二月，立太学及科举法。	《宋史全文》卷二一中
114	绍兴十三年（1143）	二月，兴修太学一十二斋，拟名之。	《宋会要辑稿·崇儒一·太学》
115	绍兴十三年（1143）	二月，初除太学博士。	《宋史全文》卷二一中
116	绍兴十三年（1143）	二月，以诸路住本贯学满一年、三试中选、不曾犯第三等以上罚者补太学生。	《宋会要辑稿·崇儒一·太学》
117	绍兴十三年（1143）	二月，诏太学额外补中之人，许令待阙，候见阙日，与参长假人对拨。	《宋会要辑稿·崇儒一·太学》
118	绍兴十三年（1143）	二月，诏在学三年，不归省侍者，则斥而出之。	《宋会要辑稿·崇儒一·太学》
119	绍兴十三年（1143）	四月，诏太学补试及私试，并用誊录。	《宋会要辑稿·崇儒一·太学》
120	绍兴十三年（1143）	六月，诏差礼部侍郎兼权直学士院王赏撰《兴建太学记》。	《宋会要辑稿·崇儒一·太学》
121	绍兴十三年（1143）	七月，太学新成，补试生员。取三百人。	《宋会要辑稿·崇儒一·太学》
122	绍兴十三年（1143）	七月，国学大成殿告成，奉安庙像。	《宋史》卷一四一

续 表

序号	时间	事件	资料出处
123	绍兴十三年(1143)	十月,秦桧上《国子监太学武学律学小学敕令格式》二十五卷。	《宋史全文》卷二一中
124	绍兴十三年(1143)	十一月,六经与《论语》、《孟子》之书,刊石于国子监,仍颁墨本,赐诸路州学。	《宋会要辑稿·崇儒一·太学》
125	绍兴十三年(1143)	十二月,诏太学养士添二百人,令国子监措置,增展斋舍。	《宋会要辑稿·崇儒一·太学》
126	绍兴十三年(1143)	十一月,增太学弟子员二百。	《宋史》卷三〇
127	绍兴十四年(1144)	三月,幸太学,祗谒先圣。国子司业高闶讲《易·泰卦》。	《宋史》卷三〇
128	绍兴十四年(1144)	八月,增太学弟子员二百。	《宋史全文》卷二一中
129	绍兴十五年(1145)	二月,增太学弟子员百人。	《宋史》卷三〇
130	绍兴十五年(1145)	八月,复增太学弟子员二百。	《宋史》卷三〇
131	绍兴十六年(1146)	正月,增太学外舍生额至千人。	《宋史》卷三〇
132	绍兴十六年(1146)	五月,诏国子监生依格注授。	《全宋文》卷四五二〇
133	绍兴十六年(1146)	七月,诏今年秋试太学生额外补中之人许令待阙。	《全宋文》卷四五二〇
134	绍兴十八年(1148)	八月,诏太学生入学五年不与荐及公试不入等者除其籍。	《宋史全文》卷二一下
135	绍兴十九年(1149)	十一月,诏太学生之独居者免役。	《宋史》卷三〇
136	绍兴二十四年(1154)	七月,诏国子学生住学实历打食不及一年者取解事。	《全宋文》卷四五二七
137	绍兴二十六年(1156)	三月,三省言太学生系二千人为额,闻在学不及三百人,欲令礼部措置。	《宋史全文》卷二二下
138	绍兴二十六年(1156)	九月,诏增置太学正、录各一员。	《宋史全文》卷二二下
139	绍兴二十六年(1156)	十一月,近太学试补弟子员,中程者诗赋多而经义少,宜令兼习经义。	《宋史全文》卷二二下

序号	时间	事件	资料出处
140	绍兴二十六年（1156）	十一月，自今经义文理优长合格人有余，许将诗赋人材不足之数通融优取。	《宋史全文》卷二二下
141	绍兴二十七年（1157）	自外舍有月校，而公试入等曰内舍；自内舍有月校，而舍试入等曰上舍；凡升上舍者，皆直赴廷对。	《宋史》卷一五七
142	绍兴二十七年（1157）	立定制：春秋放补，遇省试年改用孟夏。	《宋史》卷一五七
143	绍兴二十七年（1157）	六月，诏太学月试锁院考校毋过十日。	《全宋文》卷四五三三
144	绍兴三十年（1160）	十二月，太学补试资格缩至居本州县、学满一年、三试中选及不犯罚者。	《宋史全文》卷二三上
145	绍兴三十一年（1161）	五月，诏太学、国子正、录兼讲。	《宋会要辑稿·崇儒一·太学》
146	绍兴三十一年（1161）	六月，诏太学博士、正、录各减一员。	《宋会要辑稿·崇儒一·太学》
147	绍兴三十二年（1162）	十一月，诏馆职学官，祖宗设此储养人材，亦欲待方来之秀，不可定员。	《宋会要辑稿·崇儒一·太学》
148	孝宗隆兴元年（1163）	二月，将在学免解在假一百余人，开补一次。	《宋会要辑稿·崇儒一·太学》
149	隆兴元年（1163）	六月，诏罢太学补试。	《宋会要辑稿·崇儒一·太学》
150	隆兴元年（1163）	创立太学遇覃恩免解之法。	《通考·学校考三》
151	隆兴二年（1164）	十一月，黄榜禁太学生伏阙。是日，太学生张观等七十二人上书。	《宋史全文》卷三三
152	乾道元年（1165）	三月，诏太学依旧补试，更不拨入省试下人。	《宋会要辑稿·崇儒一·太学》
153	乾道二年（1166）	二月，诏复置太学正一员。	《宋会要辑稿·崇儒一·太学》
154	乾道二年（1166）	二月，诏下，省并曾请举赴补人，以太学过省阙额收补，额外勿增。	《宋会要辑稿·崇儒一·太学》
155	乾道三年（1167）	黄伦以两优释褐。自绍兴建学，至是始有两优。	《宋会要辑稿·崇儒一·太学》
156	乾道四年（1168）	十二月，诏复置太学录一员。	《宋会要辑稿·崇儒一·太学》

续 表

序号	时间	事件	资料出处
157	乾道五年(1169)	五月,诏太学补试,七人取放一名,零数更取一名。	《宋会要辑稿·崇儒一·太学》
158	乾道六年(1170)	六月,诏太学生员见有阙额,特与放行。	《宋会要辑稿·崇儒一·太学》
159	乾道六年(1170)	六月,诏今后太学阙二百人,取旨试补。	《宋会要辑稿·崇儒一·太学》
160	乾道九年(1173)	六月,定国子博士一员、太学博士三员,两学正、录共四员。	《宋会要》职官二八之二七
161	乾道九年(1173)	九年,太学上舍试,就试终场六十六人,依条每十人取三人,终取二十人。	《宋会要辑稿·崇儒一·太学》
162	淳熙元年(1174)	七月,诏太学置射圃。	《宋会要辑稿·崇儒一·太学》
163	淳熙元年(1174)	八月,太学私试习经义、文理优长,数外取放。	《宋会要辑稿·崇儒一·太学》
164	淳熙二年(1175)	六月,诏太学补试。	《宋会要辑稿·崇儒一·太学》
165	淳熙二年(1175)	七月,诏国子监试官等之亲戚赴补,将卷别作一行,排定坐次。	《宋会要辑稿·崇儒一·太学》
166	淳熙二年(1175)	九月,太学补试进士多至万六千人,依诸州解额不同而裁节之。	《宋会要辑稿·崇儒一·太学》
167	淳熙二年(1175)	十二月,年七十以上、绍兴三十二年前补中之太学生,特与补迪功郎。	《宋会要辑稿·崇儒一·太学》
168	淳熙三年(1176)	四月,大小职事,该遇庆寿赦,参酌推恩人,内舍生永免文解。	《宋会要辑稿·崇儒一·太学》
169	淳熙三年(1176)	十一月,南郊赦,国学进士,先请后免,或先免后请,可并与免将来文解一次。	《宋会要辑稿·崇儒一·太学》
170	淳熙四年(1177)	二月,诏修葺太学,更换旧像。	《宋会要辑稿·崇儒一·太学》
171	淳熙四年(1177)	二月,幸太学。国子祭酒林光朝讲《中庸》。	《宋史全文》卷三四
172	淳熙四年(1177)	五月,诏太学选差职事,依条长贰学官,以三舍生次第选补。	《宋会要辑稿·崇儒一·太学》
173	淳熙四年(1177)	五月,诏就太学建造光尧太上皇帝御书石经阁。	《宋会要辑稿·崇儒一·太学》

序号	时间	事件	资料出处
174	淳熙四年(1177)	七月,立待补太学生之法。每正解一名,取待补五名。	《宋史全文》卷二六上
175	淳熙五年(1178)	六月,诏太学补试,大院有合避亲之人,并送别院收试。	《宋会要辑稿·崇儒一·太学》
176	淳熙五年(1178)	八月,诏内舍校定优等,不以有无上舍试年分,并以十分为率。	《宋会要辑稿·崇儒一·太学》
177	淳熙六年(1179)	九月,诏国子监上舍试,零分取一名。	《宋会要辑稿·崇儒一·太学》
178	淳熙六年(1179)	十月,诏太学两优释褐之人,与依状元体例,先与外任一次。	《宋会要辑稿·崇儒一·太学》
179	淳熙七年(1180)	七月,诏自今国学程文,依旧法从国子监长贰看详,可传示学者,方许雕印。	《宋会要辑稿·崇儒一·太学》
180	淳熙九年(1182)	八月,诏国子生今举解发,依前降指挥,并送别院收试。	《宋会要辑稿·崇儒一·太学》
181	淳熙十年(1183)	十二月,太学大小职事,该遇庆寿赦,参酌推恩人。	《宋会要辑稿·崇儒一·太学》
182	淳熙十一年(1184)	五月,太学国子生二百六十八人,阙额。诏许依淳熙八年体例补试。	《宋会要辑稿·崇儒一·太学》
183	淳熙十二年(1185)	七月,太学内舍生,岁校十人,优等三人,仍以十分为率。	《宋会要辑稿·崇儒一·太学》
184	淳熙十三年(1186)	五月,太学外舍生应选第十一人,特与补迪功郎。	《宋会要辑稿·崇儒一·太学》
185	淳熙十三年(1186)	八月,太学解试,免差学官。	《宋会要辑稿·崇儒一·太学》
186	淳熙十三年(1186)	十一月,太学补试期由六月份改为三月份。	《宋会要辑稿·崇儒一·太学》
187	淳熙十六年(1189)	二月,太学堂名上一字,犯皇太子名,改作崇化堂。	《宋会要辑稿·崇儒一·太学》
188	淳熙十六年(1189)	十一月,今后省试年分,所有太学公试,令赴别院收试。	《宋会要辑稿·崇儒一·太学》
189	光宗绍熙二年(1191)	三月,诏禁造匿名诗嘲讪宰相学官等。	《全宋文》卷六四一九
190	绍熙二年(1191)	五月,太学生余古上书谏政,九月,太学生乔嘉等上书责何澹。	《宋史全文》卷二八

续 表

序号	时间	事件	资料出处
191	绍熙四年(1193)	十月,太学生汪安仁等二百一十八人上书,请朝重华,皆不报。	《宋史》卷三六
192	宁宗庆元元年(1195)	四月,议由待补法改为混补法。	《宋会要辑稿·崇儒一·太学》
193	庆元元年(1195)	四月,太学生杨宏中等"庆元六君子"伏阙上书,诏宏中等各送五百里外编管。	《宋史全书》卷二九上
194	庆元三年(1197)	以国子生员多伪滥,制自今职事官期亲、厘务官子孙,乃得补试。	《宋会要辑稿·崇儒一·太学》
195	嘉泰二年(1202)	正月,诏太学生赴省试事。	《全宋文》卷六八九七
196	嘉泰三年(1203)	正月,幸太学。国子祭酒李寅仲讲《尚书·周官》篇。	《宋会要辑稿·礼五二·巡幸》
197	开禧二年(1206)	正月,增太学内舍生为百二十人。	《宋史》卷三八
198	嘉定二年(1209)	九月,增太学内舍生十员。	《宋史》卷三九
199	嘉定十二年(1219)	五月,太学生何处恬等二百七十三人伏阙上书。	《宋史》卷四〇
200	嘉定十四年(1221)	五月,诏自今每解试终场人以百人取三人。	《宋史选举志补正》
201	理宗绍定二年(1229)	十月,内外学官,今于士子程课之外,迪以义理之学。	《宋史全文》卷三一
202	绍定二年(1229)	复百取六人之制。惩治待补生间有鬻帖伪冒之弊。	《宋史》卷一五七
203	绍定五年(1232)	今后两学补试,并从庙堂临时选差,即令入院。	《宋史》卷一五七
204	嘉熙二年(1238)	省试下第及游学人,并就临安府给据,赴两浙转运司混试待补太学生。	《宋史》卷一六五
205	淳祐元年(1241)	正月,幸太学。祭酒曹豳讲《礼记·大学》篇。监学官各进秩一等,诸生推恩、赐帛有差。	《宋史》卷一百五
206	淳祐元年(1241)	幸太学,诏以周敦颐、张载、程颢、程颐、朱熹从祀,黜王安石。	《宋史》卷一百五
207	淳祐四年(1244)	太学生黄恺伯等一百四十四人上书责史嵩之。	《宋史》卷三三

续　表

序号	时间	事件	资料出处
208	淳祐六年（1246）	五月，加封岳飞，诏太学土地正显昭德侯特封正显昭德文忠侯。	《全宋文》卷七九七二
209	宝祐元年（1253）	复命分路取放补试员数。	《宋史》卷一五七
210	宝祐三年（1255）	复试于京师。	《宋史》卷一五七
211	宝祐四年（1256）	十一月，太学诸生叩阍上书。	《宋史》卷三五
212	宝祐五年（1257）	太学生三十一人上书言事。	《宋史》卷四五四
213	开庆元年（1259）	太学生陈宜中等"开庆六君子"上书讼丁大全。	《癸辛杂识》续集上
214	景定五年（1264）	七月，太学生论景定慧星。	《齐东野语》卷一七
215	度宗咸淳二年（1266）	正月，幸太学，推恩三学。	《宋史》卷一五七
216	咸淳七年（1271）	正月，以寿和圣福皇太后两上尊号，推恩三学。	《宋史》卷一五七
217	咸淳九年（1273）	申严学法，今后及八分者方许岁校三名。	《宋史》卷一五七
218	恭帝德祐元年（1275）	六月，太学生萧规、唐棣并补承信郎。	《宋史》卷四七
219	德祐元年（1275）	八月，试太学上舍生。	《宋史》卷四七
220	德祐二年（1276）	宋亡，三学生百余人从行瀛国公入燕。太学生徐应镳与子女自焚。	《宋史》卷四五一

附录二　宋代太学诗词辑录

《送国子徐博士之澧州》(徐铉)

多才适世用,学者不遑处。新词八咏楼,更泛浔阳浦。

行当应列宿,且复施甘雨。高斋闲坐时,清谈孰为伍。

《和国子柳博士喜晴见赠》(王禹偁)

霖霪为害正忧农,昨日阴云散碧空。泼剌退滩鱼失水,喃啾高树鸟知风。

洗开霁月婵娟色,放出秋花菡萏红。劳寄新诗曲相贺,由来灾异系三公。

《五哀诗故国子博士郭公》(王禹偁)

汾阳饱经术,赋性甚坦率。在昔举神童,广阳推杰出。

尚书诵在口,何论落自笔。总角取科名,弱冠纡缨绂。

早佐湘阴幕,汉鼎入周室。失志罢屠龙,佯狂遂扪虱。

周行亦龟俯,吏隐多放逸。滑稽东方朔,图画王摩诘。

古文识蝌蚪,奥学辨萍实。字穷苍颉本,篆证阳冰失。

王绩醉为乡,伯伦居无匹。俸钱乏一囊,宦路从三黜。

朱衣多不著,白发仍慷栉。渐老羁旅年,方见升平日。

忽以伎术召,此意殊郁郁。放口忭无须,何门求造膝。

遁逃终见捕,谴逐道中卒。遗孤落闾阎,荒冢鸣蟋蟀。

手泽渐难求,谁家耀箱帙。投吊孰此诗,九原应有物。

《哭子正直讲》(宋庠)

颍弁王门客,横经胄席师。频扬四巡颂,屡析六身疑。

寂寞终嘲白,侏儒诅信饥。一朝嗟溘尽,福善亦予欺。

《正言田学士况书言上庠祭酒厅北轩予所种竹滋茂》(宋祁)

昔承上庠乏,莳竹北堂轩。饬吏勤浸灌,冉冉荣孤根。

日晏到官下,对赏忘尘喧。海月影宵启,天风籁晨颠。

去年主人斥,负谤为淮藩。后来异好尚,欲诿不敢宣。

何幸观时哲,乃加封殖恩。千里走书驿,语竹遥相存。

不才好冷局,异日期归旋。千万屏剪伐,勿令孤愿言。

《初除直讲献内阁冯学士孙侍郎》(宋祁)

圆海崇遗教,中陵育茂材。雾从仙市合,风向舞雩来。

宝篆伴东壁,儒篇访曲台。泮芹参上俎,燕慧拥轻埃。

鼓箧华冠聚,丘山缥帙开。虫形浮墨沼,鼠耳绽经槐。

有客缘承乏,无庸愧滥陪。难重汉家席,易眩鲁门杯。

学困青箱广,书愁皓首催。空尘博士议,不称洛阳才。

高阁连云景,层城枕斗魁。惟应仲尼冶,未惜铸颜回。

《寄南郡直讲王圣源》(宋祁)

良辰酒所独持杯,目极南云首重回。荣路久差冠一免,经筵贪爱樋三摧。

多年道胜胸中战,即席人推客右才。深诏糊名求异等,伫看挥笔映天台。

《直讲周岁》(宋祁)

本自悲凉葆发多,何缘末至滥中阿。马肝不食非论味,狗曲犹轻枉为歌。

旧学空疏缘病废,壮情牢落伴年过。终然野鹿江鱼性,长在云林与素波。

《直舍》(宋祁)

南荣曝腹饫黄粱,卧看春晖上缥墙。有位乘轩惭野鹤,出钱邀沐羡山郎。

神交自爱蘧蘧适,怪事非论呐呐狂。瓠窍不穿樗质散,只应何用是吾乡。

《再到国子监感昔有怀》(宋祁)

十载虞庠路,依然目所存。高槐记经市,秋水识桥门。

迥阁珍图秘,长廊审像昏。旧徒皆突弁,故友即尘根。

昔在衣成缁,今还禄有轩。范云身寝老,何术谢君恩。

《观太学释奠》(宋祁)

乡盛菁莪选，邦崇奠菜仪。涓辰大昕鼓，持节少牢祠。

粉衮瞻凝眸，银袍豫摄齐。苨羹纷涧沚，郁鬯泛尊彝。

璧水回寒影，经槐堕晓枝。幸观三献罢，共荷百朋时。

《太学建讲殿割王第西偏营置》(宋祁)

王家赐第曾开府，天子营宫此嚮儒。坏壁有经还阙里，废台无鹿叹姑苏。

泉疑自湧供池溜，柱欲飞来荷栋桴。献岁成工观盛礼，愿陪希瑟趁风雩。

《晨起裴吴二直讲过门云凤阁韩舍人物故作五章以哭之》(梅尧臣)

(其一)平生交友泪，又哭寝门前。鲁叟不言命，楚人空问天。

月沉沧海底，星陨太微边。莫恨终埋没，文章自可传。

(其二)使虏尝专对，江湖谪几年。始看还近侍，遽此隔重泉。

沃酒酒空满，托词词谩传。视予犹手足，莫怪独潸然。

(其三)算数曾无据，仁人亦莫闻。狠愚多至老，兰桂苦先焚。

不竟千秋恨，还如万里分。临风一号恸，易散日边云。

(其四)昨时宾晏地，今见繐纬遮。栖室那因鹏，从杯不为蛇。

曾无越人术，竟起汉臣嗟。明日东城陌，悲凉后部笳。

(其五)晓陌行车过，交相叹且惊。荀龙闻一蜕，穆骏失全鸣。

不复中画直，空余左史成。绪言犹在耳，尚想见平生。

《和杨直讲夹竹花图》(梅尧臣)

桃花天红竹净绿，春风相间连溪谷。花留蜂蝶竹有禽，三月江南看不足。

徐熙下笔能逼真，茧素画成才六幅。萼繁叶密有向背，枝瘦节疏有直曲。

年深粉剥见墨纵，描写工夫始惊俗。从初李氏国破亡，图书散入公侯族。

公侯三世多衰微，窃贸担头由婢仆。太学杨君固甚贫，直缘识别争来鬻。

朝质绨袍暮质琴，不忧明日铛无粥。装成如得骊颔珠，谁能更问龙牙轴。

竹真似竹桃似桃，不待生春长在目。

《裴直讲得润州通判周仲章咸豉遗一小瓶》(梅尧臣)

金山寺僧作咸豉,南徐别乘马不肥。大梁贵人与年少,红泥罂盎鸟归飞。
我今老病寡肉食,广文先生分遗微。

《依韵和杨直讲九日有感》(梅尧臣)

也持黄菊蕊,时望白衣人。苜蓿从来厌,茱萸却乍亲。
护霜云不散,吹帽客何贫。莫要悲摇落,秋花更胜春。

《雷逸老以仿石鼓文见遗因呈祭酒吴公》(梅尧臣)

石鼓作自周宣王,宣王发愤搜岐阳。我车我马攻既良,射夫其同弓矢张。
舫舟又渔缚鳡鲂,何以贯之维柳杨。从官执笔言成章,书在鼓腰镌刻藏。
历秦汉魏下及唐,无人著眼来形相。村童戏坐老死丧,世复一世如鸟翔。
唯闻元和韩侍郎,始得纸本歌且详。欲以毡苞归上庠,大官媕阿驰肯将。
传至我朝一鼓亡,九鼓缺剥文失行。近人遇见安碓床,亡鼓作臼剜中央。
心喜遗篆犹在傍,以白易白庸何伤。以石补空恐春梁,神物会合居一方。
雷氏有子胡而长,日模月仿志暮强。聚完辨舛经星霜,四百四十飞凤凰。
书成大轴绿锦装,偏斜曲直筋骨藏。携之谒我巧趋跄,我无别识心旁徨。
虽与乃父非故乡,少与乃父同杯觞。老向太学鬓已苍,乐子好古亲缣箱。
谁能千载师史仓,勤此冷淡何肝肠。而今祭酒神圣皇,五经新石立两廊。
我欲效韩非痴狂,载致出关无所障。至宝宜列孔子堂,固胜朽版堆屋墙。
然须雷生往度量,登车裹护今相当。诚非急务烦纪纲,太平得有朝廷光。
山水大字辇已尝,于此岂不同秕糠。海隅异兽乘舟航,连日道路费刍粮。
又与兹器殊柔刚,感慨作诗聊激昂。愿因谏疏投皂囊,夜观奎壁正吐芒。
天有河鼓亦炜煌,持此负鼎干成汤。

《次韵和司马君实同钱君倚二学士见过》(梅尧臣)

栖栖太学官,日厌尘坌积。朋游绝经过,都未昧相识。
幸得养疏慵,不能事役役。天京二贤佐,向晚忽来觌。
笑我似庐仝,环然空四壁。只欠长须奴,诉尹恶少摘。

移榻近檐楹，谈诗俄至夕。回车闾巷隘，跛马愁所历。
明朝看苍苔，已觉生辙迹。

《依韵和答王安之因石榴诗见赠》（梅尧臣）

当年仕宦忘其卑，朝出饮酒夜赋诗。伊川嵩室恣游览，烂熳遍历焉有遗。
是时交朋最为盛，连值三相更保厘。谢公主盟文变古，欧阳才大何可涯。
我于其间不量力，岂异鹏抟蒿鷃随。见君弟兄入太学，俊誉籍籍闻一时。
而今两鬓各已白，偶因赠酬言及斯。升沉是非休要问，百岁欢乐谁能期。

《送崔秀才》（梅尧臣）

少年游太学，著尽箧中衣。独剑自为伴，无家何处归。
秋蓬随野转，寒鹊遶林飞。霄汉有知己，行行宁久微。

《吴太博遗柑子》（梅尧臣）

太学先生欺绿橘，吴兴才士与黄柑。黄柑似日胜崖蜜，带叶初擎翠竹篮。
还料楚王曾未识，徒将萍实诧江南。

《依韵和王景彝马上忽见槐花》（梅尧臣）

六月御沟驰道间，青槐花上夏云山。退朝侧帽惊时晚，近树闻香暗咏闲。
新雨贾生车喜出，旧年潘岳鬓添斑。老惭太学无经术，空饱斋盐强往还。

《依韵和永叔都亭馆伴戏寄》（梅尧臣）

去年锁宿得联华，二月墙头始见花。今日都亭公感物，明朝太学我辞家。

《赠裴直讲水梨二颗言太尠答吴柑三颗以为多走笔呈之》（梅尧臣）

绿橘似甘来太学，大梨如水出咸阳。莫将多少为轻重，试擘霜包几瓣香。

《同持国宿寺太学官舍》（江休复）

翳翳云月薄，冷冷雪风清。学省夜岑寂，天街断人行。
广庭层阁阴，寻廊步余明。松篠递遥响，如闻弦诵声。
悠悠子佩诗，讲座尘埃生。回就直舍休，亹亹谈道精。
心会境物融，泯然遗世营。寒眠屡展转，窈言写素诚。

《夜闻风声有感奉呈原父舍人圣俞直讲》(欧阳修)

夜半群动息，有风生树端。飒然飘我衣，起坐为长叹。

苦暑君勿厌，初凉君勿欢。暑在物犹盛，凉归岁将寒。

清霜忽以飞，零露亦溥溥。霜露本无情，岂有私蕙兰。

不独草木尔，君形安得完。栉发变新白，鉴容销故丹。

风埃共侵迫，心志亦摧残。万古一飞隼，两曜双跳丸。

扰扰贤与愚，流沙逐惊端。其来固如此，独久知诚难。

服食为药误，此言真不刊。但当饮美酒，何必被轻纨。

《有赠余以端溪绿石枕与蕲州竹簟皆佳物也余既喜睡而得此二者不胜其乐奉呈原父舍人圣俞直讲》(欧阳修)

端溪琢出缺月样，蕲州织成双水纹。呼儿置枕展方簟，赤日正午天无云。

黄琉璃光绿玉润，莹净冷滑无埃尘。忆昨开封暂陈力，屡乞残骸避烦剧。

圣君哀怜大臣闵，察见衰病非虚饰。犹蒙不使如罪去，特许迁官还旧职。

选材临事不堪用，见利无惭惟苟得。一从僦舍居城南，官不坐曹门少客。

自然唯与睡相宜，以懒遭闲何惬适。从来羸苶苦疲困，况此烦欱正炎赫。

少壮喘息人莫听，中年鼻鼾尤恶声。痴儿掩耳谓雷作，灶妇惊窥疑釜鸣。

苍蝇蟆蟥任缘扑，蠹书懒架抛纵横。神昏气浊一如此，言语思虑何由清。

尝闻李白好饮酒，欲与锸杓同生死。我今好睡又过之，身与二物为三尔。

江西得请在旦暮，收拾归装从此始。终当卷簟携枕去，筑室买田清颍尾。

《于刘功曹家见杨直讲褒女奴弹琵琶戏作呈圣俞》(欧阳修)

大弦声迟小弦促，十岁娇儿弹啄木。啄木不啄新生枝，惟啄槎牙枯树腹。

花繁蔽日锁空园，树老参天杳深谷。不见啄木鸟，但闻啄木声。

春风和暖百鸟语，山路硗确行人行。啄木飞从何处来，花间叶底时丁丁。

林空山静啄愈响，行人举头飞鸟惊。娇儿身小指拨硬，功曹厅冷弦索鸣。

繁声急节倾四坐，为尔饮尽黄金觥。杨君好雅心不俗，太学官卑饭脱粟。

娇儿两幅青布裙，三脚木床坐调曲。奇书古画不论价，盛以锦囊装玉轴。

披图掩卷有时倦，卧听琵琶仰看屋。客来呼儿旋梳洗，满额花钿贴黄菊。
虽然可爱眉目秀，无奈长饥头颈缩。宛陵诗翁勿诮渠，人生自足乃为娱，
此儿此曲翁家无。

《读徂徕集》(欧阳修)

徂徕鲁东山，石子居山阿。鲁人之所瞻，子与山嵯峨。
今子其死矣，东山复谁过。精魄已埋没，文章岂能磨。
寿命虽不长，所得固已多。旧稿偶自录，沧溟之一蠡。
其余谁付与，散失存几何。存之警后世，若鉴照妖魔。
子生诚多难，忧患靡不罹。宦学三十年，六经老研摩。
问胡所惠心，仁义丘与轲。扬雄韩愈氏，此外岂知他。
尤勇攻佛老，奋笔如挥戈。不量敌众寡，胆大身幺麼。
往年遭母丧，泣血走岷峨。垢面跣双足，锄犁事田坡。
至今乡里化，孝悌勤蚕禾。昨者来太学，青衫踏朝靴。
陈诗颂圣德，厥声续猗那。羔雁聘黄曦，曦惊走邻家。
施为可怪骇，世俗安委蛇。谤口由此起，中之若飞梭。
上赖天子明，不挂网者罗。忆在太学年，大雪如翻波。
生徒日盈门，饥坐列雁鹅。弦诵聒邻里，唐虞赓咏歌。
常续最高第，骞游各名科。岂止学者师，谓宜国之蟠。
天寿反仁鄙，谁尸此偏颇。不知诙诙者，又忍加诋诃。
圣贤要久远，毁誉暂喧哗。生为举世疾，死也鲁人嗟。
作诗遗鲁社，祠子以为歌。

《哭圣俞》(欧阳修)

昔逢诗老伊水头，青衫白马渡伊流。滩声八节响石楼，坐中辞气凌清秋。
一饮百盏不言休，酒酣思逸语更遒。河南丞相称贤侯，后车日载枚与邹。
我年最少力方优，明珠白璧相报投。诗成希深拥鼻讴，师鲁卷舌藏戈矛。
三十年间如转眸，屈指十九归山丘。凋零所余身百忧，晚登玉墀侍珠旒。
诗老斋盐太学愁，乖离会合谓无由，此会天幸非人谋。颔须已白齿根浮，

子年加我貌则不。欢犹可强闲屡偷,不觉岁月成淹留。文章落笔动九州,
釜甑过午无馈馏。良时易失不早收,篋椟瓦砾遗琳璆。荐贤转石古所尤,
此事有职非吾羞。命也难知理莫求,名声赫赫掩诸幽。翻然素旐归一舟,
送子有泪流如沟。

《盘车图》(欧阳修)

浅山嶙嶙,乱石矗矗,山石硙硙车碌碌。山势盘斜随涧谷,侧辙倾辕如欲覆。
出乎两崖之隘口,忽见百里之平陆。坡长坂峻牛力疲,天寒日暮人心速。
杨褒忍饥官太学,得钱买此才盈幅。爱其树老石硬,山回路转,
高下曲直,横斜隐见,妍媸向背各有态,远近分毫皆可辨。
自言昔有数家笔,画古传多名姓失。后来见者知谓谁,乞诗梅老聊称述。
古画画意不画形,梅诗咏物无隐情。忘形得意知者寡,不若见诗如见画。
乃知杨生真好奇,此画此诗兼有之。乐能自足乃为富,岂必金玉名高赀。
朝看画,暮读诗,杨生得此可不饥。

《送姜秀才游苏州》(欧阳修)

忆从太学诸生列,我尚弱龄君秀发。同时并荐几存亡,一梦十年如倏忽。
壮心君未减青春,多难我今先白发。山花撩乱鸟绵蛮,更尽一樽明日别。

《送杨辟秀才》(欧阳修)

吾奇曾生者,始得之太学。初谓独轩然,百鸟而一鹗。
既又得杨生,群兽出麟角。乃知天下下,所识惭未博。
杨生初谁师,仁义而礼乐。天姿朴且茂,美不待追琢。
始来读其文。如渴饮醴酪。既坐即之谈,稍稍吐锋锷。
非唯富春秋,固已厚天爵。有司选群材,绳墨困量度。
胡为谨毫分,而使遗磊落。至宝异常珍,夜光惊把握。
骇者弃诸涂,窃拾充吾橐。其于获二生,厥价玉一毂。
嗟吾虽得之,气力独何弱。帝阍启岩岩,欲献前复却。
遣令扁舟下,飘若吹霜箨。世好竞辛咸,古味殊淡泊。
否泰理有时,惟穷见其确。

《诏重修太学诗》(欧阳修)

汉诏崇儒术,虞庠讲帝猷。丛楹新宝构,高杵逐欢讴。

照烂云甍丽,回环璧水流。冠童仪盛鲁,嵩柱德同周。

舞翟弥文郁,横经盛礼修。微生听昕鼓,愿齿夏弦游。

《和王平甫教授赏花处惠茶韵》(邵雍)

太学先生善识花,得花精处却因茶。万红香里烹余后,分送天津第一家。

《赠湖州使君李公择》(陈舜俞)

李侯车骑匆匆出,前驺不鸣随者急。不游台沼不寻山,独向城隅小蓬荜。

城隅蓬荜谓谁家,太学先生贤已卒。老妻犹在八十余,侯来为问夫人疾。

当时弟子犹五六,连袂追随昏仓卒。手调汤药进盂盘,劳问有无极纤悉。

巷人来观相欢喜,门外墙头闻唧唧。我思康定庆历间,天下文章极萧瑟。

读书不复问义理,破碎幺麽入声律。先生始出治庠序,辅养学者尊经术。

自兹道义及生民,晚见纁黄起遗逸。先生今来骨为土,名儒大义非前日。

朝登龙坂暮高官,旧学前功付幽黜。往往昔游苔雪人,诋讳不敢对以实。

李侯自是江南士,不预吾徒旧堂室。尊德乐道乃精诚,念老嗟贫固其秩。

魏文伏轼过西河,郑公名乡论高密。古来如君顾无几,于今走利尤非匹。

人言侯政如此多,试听风谣百之一。

《遗吴冲卿大飨碑文》(韩维)

苍碑剥龙螭,突兀古殿侧。世变文字异,岁久苔藓蚀。

谅非好事者,尘土未尝拭。我来仰首看,百过不自息。

曩者魏方盛,帝丕托威德。驰驱百万众,南指斗牛域。

誓将殄氛祲,饮马长江邑。翠华郁回翔,高会夸故国。

肃肃环佩响,煌煌羽旄饰。鼓钟何铿鞳,淮汉为震仄。

罢飨示得意,摛文永镌勒。从臣梁孟皇,隶法当世特。

奉诏无与让,淋漓奋其墨。尔来几千岁,卓卓见筋力。

端庄九鼎重，劲挺群珪植。威仪商山老，气象汉庭直。

惟昔铭楯戈，先儒固难迹。况我鄙陋极，视此空叹惜。

常恐日磨灭，不辨点与画。呼工模于纸，一扫见白黑。

缄包比琼瑶，把玩废寝食。于时大经九，有诏讲谬忒。

刊之太学中，为后代法式。冲卿邦家彦，学问古今积。

辞端海鲸运，笔力霜鹗击。况兹服儒官，洒翰固其职。

楷模所流传，历世动千百。自非体法正，徒使观者惑。

厥初篆草隶，根本君已极。聊持钉张玩，庶以参得失。

《奉和杨直讲除夜偶书》(韩维)

杨公白首困青骢，坐对流阴颇自嗟。半夜星文穷斗次，平明春色遍人家。

漫将愁思惊天运，好看新诗待物华。何日一樽相就醉，为君先探此园花。

《奉同原甫槐阴行》(韩维)

天门观阙双凌霞，下有驰道开平沙。高槐左右覆朱陛，绿阴翠气相蒙遮。

朝回亘云下宝骑，游散掣电奔香车。我惭太学官况冷，旦暮出此驱疲骡。

清风吹冷南就局，炎日转景东还家。昏然百事不知省，空复春叶零秋华。

《送河秘校鬲主簿良原》(韩维)

平时太学客，文藻士林传。憔悴尚一邑，声名空十年。

风烟长夏始，关塞浊泾前。莫作归来叹，将军好荐贤。

《正月十一日迎驾呈诸同舍》(曾巩)

锦袍周卫一翻新，警跸朝严下紫宸。俗眼望来犹眩日，天颜回处自生春。

行齐鹓鹭常随仗，步稳骅骝不起尘。归路青云喧鼓吹，乐游从此属都人。

《挽胡信芳上舍二首》(王珪)

(其一)濠上初相行，竹林曾共游。清文三峡水，爽气九华秋。

世已从新学，人谁与此流。遗芳端不朽，未信盖棺休。

(其二)清弋江村外，工山右县边。追游曾结社，许与更忘年。

郢斫无为质，牙琴有绝弦。巾箱遗墨在，披阅一潸然。

《和冲卿崇文宿营直睹壁上题名见寄并寄邵不疑》（司马光）

白袍昔纷纷，相与会东堂。帝梧碧萧瑟，翔集皆鸾凤。
伊予素空疏，滥吹翰墨场。不为群俊遗，出处联簪裳。
尔来凡六闰，转毂飞炎凉。同歌太学下，共醉金马旁。
修竹压窗寒，夭桃倚户芳。金盘剖卢橘，玉壶分蔗浆。
惊呼局上急，嘲笑杯间狂。神情一契会，形迹两俱忘。
欢余叹薄宦，离合何能常。濡毫纪岁时，挥霍素壁光。
去秋随相车，沿牒来东方。城中未遍辞，不疑逐南荒。
奔波走郊外，取别何苍黄。举觞未及尽，亟归还束装。
行行到官下，日积簿领忙。文书拥笔端，胥史森如墙。
况当三伏深，沾汗尤淋浪。细蝇绕眉睫，驱赫不可攘。
浟浟头目昏，始觉冠带妨。诚知才智微，吏治非所长。
惧贻知己羞，敢不益自强。因思瓯闽远，南走侵溟涨。
炎蒸异中县，从古无雪霜。终朝坐茅屋，监茗征行商。
欢哗费口舌，解囊收毫芒。不疑性高介，此困安可当。
山川几千里，问讯谁能将。冲卿居京邑，青云正腾骧。
寓直紫台上，风露澄东厢。清夜不成寐，缓步聊彷徨。
拂此壁上尘，远怀同舍郎。英辞欻感发，高义纷激昂。
泠泠宫殿虚，讽咏何琅琅。手书成两通，贮之古锦囊。
一往泉山南，一致汶水阳。坚重金璧体，光寒矛剑芒。
乃知贤隽心，浅俗示易量。何尝用荣枯，遽尔分否藏。
居然激衰薄，更使清风扬。

《和吴冲卿病中偶书呈诸同舍光时变卧疾》（司马光）

病来门不扫，秋草翳吾庐。弃置贤人酒，萧条长者车。
冥迷床斗蚁，润溽箦生鱼。药物从无继，箪瓢自有余。
形神寂可吊，身世邈相疏。何事文园客，消中亦著书。

《闰正月十五日夜监直对月怀诸同舍》(司马光)

雾净金波溢,天开碧幕空。夜寒虽料峭,春意自冲融。

熠熠枝上露,翛翛竹杪风。暂还林野兴,不似畜樊笼。

《闰正月十五日夜监直对月怀诸同舍》(司马光)

淡泊春云散,低昂北斗横。微分汉津雁,静识建章更。

浊酒怜虚爵,高文忆友生。前轩空不掩,怅息负孤清。

《上巳日与太学诸同舍饮王都尉园》(司马光)

冠盖郁相依,名园花未稀。游丝萦复展,狂絮堕还飞。

积弩遗风陋,兰亭旧俗微。何如咏沂水,春服舞雩归。

《和王少卿十日与留台国子监崇福宫诸官赴王尹赏菊之会》(司马光)

儒衣武弁聚华轩,尽是西都冷落官。莫叹黄花过嘉节,且将素发共清欢。

红牙板急弦声咽,白玉舟横酒量宽。青眼主公情不薄,一如省闼要人看。

《酬师道雪夜见寄》(司马光)

玉树交横雪后天,银河沉着斗栏干。笔峰微结冰丝涩,灯晕初成花烬残。

太学先生毡苦薄,公车倦客履仍单。欲吟佳句到清晓,夜寂愁闻金石寒。

《和之美二贫诗》(司马光)

君子尚仁义,宝用为身资。其人苟不贤,富饶亦胡为。

所以回宪徒,不厌糠与藜。当时万金产,令名传者谁。

之美初解褐,为吏长河湄。月得数斗禄,仅足供駏驉。

谓言家无宝,不必修藩篱。橐衣不自暖,乃为偷意窥。

穿墉入其室,探取无纤遗。从事借之带,同列乞共衣。

日高服未具,不敢逾门繬。萧条四壁寒,独立空自嗤。

援毫引幅纸,书作二贫诗。上言运命遭,温饫无时期。

下嗟职事劳,旧学日以隳。乃知贤者心,不独忧寒饥。

壏坎虽益多,志业终无衰。我实甚贫者,视君犹白圭。

行年三十余,碌碌无他奇。庇身太学官,旦夕唯盐齑。

读君二赀作,我事借君词。君诚士林秀,不免青衫卑。

满腹岂无才,抱蓄未有施。不用固为小,用之活蒸黎。

如君有此富,岂必藏珠玑。财贫非道贫,已矣何嗟咨。

《送巢县崔尉》(司马光)

弱岁家淮南,常爱风土美。悠然送君行,思逐高秋起。

巢湖映微寒,照眼正清泚。低昂蘼荷芰,明灭萦菱荇。

银花鲙肥鱼,玉粒炊香米。居人自丰乐,不与佗乡比。

况得良吏来,倍复蒙嘉祉。君为太学生,气格已英伟。

登科如拾遗,举步欻千里。毋嫌位尚微,观政此为始。

尊公久场屋,上国困泥滓。岂不重相离,念子勉为理。

当今佳誉新,烨烨满人耳。高堂虽在远,闻之足为喜。

何必羞三牲,然后称甘旨。

《送韩直讲郓州宁亲》(司马光)

车马俨何之,东冈旧有陂。三年别亲意,千里达家时。

去仕元戎幕,来为太学师。宁须负斗米,不复断机丝。

物色迎归鞚,光辉入寿卮。人生无此乐,此乐独君知。

《同张圣民过杨之美听琵琶女奴弹啄木曲观诸公所赠歌明日投此为谢》(司马光)

坐曹据案心目疲,出门上马行何之。阙然久不见之美,率意共往初无期。

正逢揽辔欲有适,为我却解连环鞿。闲轩适足容数客,夏木初繁有佳色。

呼儿取次具杯盘,青眼相逢喜无极。檀槽锦带小青城,妙质何须夸绮罗。

按弦运拨惊四座,当今老手谁能过。弹为幽鸟啄寒木,园林飒飒风雨和。

啄长爪短跃更上,丁丁取蠹何其多。曲终拂羽忽飞去,不觉酒尽朱颜酡。

已闻啄木曲,又观啄木歌。雄文更复值绝艺,有如天际倾长河。

今朝壮观诚极乐,去此将奈寂寞何。归来解带豁胸腹,坐踞胡床仰看屋。

从今三日不洗耳,耳内泠泠有残曲。人间何物号富贵,纡紫怀金尽虚器。

知君自处真得策,身外百愁都掷置。太学餐钱月几何,客来取酒现醒醉。

《武成致斋奉酬吴冲卿寺丞太学宿直见寄二首》(司马光)

(其一)广文更直太常斋,咫尺无从尽素怀。

　　　　不及清风得随意,夜深容易过天街。

(其二)雪后余冰尚缀檐,月华霜气入疏帘。

　　　　难堪琼玉惊心骨,坐觉清寒几倍添。

《和杨直讲寒食感怀》(苏颂)

永日轻风起暝阴,伤春情绪苦难禁。流连节物游人意,怅惜时光志士心。

桃李新芳添远思,龙蛇遗事感悲吟。知君退直饶欢趣,每向尊前赏奏音。

《和门下相公从驾幸太学》(苏颂)

圣主恢儒率旧章,首冬鸣跸下胶庠。生师袭博趋鳣序,文武端严列雁行。

承诏敷陈商戊甲,执经环立晋袁王。三千学者多才秀,定有同升孔子堂。

《用前韵戏赠叶致远直讲》(王安石)

叶侯越著姓,胄出实楚叶。缙云虽穷远,冠盖传累叶。

心大有所潜,肩高未尝胁。飘飘凌云意,强御莫能慑。

辟雍海环流,用汝作舟楫。开胸出妙义,可发蒙起魇。

词如太阿锋,谁敢触其铗。听之心凛然,难者口因嗋。

抟飞欲峨峨,锻堕今跕跕。忘情塞上马,适志梦中蝶。

若金静无求,在冶惟所挟。载醪但彼惑,馈浆非我谍。

经纶安所施,有寓聊自惬。棋经看在手,棋诀传满箧。

坐寻棋势打,侧写棋图贴。携持山林屐,刺擿沟港艓。

一抨尝自副,当热宁忘箑。反嗤褓襁子,但守一经箧。

亡羊等残生,朽箸何足摺。欢然值手敌,便与对匕箸。

纵横子堕局,腷膊声出堞。樵父弛远担,牧奴停晏馌。

旁观各技痒，窃议儿女嗫。所矜在得丧，闻此更心慑。

熟视笼两手，徐思捻长鬣。微吟静悁悁，坚坐高帖帖。

未快岩谷叟，斧柯尝烂浥。趋边耻局缩，穿腹愁危葉。

或撞关以攻，或觑眼而摩。或羸行伺击，或猛出追蹑。

垂成忽破坏，中断俄连接。或外示闲暇，伐事先和燮。

或冒突超越，鼓行令震叠。或粗见形势，驱除令远蹀。

或开拓疆境，欲并包总摄。或仅残尺寸，如黑子著靥。

或横溃解散，如尸僵血喋。或惭如告亡，或喜如献捷。

陷敌未甘虏，报仇方借侠。讳输宁断头，悔悮乃批颊。

终朝已罢精，既夜未交睫。翻然悟且叹，此何宜劫劫。

孟轲恶妨行，陶侃惩废业。扬雄有前言，韦曜存往牒。

晋臣抑帝手，皮侯何啻涉。冶城子争道，拒父乃如辄。

争也实逆德，岂如私斗怯。艺成况穷苦，此殆天所厌。

如今刘与李，伦等安可躐。试令取一毫，亦乏寸金锸。

以此待君子，未与回参协。操具投诸江，道耕而德猎。

《送直讲吴殿丞宰巩县》(王安石)

青嵩碧洛曾游地，墨绶铜章忽在身。拥马尚多畿甸雪，随衣无复禁城尘。
古来学问须行己，此去风流定慰人。更忆少陵诗上语，知君不负巩梅春。

《送裴如晦即席分题》(王安石)

飘然五湖长，昨日国子师。绿发约略白，青衫欲成缁。

牵舟推河水，去与山水期。春风垂虹亭，一杯湖上持。

傲兀何宾客，两忘我与而。能复记此饮，诗成酒淋漓。

《送杨骥秀才归鄱阳》(王安石)

客舍风尘弊彩衣，悲吟重见雁南飞。荆山和氏方三献，太学何生且一归。
旷野已寒谙独宿，长年多难惜分违。巾箱所得皆幽懿，亦见乡人为发挥。

《酬随子直十五兄》（郑獬）

通州穷并大海涯，厥壤不毛坤德亏，床下矍索穴蟏蛸。我初来居常吟悲，
见君颜采方伸眉。眸子清彻黳垂颐，中怀洞然无由歧。镌镵文字干有司，
古书细钞指生胝。弟侄兔雁行累累，脱衣易粟饴其饥，慈祥孝友乡里推。
前者天子亲缋祠，黄纸赦书疾风驰。挂罗山林网逸遗，守臣奉诏敢言迟。
外台使者争荐之，野庐供饩礼所宜。白袍大袖何纷披，来居太学森兰芝。
世俗讥议喜瑕疵，苍蝇往来工谗词。椎凿璞玉生疮痍，猛虎不如墙下狸，
听者虽明岂无疑。紫薇群公文章师，发以巨策健笔随。铺纸吐论语亦奇，
缀名纸末何其卑。藻火为裳诚倒施，赤骥不得黄金羁，编之下枥耳赢垂。
令我包羞心郁伊，一舸东入长淮湄。勿言显发遂无期，青衫犹足慰妻儿。
海陵得君七字诗，重谢解谤称相知。我虽有言如钝锥，说之不入何能为。
愿子加餐善自持，高山峨峨寸土基。前途如壁不可窥，荣落穷通各有时。

《酬余补之见寄》（郑獬）

吾友补之会稽家，高眉大眼称才华。入京共收太学第，姓名头角相撑磨。
高楼管弦相与杂，黄金酒面溶成波。樽前轩昂如孤鹰，四顾不见雀与蛙。
试招纸笔恣挥扫，纵横喷薄不可遮。我疑君心如春风，呵吐草树皆成花。
忽然惊爆险绝句，旱天霹雳雷霆车。我辈观之瞪两眼，汗流满面空长嗟。
明年南北别君去，落照满帆秋风斜。天涯朋欢少披豁，还如穴鳢跳泥沙。
两耳喧聒久厌苦，思君便欲飞仙槎。前时得君山阳书，副之长句封天葩。
笔墨劲健愈精绝，铁绳钮缚虬爪牙。有时风雨恐飞去，尝自密锁金鸦叉。
嗟我文字苦悭短，才力不敌两角蜗。下笔欲答辄自止，如君一句已可夸。
持此聊且谢勤叩，念君不见愁无涯。

《何处难忘酒》（王令）

何处难忘酒，王朝四海中。鱼鸢上下乐，羌狄朔南通。

万玉丛丹陛，千簧合辟雍。此时无一盏，何以乐成功。

《寄都下二三子失举》(王令)

太学虀盐共苦辛,寒窗笔砚日相亲。梁王台畔一分袂,扬子江头三换春。
篋里黄金须买酒,鬂边白发解欺人。穷通得丧谁能定,况是男儿有此身。

《闻太学议》(王令)

白日流上天,牛虱无遁形。万目尽为用,而不骇日明。

穴鼠夜值萤,喋喋相聚惊。鼠穴不日通,鼠足不日行。

已矣不自识,乃此萤爝矜。鲔虾陷井坎,莫与江海争。

笼禽不天飞,讵识云汉冥。咄哉浮薄儿,勉为高大营。

《驾幸太学》(韩忠彦)

恢崇儒教顿生光,天子亲来幸上庠。星弁煌煌环帝座,霜袍密密缀周行。
庙祠稽首尊先圣,书义终篇劝嗣王。学道深惭非入室,此辰荣事亦升堂。

《公堂置酒群彦咸集作诗呈学中诸先辈且用叙别》(朱长文)

汉有郡文学,儒宫所宗师。稚圭虽叹滞,邓禹犹愿为。

圣朝兴庠序,内外振新规。嗟余介且拙,性与丘壑宜。

青山起泮水,六月开辛夷。经术聊辨惑,文章非振奇。

群英何济济,屈就董生帷。讲习良可乐,教学交相资。

但观芹藻长,不恤颜鬂衰。忽传太学命,飞诏下天涯。

自省草茅贱,岂称廊庙知。亲友颇敦迫,黾勉趋官期。

生平好古心,或冀伸此时。偶兹春莫毕,将与诸生辞。

浊酒多如渑,颂贶自守麾。乡饮久不讲,礼意犹可追。

高阁矗丹槛,公堂焕云楣。衰衣二百众,齿发叙尊卑。

笾豆俨在列,鹓鸿来有仪。珍馐荐瑶筋,虽醉尚肃祗。

式燕固云喜,有行尤怆离。勉旃重勉旃,修业戒荒嬉。

黼绣在德义,金玉惟书诗。豫章生拱把,群木共蒇葳。

养之得其性,自有凌云枝。又如甽浍流,不息趋天池。

居乡为闵参,得志慕皋夔。当令竹帛间,炳炳令名垂。

《东方书生行》(苏辙)

东方书生多愚鲁，闭门诵书口生土。窗中白首抱遗编，自信此书传父祖。

辟雍新说从上公，册除仆射酬元功。太常弟子不知数，日夜吟讽如寒虫。

四方窥觎不能得，一卷百金犹复惜。康成颖达弃尘灰，老聃瞿昙更出入。

旧书句句传先师，中途欲弃还自疑。东邻小儿识机会，半年外舍无不知。

乘轻策肥正年少，齿疏唇腐真堪笑。是非得失付它年，眼前且买先腾踔。

《送龚鼎臣谏议移守青州》(苏辙)

稷下诸公今几人，三为祭酒发如银。梁王宫殿归留钥，尚父山河属老臣。

沂水弦歌重曾点，菑川故旧识平津。过家定有金钱费，千里争看衣锦身。

《次韵杨褒直讲揽镜》(苏辙)

鬓发年来日向衰，相宽不用强裁诗。壮心付与东流去，霜蟹何妨左手持。

花发黄鹂巧言语，池开杨柳斗腰肢。劝君行乐还听否，即是南风苦热时。

《次韵蒋夔寒夜见过》(苏辙)

都城广大漫如天，旅人骚屑谁与欢。北风号怒屋无瓦，夜气凝冽冰生槃。

雪声旋下白玉片，灯花暗结丹砂丸。叩门剥啄惊客至，吹火仓卒怜君寒。

明时未省有遗弃，高论自笑终汗漫。识君太学嗟岁久，至今客舍犹泥蟠。

正如憔悴入笼鹤，坐见摧落凌风翰。明朝尚肯过吾饮，有酒不尽行将酸。

《次韵孔平仲著作见寄》(苏辙)

治生非所长，儿女惊满屋。作官又迂疏，不望载朱毂。

因缘罥罪罟，未许即潜伏。空余读书病，日与古人逐。

老妻怜眼昏，入夜屏灯烛。上官念贫窭，时节馈醪肉。

衰年类蒲柳，世事剧麻粟。数日望归田，寄语先栽竹。

文章亦细事，勤苦定何足。君诗四相攻，欲看守障哭。

愧无即墨巧，不解火牛触。自非太学生，雕琢事干禄。

安心已近道，闭口岂非福。胡为调狂词，玉石相落碌。

腹中抱丹砂，舌下漱白玉。作诗虽云好，未免乱心目。

奕秋教二人，不敢志鸿鹄。摩诘非不言，遗韵寄终曲。

《次韵李遠见赠》(苏辙)

太学群游经最明,青衫憔悴竟何成。齑盐仍作当年味,名誉飞蝇过耳声。

《送蒋夔赴代州教授》(苏辙)

忆游太学十年初,犹见胡公岂弟余。遍阅诸生非有道,最怜能赋似相如。
青衫共笑方持板,白发相看各满梳。暂免百忧趋长吏,勉调三寸事新书。

《送元老西归》(苏辙)

昼锦西归及早秋,十年太学为亲留。读诗俯就当年说,答策甘从下第收。
莫嫌簿领妨为学,从此文章始自由。家有吏师遗躅在,当令耆旧识风流。

《驾幸太学》(李之纯)

羽卫金舆焕彩章,天街端去入虞庠。严师致奠初加拜,延讲终篇不计行。
万乘屈尊先郡国,诸生赐坐亚侯王。辅臣归美荣歌咏,首发清风政事堂。

《遣百朋赴太学补试》(孔武仲)

冉冉浪相逐,江湖今十年。念使从远学,家贫乏鞍鞯。
一官来京都,环堵当西阡。学省咫尺近,彷佛闻诵弦。
暂当辞家庭,裘马去翩翩。英豪多出此,切琢期勉旃。
昔我远方来,算里近五千。清灯耿残月,积雪堆穷年。
对经必敛衽,求师欣执鞭。绚藻颇不乏,屡贡多士先。
所愿克堂构,使我安食眠。尔祖最尔爱,置膝自抚怜。
追恨不及见,泪下如涌泉。

《送郑闳中待制提举洞霄宫》(范祖禹)

成均祭酒出储胥,叹息东门祖二疏。顾我言非韩吏部,多公节似孔尚书。
诸生共惜阳城去,三径重开蒋诩居。琳馆遥瞻霄汉外,秋风一鹤上空虚。

《驾幸太学》(刘奉世)

圣典重精及表章,旷仪亲举自宗庠。纵观桥拥浮云盖,侍问庭充振鹭行。
首举儒风隆上国,光增帝业掩前王。太平荣遇惭多幸,重见歌虞起庙堂。

《送陈守仁入太学》(郑侠)

父子本天性，至恩无比伦。 矧公之尊府，子舍公一身。

料从少小来，迨兹壮有室。 未尝越旬月，远去慈亲膝。

借问今何之，千里具行装。 答言为道艺，愤悱趋上庠。

有客前献言，惟道若大路。 驾子天神明，贤圣在举步。

幽堂列坟典，周孔以为师。 学成名亦遂，且不离庭闱。

答云子言善，在予非不知。 父母生我身，劬劳靡不为。

垂髫俾之学，外不与毫丝。 乃今有室家，儿女发已束。

分寸无所立，何以酬顾复。 如彼甲与乙，名高髦俊科。

又若丙与丁，禄位今嵯峨。 是皆予亲友，予独无所就。

是以不宁居，忙于贾求售。 昔者三千徒，负笈洙泗滨。

孟轲远游学，母老仍家贫。 尚违晨昏侍，以就德业新。

盖以慈爱心，惟期已成达。 男子四方志，安能恋房闼。

客前贺曰都，事固无必非。 子志乃如此，顾予安得知。

在家事多夺，远大非可必。 大孝在显亲，为子解羁絷。

日月如逝波，无方可维絷。 陶侃惜分阴，仲尼犹不及。

自古力道业，寸晷垂琳璆。 子今道所出，处处足浇浮。

阳和达京辇，士女方春游。 百宝妆楼台，歌喉珠宛转。

恼乱巧迎逢，偏能伺方便。 平生足持守，到此总不见。

又有非辈流，频频甚莺斯。 顾盼借颜色，谈笑怀奸欺。

从容樽酒间，留连棋局上。 英豪俊杰心，鲜不由此放。

子今志者大，思虑宜益正。 慎子之朋侪，力与光阴竞。

由此期显亲，昊天其斯应。

《次韵和答孔毅甫》(黄庭坚)

鹏飞鲲化未即逍遥游，龙章凤姿终作广陵散。

溢浦炉边督数钱，故人陆沉心可见。

气与神兵上斗牛，诗如晴雪濯江汉。

把咏公诗阖且开，旁无知音面墙叹。

我今废书迷簿领，鱼蠹笔锋蛛网砚。

六年国子无寸功，犹得江南万家县。

客来欲语谁与同，令人熟寐触屏风。

窃食仰愧冥冥鸿，少年所期如梦中。

江头酒贱樽屡空，南山有田岁不逢。

相思夜半涕无从，千金公亦费屠龙。

《次韵章禹直魏道辅赠答之诗》(黄庭坚)

我老倦多故，心期马少游。　愿为春眠蚕，吐丝自绸缪。

翩翩魏公子，阅世无全牛。　吹嘘鼓万物，领袖倾九流。

昨来怀白璧，往撼西诸侯。　中丞文武将，良非卫霍侔。

誓开河源地，画作禹贡州。　壮士捐躯死，鲸鲵尚吞舟。

客心无一寸，草食随百忧。　故人道旧语，末路非前筹。

重来滕王阁，枫叶江上秋。　章子饱经术，赋诗如曹刘。

太学得虚名，权势殊未尤。　祸机发无妄，对吏抵抢头。

遇逢椎鼓赦，帝泽万邦休。　章江三年拘，解装买莫愁。

丽姬泣又悔，生故难豫谋。　邂逅识面晚，困穷理相收。

夜语倒樽酒，参旌偃风旒。　两公但取醉，古今共高丘。

《送石长卿太学秋补》(黄庭坚)

长卿家亦但四壁，文君窥之介如石。胸中已无少年事，骨气乃有老松格。

汉文新览天下图，诏山采玉渊献珠。再三可陈治安策，第一莫上登封书。

《驾幸太学》(秦观)

原庙初更十二章,还舆诏跸幸诸庠。法天璧水遥迎仗,应夜深衣不乱行。
风动四夷将遣子,礼行三舍遂宾王。前知此举追虞氏,果有球音发舜堂。

《春雪监中即事二首》(晁补之)

(其一)愁云欲雪纷来族,微霰铮鏦先入竹。

舞空蛱蝶殊未下,迸瓦明珠正相逐。

仆夫无事困薪苏,乌鸟不鸣依室屋。

肺病恶寒望劝酬,桔梗作汤良可沃。

(其二)白云自非桃李族,阳春且止听黄竹。

江风吹苇暗天地,鸥鸟纷纷起追逐。

请看万瓦变璠玙,平日尘寰无此屋。

闲居幽事亦堪论,小迳苗生土增沃。

《国子监暮归》(晁补之)

杖屦清晨往,缥囊薄暮归。闲官厅事冷,蝴蝶上阶飞。

《用文潜馆中韵赠蔡学正天启》(晁补之)

蔡侯饱学困千釜,濯足清江起南土。立谈颇似燕客豪,快夺范睢如坠雨。
东城禽羽未足言,柏直何为口方乳。蒋侯山中伴香火,三年不厌长斋苦。
平生傀落有谁同,要得张侯三日语。昼闲那自运甓忙,时清不用闻鸡舞。
桓荣欢喜见车马,书册辛勤立门户。自当食肉似班超,猛虎何尝窥案俎。

《出都呈十五叔父》(晁补之)

凌兢瘦马不堪驱,塞眼红尘暗九衢。太学虀盐聊乐只,故园桃李且归欤。
上书北阙三年困,种豆南山一半芜。忍志动心天相我,莫惭关吏辱陈余。

《次韵太学黄博士冕仲同考试作》(晁补之)

日边传诏天街幕,草草西城车马聚。官曹一见故情亲,宴语识君心志古。
成安长孺澶渊守,昔君羁游所为主。我穷亦号成安客,文采初无君一缕。

胸中万顷复谁同，正有君家贤叔度。官事留人何鞅掌，广文杨柳花飞户。好书老未置鈆椠，学经晚始羞章句。乘槎况自风格有，病蛰那可形容慕。成诗莫惮继日传，青骢御史呼归去。

《次韵太学宋学正遐叔考试小疾见寄》（晁补之）

萧然如裴叔则，颊毛疏复长。

邈然如王夷甫，高致宜庙廊。

功名四皓云泉外，诗赋三间草木香。

君莫夸熙宁登科面玉雪，只今未老鬓发苍。

不应弹琴酒炉坐，消渴还有禅病缚。

不忘相抛白社一岁长，浮我杜举须十觞。

结交齐东李文叔，自倚笔力窥班扬。

谈经如市费雌黄，冰炭何用置我肠。

胜游独不思迎祥，漾舟荷碕水中央。

《试院次韵呈兵部叶员外端礼并呈祠部陈员外
元舆太学博士黄冕仲》（晁补之）

盛世天休沓，真人宝历开。太任当政阃，元老位公槐。

莫盛官人始，相从试士来。鸣珂咸俊彦，索米独尘埃。

未叹官曹隔，多惭赏监陪。成川须呷潝，崇厦要条枚。

文武中铨集，丹铅百卷堆。豚鱼聊可辨，皮弁不应恢。

虎出争亡矢，蛇成屡夺杯。调钟求雅溢，烈火试珉瑰。

绿暗惊庭叶，朱明换律灰。得枭夸艾捷，闻鹤悼坚摧。

茧绪谈飞麈，渑波酒把罍。赓酬皆绝韵，搜索病非才。

半是仙槎客，曾随禹浪雷。遭时鱼奋角，失路剑生苔。

胆气冲星在，词源卷汉回。声名改闾里，轩冕映舆台。

谖草怀堂北，灯花粲妇腮。凉风吹枕梦，薄雨滞城隈。

号奏天官近，胪传御史催。康衢骥鸣跃，归橝仆谨哈。

华省深扃钥，衡门翳草莱。尚怀休假远，别语重裴徊。

《送郑季常赴太学正》(杨时)

驱车出西城,眷言与君违。北顾临康衢,问子将焉之。

赤骥度渥洼,终当饮瑶池。成都九轨道,一跃不可追。

浮尘暗荆棘,捷径行多迷。长风战秋林,零露沾人衣。

青松不改柯,期子清霜时。

《和门下相公从驾幸学》(张耒)

继圣文明举旧章,儒宫传跸驻胶庠。地疑阙里弦歌宅,经奏周书隶古行。

遣子东夷思入学,受成西旅仁来王。鲁侯在泮犹歌诵,盛事须刊孔子堂。

《挽顾学正》(郑居中)

可惜病相如,谁寻封禅书。双亲千里外,一叶九秋余。

风露翻归旐,尘埃锁故庐。虎丘山下路,会葬有乡车。

《挽顾学正》(郑居中)

广文官舍冷如冰,几叹朝衫脱未能。忽买春田埋玉地,犹悬绛帐读书灯。

佳名空缀仙都石,妙偈争传海寺僧。一幅粉旌春水漫,惜君谁不涕奔腾。

《答周行己相赠行己端慎太学诸生忌之》(李廌)

佳人寓云端,饵霞服灵烟。举手谢时人,信尔非我缘。

谁令山中瓢,酌此闤闠泉。舍尔芝兰芗,一染渐余膻。

鈆黄强为容,孰竟谓子妍。眷焉反初素,此道自古然。

《甲子春趋太学过华山赋仙掌峰》(李新)

一掌巍然占碧巅,分明高举欲擎天。升沉尽待招携力,指点都归造化权。

好与清霄扶日月,莫留寒嶂弄云烟。不知千古兴亡事,屈指而今是几年。

《柬吕太学祯》(邵知柔)

当时欲杀尚怜才,奏稿流传读转哀。一寸心丹朝士愕,十分头白道州回。

汴京今日犹豺虎,陵寝多年没草莱。圣主不胜尝胆恨,先生无用鹤书催。

《提宫宇文朝议挽辞》（郭印）

忆昔我弱冠，辟雍尾群英。公时少二岁，籍注国子生。

同舍气味同，异姓而弟兄。厥后公筮仕，我亦猎科名。

参辰不相比，邈焉笑语并。云溪既卜筑，来往数逢迎。

玄谭入理窟，淡交遗世情。邑人敬二老，可为来者程。

顷年我出使，公言勉一行。偻指解绶归，请当踵前盟。

山颓梁木坏，闻讣恍以惊。迹公生平事，表里皆纯诚。

居家简以肃，从官廉而平。应酬心地虚，不见喜愠萌。

处顺悠然去，了无丝发惊。乃知学道力，坚刚老益明。

天报良未已，诸孙何铮铮。回首丹旌路，风悲涕泪横。

《夏至日与太学同舍会葆真二首》（陈与义）

（其一）微官有阀阅，三赋池上诗。林密知夏深，仰看天离离。

　　　　官忙负远兴，觞至及良时。荷气夜来雨，百鸟清昼迟。

　　　　微风不动蘋，坐看水色移。门前争夺场，取欢不偿悲。

　　　　欲归未得去，日暮多黄鹂。

（其二）明波影千柳，绀屋朝万荷。物新感节移，意定觉景多。

　　　　游鱼聚亭影，镜面散微涡。江湖岂在远，所欠雨一蓑。

　　　　忽看带箭禽，三叹无奈何。

《归昆山省亲别太学同舍二首》（郭章）

（其一）菽水年来属未涯，羞骑款段出京华。

　　　　涨尘回旋风头紧，绮照支离日脚斜。

　　　　掠过短莎惊脱兔，踏翻红叶闹归鸦。

　　　　不堪回首孤云外，望断淮山始是家。

（其二）也知随俗调归策，却忆当年重出关。

　　　　岂是长居户限上，可能无意马蹄间。

　　　　中原百觐知谁运，今日分阴敢自闲。

　　　　倘有寸功裨社稷，归来恰好试衣斑。

《再次前韵酬赵宝学》(林季仲)

佳章一见一开颜,读向寒窗到日斑。笔阵知公来似雨,诗肩笑我耸如山。
皂雕气欲凌千里,老骥身犹绊六闲。闻说汉庭思祭酒,诏书相继促河间。

《送孙伯野》(杨适)

清议岂徒光四户,直声应已到三韩。黄门有手能批敕,太学无人为举幡。

《和成都张通叔韵简范伟明》(王之道)

高楼半天夸奕奕,一室萧然再经昔。君今盘礴知几时,邂逅相逢俱是客。
襟怀磊落我辈人,倾盖便觉情相亲。欲知富贵未乾没,岷山锦水钟精神。
范侯国学同舍友,闻与吾人最亲厚。别来不寄一行书,有便何妨为予取。

《送无为倅张南仲归吉州》(王之道)

吾友李粹老,少也游胶庠。六年得一第,自谓贵且昌。
袵席不知戒,飞黄中道僵。三阅大渊献,岁月亦已长。
嗟嗟死非所,至今未能忘。忠言类良药,苦口不见尝。
那知兵火余,获见同舍郎。来丞濡须郡,两岁依余光。
邂逅偶及此,为之泪淋浪。高义藉激薄,美政称扶伤。
康沂富邦国,何独歌王祥。江城四月尽,麦熟梅子黄。
归与佐吾君,谈笑跻羲皇。遥应不可留,船头鼓其镗。

《送彦立兄游太学以恩袍草色动为韵五首》(王之道)

(其一)鼠腊要非玉,籈声偶先埙。穷通一生事,早晚焉足论。
　　　　行行欲何之,阔步登金门。有意韩淮阴,报雠如报恩。

(其二)西风晓飞霜,猎猎吹征袍。丁宁顾婢语,肯效儿女曹。
　　　　举鞭问长安,诗海今谁豪。我欲从之游,痛饮歌离骚。

(其三)文章我家勚,人唤腹为麓。随行载中书,所至得挥扫。
　　　　新诗如秋月,皎皎清更好。惠连有佳梦,池塘遍春草。

（其四）梅花破朝寒，似欲壮行色。骎骎小骊驹，回首便数驿。

一鹗在云路，鸷鸟空累百。从令马宾王，不是新丰客。

（其五）君子赠以言，古人重相送。大梁在何许，我心欲飞动。

兄才如青钱，万选仍万中。行矣喜冬晴，北方地多冻。

《绍兴中兴上复古诗》（张嵲）

天监我宋，受命以人。咋为乱阶，以启圣人。皇帝嗣位，其仁如春。

万邦欣戴，共惟帝臣。垂衣高拱，惟务俭勤。恤民不怠，懋稼欢分。

卑宫勿饰，服御无文。膳食取具，不羞庶珍。内宫弗备，简御嫱嫔。

抑损戚畹，登崇搢绅。吏除苛绕，狱去放分。刑罚不试，号令不频。

旰食宵衣，导率以身。行之期年，天下归仁。皇帝躬行，过于尧禹。

如天不言，乃帝之所。内资禀命，外须训抚。不有相贤，孰资察补。

天舍其衷，遗之硕辅。实惟旧臣，乃吾肱股。昔以梦求，今以德错。

皇帝曰咨，惟予与汝。我唱而和，无或疑阻。如手如臂，如心如膂。

如彼事神，汝为椒糈。如彼琴瑟，相待戛拊。相臣受命，于帝其训。

敢惮夙宵，以图淑问。衣不及带，冠不暇正。内事抚摩，外修好聘。

忍尤攘纷，徂惟求定。皇帝之孝，克迈帝舜。相臣佐之，兹惟无竞。

上感穹昊，下格殊邻。以暴为恩，易顽以驯。母后既归，东朝侍御。

天下载欢，若饥得哺。天子躬俭，惟亲是丰。未明求衣，朝长乐宫。

礼备家人，养以天下。先意承旨，事无违者。天子行孝，天下承风。

胥训胥效，比屋可封。乃建中宫，以母四海。诗首关雎，易称中馈。

天子之尊，亦资内助。上奉慈颜，下式寰宇。事亲底豫，化民致和。

始于壶阃，邦国是讹。太学肇建，四方是极。增博士员，导以经术。

有来英髦，充牣上京。三年大比，以考其成。异时之用，维公维卿。

石渠广内，图书之渊。羽陵之蠹，断简之编。是息是游，英俊在焉。

逸群之彦，比迹卿云。怀材待问，发闻扬芬。驰骋古今，上下典坟。

考正律度，是为景钟。导和殖财，国用以丰。不宛不槶，咸中典刑。

有涣其章，上公是铭。兹器惟则，允为国经。德爵之亚，莫尚惟齿。

班序颠毛，以为民纪。
井田既坏，民困劫假。
非上临之，孰拯其命。
皇帝日咨，费财无艺。
匪帝命之，臣子曷议。
人事既洽，惟神是事。
帝御六龙，冕十二旒。
合袪天地，侑以祖考。
登降跪起，有肃其容。
其庙维何，可以观德。
原庙继作，以游衣冠。
礼成而退，祗奉不渎。
置祠为民，其宫有洫。
天人相际，福禄攸同。
我黍与与，我稷翼翼。
乃营吉壤，肇建高禖。
以弗以祈，有秩斯祜。
事神保民，以莫不祗。
非维丰之，又布濩之。
礼义兴行，民俗以臧。
和气所蒸，化为瑞物。
考传验符，远人不贰。
丰年屡应，众瑞应图。
君臣相戒，可否吁俞。
在昔中兴，周汉二宣。
其臣歌颂，或列于雅。
词臣伏罪，无以塞责。
日官西掖，待罪文字。

乡饮既行，郡邑是遵。
乃正经界，以实多寡。
诞弥之节，式宴示慈。
亲降德音，以禁肆侈。
著之令甲，付之史官。
于庙于郊，各尽其礼。
既新宫架，既备礼服。
乐奏六变，其音肆好。
天地并况，瑞物来下。
德盛不祧，祀事不忒。
若节春秋，皇帝庥止。
天子万年，永绥遐福。
既仿谬忌，道开八通。
国南千亩，是为帝籍。
以享以祀，以为民食。
何以歆之，帝德不回。
千亿之祥，兆于帝武。
上帝临之，云何以报。
东西北南，咸锡予之。
桴鼓不鸣，狱讼衰息。
甘露零庭，近在郊邑。
或剖其中，自然成文。
皇帝谦恭，不以自居。
政过三代，言成典谟。
夏康商宗，汉祖晋元。
方之皇帝，爝火太阳。
谁其诗之，以佐皇德。
敢颂厥美，以赞后功。

洙泗之风，无复斸斸。
赋入既均，贫富不病。
乐不计费，孰敢节之。
天下欢然，称盛德事。
永永万年，无或敢干。
其郊维何，藏事圜丘。
有洁其牲，有温其玉。
问谁相祀，实维上公。
天下万年，以有神嘏。
祖庙既饬，旅楹有闲。
荐献有容，祖考咸喜。
天神贵者，莫尊太一。
皇帝临飨，威神是崇。
天子肇祀，以祈黍稷。
福禄绥之，万世无斁。
瑞乙既至，后率所御。
天锡皇帝，圣钦不迟。
维年屡丰，诸福是效。
稼茂于野，粟积于仓。
人有盖藏，道无捐瘠。
有木呈祥，合枝共柢。
太平是告，希代莫闻。
图回庶事，益慎厥初。
历选后辟，前载所无。
咸用干戈，配天祀夏。
顾无歌诗，垂世用光。
下臣张嵲，过不自揆。
江汉崧高，不足比隆。

《送砚与周宰》（朱翌）

巧匠斲山取山骨，媪神拱手不敢惜。　因隆作防洼作池，以金为声玉为质。
藉以绨衣便挈携，置之乌皮长拂拭。　忆昨随计西入关，太学三年同寝食。
晨昏缀缉困蝇头，岁月磨研取鸡肋。　时来偶题千佛经，吾自无功子何得。
只今懒慢大可笑，身外了然无一物。　经时不脱管城帽，子宜不赐汤沐邑。
我今容子乞身去，却到安宜宰君室。　宰君真是潇洒人，文章机杼乃自出。
陈元毛颖费追呼，子坚而厚宜比德。　从兹去给上方札，便当入珥螭坳笔。
切勿劝草封禅书，亦莫上献开边策。　愿君发明错与谊，昨奏条画今所急。
忠言谠论闻四方，砚乎汝为不失职。

《寄张子公》（朱翌）

政和圣人拜贤书，陛胪春晓传天衢。　集英殿下八百众，一时如公此策无。
万口一词期第一，擢之第三众不怿。　诸公贵人原相识，戒阍走马要君入。
君言不媚有药石，国子先生乃例得。　我亦跪起就穿执，妄意得蒙子公力。
六年一别安宜北，忧患压人气不出。　闻之减米符离日，首阳激贪用一律。
呜呼四海鸣锋镝，白昼豺狼恣吞吸。　帝在奉天颇仓卒，丝纶政渴宣公笔。
缄情远附雪原鹣，愿公来扈巡南跸。　平泉松菊凌霜碧，伐叛亭成燕宾戚。
起居因书问晨夕，宜为苍生调鼎食。

《和张直讲》（曹勋）

老境从远事事慵，却寻幽刹寄年丰。　本无虚舍能回暑，赖有疏篁可致风。
臭腐回尝忘物化，箪瓢宁复较天穷。　向来羽气端如故，经醉犹能间一中。

《过蒋学正三径庵》（史才）

纷纷处世美鸣珂，君隐考盘诗独哦。　三径早知皆坦路，一庵聊复障颓波。
田园无悔归家晚，松柏存看绕舍多。　笑我身闲闲未得，不知何日再相过。

《挽张直讲》（王之望）

早岁英声已绝尘，暮年高节更殊伦。　绛帷久擅诗书乐，朱邸频酾酒醴醇。
不许功名书竹帛，祗将文行照簪绅。　乡邻若欲存遗范，祭社端宜配古今。

《次韵程天游叙旧》(葛立方)

太学齑盐怆语离,半周甲子定何之。霜空过雁我宴坐,云路看鸿君赋诗。
鄙客政忧陈仲举,谈谐喜值庾元规。东邻更有程居士,鼎足论文妙一时。

《学中诸士子惠和篇复次韵为谢》(吴芾)

欲为多士劝,聊缀五言成。乃得琼瑶报,仍闻韶濩声。

尘襟因顿豁,老眼为增明。有句能如此,何忧万里程。

《寄刘与权与几》(吴芾)

君在桃源山下居,我家相距百里余。神仙襟韵固异禀,草木臭味曾不殊。
一日京华定交契,十年太学论诗书。断金全义薄云汉,阔视往往轻俗徒。
一时侪辈稍推许,二刘之外称三吴。风云际会有早晚,一吴近已联朝裾。
四子徒怀经济术,蹭蹬今犹卧海隅。苍生颙颙未苏息,天意其肯终舍诸。
丈夫遇则行所学,未遇不应为腐儒。共约天台最深处,考定古今相与俱。
所冀激昂平日志,力取功名摅壮图。谁知人事竟好乖,合并欲进还趑趄。
空堂独坐吊形影,仰天还觉兴长吁。却忆长安日,相亲如友于。
一朝不会面,犹且嫌迹疏。何况久暌隔,动见岁月除。
竟负鸡黍约,中心当何如。窗间琴数弄,花下酒一壶。
自歌还自酌,此意君知无。闻君南塘富山水,清虚旷绝如西湖。
好藏头角俟雷雨,他年同跃天之衢。

《挽五兄知府二首》(吴芾)

三吴意气各翩翩,尚忆俱游太学年。伯氏久惊归厚夜,吾兄远复掩新阡。
自怜门户今衰矣,回想音容只泫然。犹幸诸儿浑竞爽,他时当不负家传。

《观曹寿卿上舍诗轴题其后二首》(陈棣)

(其一)君诗字字敌双南,直把骊珠取次探。

李杜盟寒谁共主,曹刘机浅不须参。

囊中句好缘多爱,天外心归计饱谙。

读罢长编如隽永,自然齿颊带余甘。

（其二）欲观骚雅继周南，虎子应须虎穴探。

策蹇冲寒将类贾，避堂舍盖愿同参。

书能泣鬼世谁信，诗解穷人我自谙。

但得低头拜东野，此心依约已先甘。

《次张益州芝草十二韵》（李石）

绍兴己卯武成庙，庙殿之栋三秀芝。　学官奔走暨多士，日绕百匝不暂离。

欲奏九重望恩幸，寒饿水火如切肌。　先期到堂白宰相，宰相曰可甚易为。

乐工伶伦饰金玉，拟荐清庙裁歌诗。　石时官忝博士职，岂敢立论超等夷。

曰此五行金沴木，木不曲直尝闻之。　将军鹰扬兆异气，弄兵往往忧潢池。

刻今裕民民未裕，圣虑日轸天下饥。　斯言一出自拭目，再召再逐弥岁时。

山东山西将与相，一天雨露均无私。　喜闻谋帅用乡士，乖崖以来无此奇。

目之所睹世有异，口不敢言人更知。　顷年喋血岷峨下，启此厉阶端自谁。

种芋从今我田喜，沤麻却得吾水滋。　中和薰蒸感瑞物，雪山增重阴云披。

昔人佳政喜传授，便谓子产胜子皮。　江南诸子识我语，帐下未忍骄群儿。

商山一曲似可作，出处恐笑山翁痴。　不如去学赤松子，掉舌三寸为帝师。

《石经堂》（李石）

我来一登石经堂，从以诸生行两庑。　诸生读经半白头，问以始终箝不语。

我闻此经昔中都，郎中所隶乃其祖。　迩来离乱已亡失，楷本仅能传蜀土。

蜀王闰位供扫除，独此仍为盛时取。　为将严镭守重扃，护以缭垣崇遹宇。

列之学官岂无意，不但阙文存夏五。　大开明镜别妍媸，时扣洪钟谐律吕。

后生不复事丹铅，抵死唯知守藤楮。　字音随口妄蜆霓，点画分毫谬鱼鲁。

日月当天空委照，盲俗相欺纷莫睹。　石经虽古奈尔何，人竞传今不传古。

行行刓肯掖眼觑，藓剥苔封费撑拄。　坚镵仅免饱蟫鱼，隘道争来宅狐鼠。

此间邹人傥借问，为问石经谁是主。　忆昨敲门肆诃斥，几度循墙夸伛偻。

登登阁阁隐金槌，耳聒散空垂霅雨。　蜡薰煤染连作卷，玉轴锦装如束杵。

岂无一物媚权豪，几纸才堪博圭组。　尔之所得固幺麽，我则何由宽击拊。
一槌只作一字讹，讹至万千那复数。　石经之害此其大，纵有鬼神谁可御。
忆昔尝为博士官，首善堂中容接武。　心知不是世间书，云汉森然城百堵。
恢恢帝所有余地，忍使石经留外府。　便当连舸下瞿塘，飞上三山如插羽。
縑缃舛谬钟鼎暗，天蠹岂容无一补。　巍巍玉帝殿中央，河洛东西翼龙虎。
虽然斯文属兴废，帝既有心天亦许。　作诗未用拟韩公，考篆庶几追石鼓。

《送浩侄成都学官》(李石)

忆昔官博士，所得英俊多。　斥去典蜀学，蜀士烦搜罗。
二井转辘轳，犹能挹余波。　袍子白纷纷，有如镜重磨。
爱汝似二父，此地曾经过。　分职有十师，圣门严四科。
傥非一万卷，难取三百禾。　我有十咏诗，考古烦吟哦。
鼓钟乐高文，羽翼崇雄轲。　似闻礼殿柏，久矣寻斧柯。
古物天为惜，蒸薪鬼所呵。　堂堂公议地，岁月穷羲娲。
忍此恣横说，后来敢谁何。　我集四库书，琬琰藏洛河。
此外有石经，参酌正舛讹。　熟读懋汝学，师友相切磋。
汝有屋三间，竹墅连松坡。　日夜望汝成，门户高嵯峨。
我贫自有道，一竿钓渔蓑。　后生问老子，守死山之阿。

《次韵何思召求中江县学额》(李石)

九州多士各有贡，大小之物随土宜。　养材学校此其本，背本逐末宁不悲。
偏将土木奉释老，尽室奔走愚无知。　君子居乡有宓贱，小人愿学如樊迟。
圣门二者今战胜，文星不用天盘推。　一朝化出孔子庙，唾手如有神明司。
文翁以来节度府，羽翼此邑天西维。　春秋俎豆列二祀，昼夜几砚严十师。
荀卿许从异户入，子贡只得肩墙窥。　我生一官五讲席，所至冻雀栖寒枝。
自从上庠吏外学，行德自谓心无欺。　眼看旄头拂紫彗，左文右武今何时。
涂侯居乡足领袖，金橐相与倾其私。　自闻盛事喜欲舞，出力敢后吾人期。
黄庭细书不足道，笼鹅尚可寻羲之。　澹台斩龙由搏虎，书成有似二子为。
高山仰止不无意，鹏翼九万云天垂。

《送杜时可归太学》(晁公遡)

宴安不可怀,百年能几何。况今五学开,皆以礼为罗。

既书内舍籍,天门近嵯峨。云胡久不归,滞留蜀江沱。

要须勇一往,行即中十科。君如定复贤,相敦戒蹉跎。

暂别德曜桉,勿操子犯戈。会看此里间,高车再来过。

路人笑指点,驷马金盘陀。远游那足悲,所得盖已多。

罢酒当就途,执杯听我歌。司业乃父兄,养材如菁莪。

《挽张直讲圣行二首》(黄公度)

(其一)末学知归宇,先生有典刑。家贫甘半菽,身后只群经。

尊俎言犹在,琼瑰梦已灵。林宗负全节,无愧冢中铭。

(其二)故老复谁在,此邦嗟至今。文章千古事,忠孝一生心。

客散门庭寂,尘留几杖深。莆人颂遗爱,南望泪横襟。

《八月十五日道出南昌,寄龚帅实之兼呈程泰之、刘文潜二漕》(林光朝)

未应双井即尘埃,似此衣冠得几回。国子先生还并驾,洪都新府却重开。

再三为问滕王阁,第一须登孺子台。定向此中修玩事,江边不道故人来。

《挽王学正二首》(叶大年)

(其一)书剑当年游上都,贤关虫篆校诸儒。

文华灿灿九苞凤,俊气骎骎千里驹。

妙质竞谁挥垩墁,白头空此死樵苏。

遗编残稿应犹在,搔首令人益叹吁。

(其二)遗文脍炙在吾乡,赋罢谁能少荐扬。

声迹有妻先梦蝶,行藏无子付㳽方。

云萝烟蔓新泉宅,秋月春花旧野堂。

交倡彩笺真翰墨,几人知为宝巾箱。

《挽主奉路分赵公词》(韩元吉)

画舸安舆雪水清,春风犹忆送君行。无家举案人方恨,有子分符世共荣。

德履未容居祭酒,声华端合主宗盟。太支耆老凋零甚,兰玉阶庭独擅名。

《学中曝御书次少虞韵》(李流谦)

晴暾煜煜眩晨光,洗眼来窥云汉章。身拜玉阶元夕学,手披金笈有天香。

凤翔凤翼尤妍媚,云卷奎躔不覆藏。尚想承平闲气象,从臣鹄立侍君王。

《先公三池祠室学官相传占为公署同年李南才毅然欲复
其旧贻以四绝句》(李流谦)

老仙有力在斯文,廪士余粮但一尘。列屋诵弦知所自,杏坛今秀几株春。

《送杨嗣清国录出倅广汉》(李流谦)

岱宗峥嵘乃为岳,丈夫可不志特达。平生论人每如此,杨子入眼吁可愕。

清班突见顾而长,开口四坐薄晓霜。自言磈磊不可茹,正须一吐空肝肠。

太学黄虀了残业,又携束书去茕茕。偃戟韬戈吾已衰,快刀研案子甚决。

古人作事令人惊,今人岂不如古人。折枝要是不为尔,长剑在手无蛟鲸。

杨子杨子吾所许,举杯酌君肝胆露。期君直到黄发时,无使英名一尘污。

《送杨简迁国子博士》(洪迈)

杨君解墨绶,去作国子师。邑人十万户,遮道婴儿啼。

曩岁天苦旱,赤地无余遗。饥殍千百辈,上山争采薇。

采薇有时尽,讵能救长饥。慨然顾自任,舍我将告谁。

昧爽出厅事,日暮忘旋归。大家贮陈粟,出粜不敢迟。

偷儿纷狗鼠,锄治如平时。一意摩手抚,如子得母慈。

明年粰麦登,比屋无流移。史牒载循吏,于今亲见之。

我亦受一廛,惜哉轻语离。桥山未迄役,酌饯疏酒卮。

聊述路人颂,持作送君诗。

《次韵杨嘉父先辈赠行》(陆游)

贞元旧朝士,太学老诸生。半世不偶谐,残年正飘零。

危坐但愁悲,一笑黄河清。佳客如晨星,俗子如春萍。

奇哉今日事,诸贤送东征。吸酒杯当空,缀诗笔勿停。

明发复百忧,君听马蹄声。

《示儿》(陆游)

闻义贵能徙，见贤思与齐。食尝甘脱粟，起不待鸣鸡。

萧索园官菜，酸寒太学斋。时时语儿子，未用厌锄犁。

《胡长民监元挽词》(范成大)

太学虀盐旧，中吴翰墨声。关山题柱笔，风露读书檠。

夜雨绿荷破，孤坟丹桂生。空将擅场手，往记玉楼成。

《寄题南城吴子直、子常上舍兄弟社仓》(杨万里)

有虞有宋双重华，两圣一心民一家。绿秧刺水农事起，重华愁旱从此始。

黄云登场万宝秋，重华对天失却愁。二十八年临玉座，大半光阴愁里过。

天颜忧喜丞相知，常平使者陈便宜。倡为社仓首建溪，盱江吴札承君师。

伯霜仲雪发尔私，支奇虐魃手莫施。活几侲子几冻黎，诏子又孙孙又子。

个是重华圣人意，无论十世百千世。

《送王文伯上舍归丰城兼简何侍郎》(杨万里)

碧落先生少可人，银钩茧纸苦称君。谈间口吸西江水，句里家傅南浦云。

千里端能来命驾，一尊得与细论文。还家剩草三千牍，看策平津第一勋。

《题张以道上舍寒绿轩》(杨万里)

菊芽伏土糁青粟，杞笋傍根埋紫玉。

雷声一夜雨一朝，森然迸出如蕨苗。

先生饥肠诗作梗，小摘珍芳汲水井。

风炉蟹眼候松声，众篱亲捞微带生。

烂炊凋胡渐青精，笔以天随寒绿萌。

饥时作斋仍作羹，饱后龙凤同庖烹。

大官蒸羔压花片，宰夫脟膰削琼软。

豹胎熬出祸胎来，贵人有眼何曾见。

天随尚自有愁魔，愁杞作棘菊作莎。

君不见黄金钱照红玉豆，秋高更觉风味多。

先生酿金错铄红玉，自莎自棘如子何。

金空玉尽苗复出，吃苗吃花并吃实。

天随白眼屠沽儿，不道有人头上立。

《二月二十四日，寺丞田文清叔及学中旧同舍诸丈，拉予同屈祭酒颜丈几圣学官诸丈集于西湖，雨中泛舟。坐上二十人用"迟日江山丽"四句分韵赋诗，余得"融"字呈同社》（杨万里）

正月一度游玉壶，二月一度游真珠。是时新霁晓光初，西湖献状无遗余。
君王予告作寒食，来看孤山海棠色。海棠落尽孤山空，湖上模糊眼中黑。
夜来三更湖月明，群仙下堕嬉珠庭。东坡和靖相先后，李成郭熙在左右。
惠崇捧砚大如箕，大年落笔疾于飞。磨墨为云洒为雨，湖波掀舞山倾欹。
画作西湖烟雨障，今晨挂在孤山上。同来诸彦文章公，不数钱刘兼吴融。
何如玉船一举百分满，一笑千峰烟雨散。

《大司成颜几圣率同舍招游裴园，泛舟绕孤山赏荷花，晚泊玉壶得十绝句》（杨万里）

（其一）凤城鱼钥晓开银，国子先生领缙绅。

山水光中金凿落，芙蕖香里葛头巾。

（其二）小步深登野寺幽，古松将影入茶瓯。

铃声忽起九天半，有塔危峰最上头。

（其三）岸岸园亭傍水滨，裴园飞入水心横。

旁人莫问游何许，只拣荷花闹处行。

（其四）船开便与世尘疏，飘若乘风度太虚。

坐上偶然遗饼饵，波间无数出龟鱼。

（其五）西湖旧属野人家，今属天家不属他。

水月亭前且杨柳，集芳园下尽荷花。

（其六）小泛西湖六月船，船中人即水中仙。

外铺云锦千弓地，中度琉璃百摺天。

（其七）城中檐上买莲房，未抵西湖泛野航。

胜折荷花剥莲子，露为风味月为香。

（其八）故人京尹剧风流，走送厨珍佐胜游。

青李林禽沉冰雪，黄金白玉斫蟠蚪。

（其九）人间暑气正如炊，上了湖船便不知。

湖上四时无不好，就中最说藕花时。

（其十）游尽西湖赏尽莲，玉壶落日泊楼船。

莫嫌当处荷花少，剩展湖光几镜天。

《送王恭父监丞倅潼川》（杨万里）

澹墨抡魁正少年，蓬山璧水得诗仙。集贤学士看文笔，国子先生费酒钱。
濯锦江头频入梦，桃花水面送归船。平分风月真聊尔，不日来朝尺五天。

《为王监簿先生求近诗》（杨万里）

林下诗中第一仙，西风吹到日轮边。杜陵野客还惊市，国子先生小著鞭。
拈出老谋开宇宙，本来清尚只云泉。新篇未许儿童诵，但得真传敢浪传。

《谢谭德称国正惠诗》（杨万里）

今年日瘦天不喜，玉皇颜惨方诸泪。草木无光红紫迟，春半何曾有春意。
谁将好手挽春回，割取锦江春色来。七星桥边杨柳动，百花潭上桃李开。
乃是国子先生赠诗卷，笔下东风随手转。君不见李家谪仙吟掉头，
解道峨眉山月半轮秋。又不见苏家老仙冰琢句，更说只恐夜深花睡去。
先生辨著锦绣肠，揭来西湖山水乡。乞君湖山入诗囊，法嗣两仙一瓣香。

《送胡圣闻入太学》（杨万里）

春风吹开孝廉船，撞星犯斗上九天。夜书细字灯前月，朝茹寒薤瓮中雪。
何蕃省亲间一归，陆畅擢第各一时。此行归来上亲寿，桂枝满把香满袖。

《咏齑》(杨万里)

庾郎晚菘翡翠茸,金城土酥玉雪容。如何俱堕瑶瓮中,却与醴鸡同閟宫。
金井银床水清泚,雪山冰谷盐轻脆。秋风一月酿得成,字曰受辛非齑生。
太学儒生朝复暮,茹冷啜寒那可度。十年雪汁冻蔬肠,一夜饥雷听更鼓。
不如瓮头吏部瓮头酲,一逢受辛还一醒,毕卓与尔同死生。

《留别金陵韩帅二首》(周必大)

再点宾筵又一期,千金敝帚赖提撕。泮宫正采僖侯藻,太学俄甘吏部齑。
人似塞鸿春向北,心随江水日潮西。太平勋业须公助,不用频年恋节犀。

《龙泉李宗儒师儒兄弟槐阴书院》(周必大)

君不见汉京辟雍载黄图,博士直舍三十区。

分行数百曰槐市,下有诸生讲唐虞。

又不见本朝肇启迩英阁,稽古隆儒号经幄。

西清枝翠似交舞,日暖花黄时细落。

君家欣慕名书斋,伯仲方将与计偕。

桥门且陪亿万计,朝路终驰十二街。

义郴文笔妙天下,引喻牛行相君舍。

勉哉植德企前修,他日儿孙攀逸驾。

《次韵李得善学录需酒纳妇》(周必大)

合好须凭曲米春,分甘那暇问醽醇。遥知北海招嘉客,共贺东床得好姻。

《谢监丞子长雪中四绝》(喻良能)

国子先生老宦游,十年学省一狐裘。饥雷有意鸣蝉腹,寒粟无端起玉楼。

《孝宗皇帝挽词》(李祥)

上历轩皇凤,初潜建邸龙。系隆元艺祖,付托大高宗。

幸学重鸣跸,明禋九奠琮。未酬恢复志,遗恨隘疆封。

《江陵送赵知县》(项安世)

别离底处最堪怜,君上吴船我蜀船。从此相思真万里,重来何止又三年。
司州刺史髭如戟,国子先生瘦似橡。二子有情须问讯,为言重九向西川。

《送长寿黄主簿》(卫博)

黄郎千人英,凛凛霜松姿。　郏侯三万卷,载复无遗辞。
十年居太学,辛勤厌朝齑。　词场事雄俊,傲睨深丛黑。
再拜天子前,袍笏光陆离。　竭来皖水滨,乐哉同襟期。
顾我蓬之心,友娅惭非宜。　朝来摆征衫,怅望当分携。
君家闽海陬,去作楚郢归。　大哉天宇间,会合固有时。
丈夫志八表,曲士守一涯。　锦衣行未暮,鸾桂先高枝。
清润照冰玉,唱和共埙篪。　行行得所诣,何必事町畦。
寒江清无波,爱景摇窗扉。　袞袞江上山,万象供品题。
还登古石城,往和白雪诗。　傥因西飞鸿,寄我长相思。

《酬贾学录韵并送炭》(陈造)

何人戴目倚钱神,更问吾徒拂甑尘。醉缬不供诗客眼,弊裘应笑广文贫。
坐看十日潢为雨,遥想千家桂作薪。贷子曲身当得句,地炉分施腊前春。

《次张学录韵十首》(陈造)

(其一)俗习有南北,交情无故新。　得子班荆地,朴鲁俱淮人。
(其二)东邻夜牙筹,西邻晨伊凉。　孰知陌巷士,乾坤书一床。
(其三)学者闯圣门,赑屃未易入。　张子乃深造,以文作梯级。
(其四)三吴士渊薮,向我肯论交。　尚友忌一乡,同人贵于郊。
(其五)烧香为后山,展像拜太虚。　谁能作九原,候虫吊寒墟。
(其六)张子五车读,笔作蛟龙腾。　百战气弥厉,依然短檠灯。
(其七)广文无酒钱,到官俟改火。　清谭坐萧斋,惟子屡过我。
(其八)朦鸭久欲忘,食蛙近亦稍。　人言淮浙殊,得饱不汝较。
(其九)君才高一时,从我计已左。　要追庄惠尘,挥麈论然可。
(其十)众景纷骄寒,君独著语亲。　十诗已椟藏,不与俗子论。

《再次赠张学录韵十诗》(陈造)

（其一）解颐匡鼎来，诗语穷益新。政用追前辈，不劳吞吾人。

（其二）再说可双璧，斗酒或西凉。索饭仰屋梁，付子瘿木床。

（其三）杜陵深堂奥，无己掉臂入。裔孙漫睎骥，槃姗取拾级。

（其四）取友英隽场，如子乃石交。进善定见与，言从浚之郊。

（其五）阅世有顺逆，飞埃嚏空虚。旷怀略外物，曲士乃拘墟。

（其六）李蔡下中尔，万目指骞腾。何蕃头欲白，秋窗耿青灯。

（其七）张子携诗来，危坐拨芋火。三问笑不对，政恐非助我。

（其八）冷官冷如冰，糊口仅廪稍。蔡葭得好客，欠余不拟较。

（其九）拥衾哦子诗，清梦即淮左。莫年书藏山，舍子谁印可。

（其十）置书营斗升，大似疏间亲。因之返初服，佳趣迟子论。

《陈学正惠诗酬以长句》(陈造)

寒风折人粟生肤，局坐掩户孰与娱。吾宗高义驾为迁，新诗烂粲慰槁枯。
一百十二骊龙珠，春意谁遣生座隅。吾宗学力源委俱，决为巨川潴陵湖。
粉袍未脱口未糊，气凌云霄色敷腴。肝肺向我每倾输，我老旧学惭榛芜。
妙语正赖君起予，不辨瓜李酬瑶琚。病鹤曳翮寒松臞，可复飞动索故吾。

《陈学正孙学录有诗复次韵》(陈造)

俗子败兴蚊咂肤，独赖胜士相嬉娱。彼异趣者嗤我迂，岂知木茂水不枯。
縶山韫玉渊怀珠，二子豪爽仍廉隅。才名角立风义俱，诗笔为我翻重湖。
雨膏雾沐春模糊，佳节尚忍孤云腴。古来左角计赢输，但有丘陇埋烟芜。
愿言公等常娱予，不辱褆褐荣琼琚。山雌卑飞未妨臞，更用鸟鸟歌吾吾。

《次韵陈学正二首》(陈造)

（其一）区中尘外自由身，囊不留钱最人神。

　　　　便约春秋同保社，不妨天地著陈人。

　　　　园翁溪友曾无间，野蕨山肴继荐新。

　　　　却叹声名雪堂老，莫年领海梦峨岷。

(其二)自审江湖槁项翁,浪将张郇并高风。

　　　　就闲耕钓真无说,投合侯王况不工。

　　　　策足不应诸俊后,如君宁复老夫同。

　　　　亟须秉烛欢游地,行篋英雄入彀中。

《次韵严上舍》(陈造)

待月尚思前度月,中天圆璧不留分。即今霜气挟灵籁,如许金波乘坏云。
念我吴牛终喘夜,忆君冀北忽空群。睡魂作魇病作祟,犹赖清诗来解纷。

《次韵严上舍读书目昏》(陈造)

声利营营阅蜇电,人生悲欢更几遍。群儿沉迷如病醒,尚念醇醪梦酣醼。
吾侪较之唯阿尔,书淫仅逃红绿眩。短檠半世课蝇头,老阅旧藏纷莫辨。
近从损读得奇方,稳坐幽窗憩吾倦。严侯著书定千载,尚向枯策求闻见。
可无一洗窦郎痴,捉笔因君拂尘砚。

《次韵朱通判严上舍四首》(陈造)

(其一)蜀庄漂泊阖闾城,独向陶朱意气倾。

　　　　诗写闲情易为好,雨鏖炎暑欲争清。

　　　　居同蚁穴晴犹闭,归笑鸠巢老未营。

　　　　久拟投君渠保社,援毫空复可怜生。

(其二)君家名酒压吴城,肯向时流取次倾。

　　　　篸玉谁今窥正色,班荆渠定赏真清。

　　　　双壶问字宁能许,一醉留宾不办营。

　　　　莫惜驱车饷元亮,须防结袜要王生。

(其三)万手抄诗遍洛城,老怀可但向来倾。

　　　　采菱白雪方迭奏,蜇雨晓风相与清。

　　　　价重欲输和氏璧,令严谁犯伏波营。

　　　　即今貂尾那容续,更判工夫费此生。

(其四)子元才望未专城,玉面醲欸且细倾。

宠辱尽捐身外事,醺酣聊乐圣之清。

分甘亦复怜吾老,饮湿终惭不自营。

归去须君传此法,秫田百亩便平生。

《送严上舍并寄诸公十首·寄何解元》(陈造)

(其一)交际论才业,何郎种种长。元推万人敌,况别四年强。

文看青钱中,诗须古锦藏。西归容盥读,老境借辉光。

(其二)旧识追风足,低摧坂下车。长驱待云路,小捷已乡书。

唾手须科第,差肩有诏除。公余富佳句,记我浑樵渔。

《送严上舍并寄诸公十首·寄俞君任府判》(陈造)

(其一)忆访俞夫子,频烦挽袖留。酒边无俗物,尘外有高楼。

未醉催歌扇,言归听漏筹。此欢谁与继,怊怅岁时遒。

(其二)暇日诗成集,西来见未曾。金徽想流水,玉井定层冰。

呵护山灵惜,流传纸价增。石湖千载托,密密续前灯。

《送严上舍并寄诸公十首·寄张次夔县丞》(陈造)

(其一)自昔金陵幕,周旋未尽能。凄凉论阀阅,突兀擅声称。

直己堪从事,公言不负丞。嗣当莫鹗牍,留眼看依乘。

(其二)闻道张夫子,还家俗累轻。两官终短袖,五字屹长城。

龙断悲人世,烟云写物情。只今遥夜月,独许伴空明。

《送严上舍并寄诸公十首·寄赵景安府判》(陈造)

(其一)赵子趋吴幕,予偕咏舞雩。迄今推毂力,不堕拾尘诬。

鬓脚今全白,车轮欲半朱。何阶答知己,冰蘖耐穷涂。

(其二)已种河阳柳,将题晋客舆。论交记曩昔,因使问何如。

拥烬应多暇,援毫不一书。诗成当属我,拜赐衮褒余。

《送严上舍并寄诸公十首·送严》（陈造）

（其一）严子老且健，翩然湖外行。归来困一跌，悲啸念余生。

　　　　幸弃扶衰杖，几成折足铛。开笼出双鸟，身已御风轻。

（其二）喷喷雁声急，稜稜秋意深。行都旧新雨，独客短长吟。

　　　　子肯怜衰病，时来慰滞淫。惜无移日酒，留照蜡灯斟。

《跋宋朝老再和陶渊明归去来辞》（许及之）

吾乡说三宋，伯也抱奇伟。太学三十年，不作举子语。

晚当拜特恩，青衫送还官。开口论世事，有舌不可扪。

吾皇开寿域，汪濊泽万国。勉公俯而就，如女有正色。

翻然感际会，千载今一时。谁欤俾宿留，再和归来辞。

渊明归有田，公归徒四壁。姑奉祝融祠，胜煮南山石。

公乎未得第，我辈惭登科。空飧了无补，奈此归来何。

《成均同舍饯别新安使君徐子宜太丞分韵》（虞俦）

我昔弦歌乳溪侧，嗟哉所割真鸡肋。期民疾苦得饱谙，离彼三年能记忆。

丁男个个事播殖，红女家家勤纺织。可怜卒岁无完褐，纵使丰年有菜色。

夏税未毕秋税来，县家小缓州家逼。拆东补西恐不免，剜肉医疮宁有极。

小儒安敢私其民，上官贻怒几遭劾。痛定还思当痛时，至今梦里犹心恻。

歙为富州传自旧，谁以留州事苛刻。徐侯固是清庙器，抚摩暂遣凭熊轼。

朝廷选用盖不轻，祖帐衣冠倾上国。德星往矣勿复道，田里从兹无叹息。

《监学同舍饯南康新使君黄雍文分韵》（虞俦）

人生五马古云乐，今君此行殊不恶。君才自是瑚琏器，十载声华满台阁。

胡为忽厌东华尘，一麾要把江之滨。闻道丰登少公事，姑与匡庐作主人。

到郡莫辞讥屡费，政恐朝来多爽气。山中向有读书人，为问归来头白未。

《同舍饯新滁阳使君范子由寺丞于成均芳润轩分韵》（虞俦）

忆昔飞凫来上国，作县声名动宸极。今朝颇怪空马群，十年所得真鸡肋。

笑指滁阳有佳处，手把一麾留不得。醉翁相望百年间，琅琊自此添颜色。

《王彦谟挽诗》(虞俦)

蚤岁游三舍,明经束九师。声名虽烜赫,科第竟差池。
之子能传业,兴宗会有时。只今官冢地,看出印累累。

《和沈祭酒韵》(虞俦)

诗思花前发,春光眼底来。一区聊自适,三径为谁开。
圣主方求旧,清时况急才。凤池波自暖,鸥鹭勿多猜。

《太学秋试封弥夜深独坐怀考试诸友》(虞俦)

衡鉴高悬已自公,修严官禁不通风。樊墙便有河山隔,梦寐犹疑笑语同。
离索暂应疏酒盏,往来争敢递诗筒。灯花预报杨园约,端的钗头缀玉虫。

《挽俞君任通判诗》(虞俦)

乡评月旦尚依然,旁郡人称别驾贤。邂逅宦途同晚岁,游从太学记当年。
谁怜冷落堪为地,我欲吹嘘送上天。荐墨未干君已矣,漫凭楚挽慰重泉。

《孺人郑氏挽词》(林亦之)

国子先生宅,相传此母贤。一哀孤屿下,再拜十年前。
舐犊贪书卷,飞鸢慰暮年。夕阳聊寓曲,终要到新阡。

《祭酒芮公既殁四年门人吕某始以十诗哭之》(吕祖谦)

(其一)小醉初醒日半昏,森森赤棒绕篱门。
　　　　慨然投袂无难色,不识从来狱吏尊。

(其二)少年把笔便班扬,咳唾珠玑落四方。
　　　　岁晚寒窗浑忘却,瓦炉香细雨声长。

(其三)际野尘埃扑面来,万人蚁聚拨不开。
　　　　手中杓柄长多少,蛰尽饥肠十月雷。

(其四)交广归来里巷迎,破囊又比去时轻。
　　　　何须更酌廉泉水,夫子胸中万斛清。

(其五)殿前拜疏阅群公,献替从违各异同。
　　　　陛楯诸郎自相语,白头祭酒最由衷。

(其六)出祖津头六馆空,帽檐齐侧挂帆风。

吴兴盛事人能数,直自胡公到芮公。

(其七)闻人有善已伸眉,倒廪倾囷更不疑。

莘莘蓁蓁竟何许,卷阿空老凤凰枝。

(其八)胸怀北海与南溟,却要涓涓一勺清。

相对蹴然如重客,无人信道是门生。

(其九)璧水经年奉宴居,天和袭物自舒徐。

凭谁寄谢朱公掞,才向春风坐月余。

(其十)先生墓木绿成围,弟子攒颡昼掩扉。

大雪繁霜心已死,有时清梦尚抠衣。

《萧果卿祭酒挽章二首》(吕祖谦)

(其一)虚心观世态,实行播乡评。璧玉中边厚,冰壶表里清。

家声到萧传,人望似阳城。珍瘁无穷恨,湘江日夜倾。

(其二)摩揣诚斯薄,雕镌质自销。平生但真朴,直上绝枝条。

氛雾终澄霁,邱山亦动摇。朝阳旧时凤,声入舜箫韶。

《挽唐学录颐二首》(廖行之)

(其一)今代称纯孝,如公第一流。事亲惟婉顺,励志只操修。

德行浑无间,功名略未酬。空遗千古恨,明月一山丘。

(其二)虎榜标名日,英声四海闻。传家惟奥学,有子继清芬。

未熟黄粱梦,俄同冥漠君。哲人今已矣,无复更论文。

《送宋国博参议江东分韵得夜字前年上幸学一时同舍今去略尽为之怅然》(陈傅良)

南门供帐江上亭,北门觞酒湖边榭。两年出饯略可数,往往行人半同舍。
忆昔翠华临璧海,儒先一日争声价。苏君舌掉巫峡水,杨君气夺幽并夜。
黄君石矴不可转,夫子居然古舞虖。艾轩风流天下少,独奏咸韶无濩夏。
黄粱未熟事如许,白发不生心亦怕。古来贤俊多坎坷,道与世违胡足诧。

武皇好少臣已老，孟子尊王君尚霸。嗟乎夫子幸遭时，诸公滚滚皆流亚。德尊不过五品薄，岁晚曾无一饭暇。君恩岂必间湖海，家事姑惟问桑稼。此行端可振颓俗，令我短辕今欲驾。

《送国子监丞颜几圣提举江东分韵得动字》（陈傅良）

长安夜未艾，客枕厌群动。平明视天阙，剑珮鸣珌琫。
学省虽冷官，上意响周孔。六飞自天下，多士溘云滃。
饔餐燕苹鹿，道义发醯蠓。方将属耆英，高举出埃塕。
离觞春骀荡，归路月曈昽。勋业当及时，千年付南董。

《挽沈次卿学正》（陈傅良）

洛学传当代，家声属此翁。一生无世味，万事与人同。
恨不师前郑，欣赏客阿戎。宜铭千古意，岂在语言工。

《周德远挽词》（楼钥）

家世传儒业，乡邦耸义风。将迎无倦色，交友尽名公。
太学飞声早，浮生转首空。怡如堂下月，犹照紫荆丛。

《和许宰于尉间字韵诗后一首送其子赴太学》（舒邦佐）

（其一）连珠叠璧照窗间，得句须知出等闲。
有似弟兄花萼集，更如大小淮南山。
言诗自愧知来赐，闻十如何敢望颜。
一夜不眠追险韵，起来疏发有诗斑。
（其二）簘云追电笑谈间，争看骅骝出帝闲。
暂借短檠赊眼力，莫因远别梦眉山。
诗闻庭下频趋鲤，易在床头久铸颜。
趁取双亲皆未老，绿衣归换彩衣斑。

《顷岁如番禺与庆传十六兄遇上饶后五年胥会于雪时太学增置生试竟不遂志将别去理朱方棹因咏昔人风雨对床之语慨然有感作是诗》(杨冠卿)

囊空未办买山钱,壮志随人祗自怜。千里乡关愁梦里,几年踪迹瘴江边。
回貉重困南抟翼,异县还寻东去船。何日苍崖结茅屋,与君风雨对床眠。

《李兼济分教江阴》(袁说友)

结交不在久,但问交者谁。相从何用频,要以道谊期。
我初未识君,已诵班马辞。太学金蕙篇,烂若琳琅垂。
妙理遡家学,雄文想英姿。天乎慰此心,而获亲芝眉。
一见语未尽,觉我骄气移。荷君偶过听,得我嗟何迟。
我方缚微官,君亦居所疑。于今五六年,见日常差池。
有时适相逢,一语不及私。往往从容间,百篇惟新诗。
归来念所得,如日身亲之。君将抱停涵,一洒澄江缁。
想君车马至,短褐环旌旟。万口如一词,是日得所师。
一斑见稍稍,士气今虹霓。江城见儒英,而我失所资。
自惭索米久,不去今何为。及瓜早归欤,问舍江之湄。
政须迩门墙,作意频追随。穷达于其天,纷纷徒自欺。
买羊沽酒日,剖此胸中奇。

《梅隐》(曾丰)

君不见岷峨春雷江发源,又不见楩楠秋风叶归根。
时中两字万物具,他说不出吾圣门。挟书来就辟雍试,尧舜君民得无意。
凤山梅隐屋数椽,区区无乃太早计。渊明出办三径资,初不害结松菊知。
君今意与梅莫逆,岂梅亦具幽独姿。梅虽花早实亦早,早恐少年迟恐老。
青春誓不易岁寒,归伴梅迟梅却扫。

《上广东运副马少卿寿十口号》(曾丰)

魁星又转作文星,玉笋班分博士清。鼓舞辟雍群弟子,依归绛帐老先生。

《送赣士刘虞卿赴省》(曾丰)

赣岂无杰才,少有中我律。君以谒求交,相见便相入。

赣岂无杰观,少有投我笔。君以题求诗,相许便相及。

况加积业斋,亦入缘督集。岂其夤缘深,姑以臭味密。

初知若久要,三岁如一日。质稳不受浮,疑非自赣出。

辟雍诸伟人,大抵旧相识。其高固天资,所揉亦气习。

谁使地块高,未放天马逸。今听鹿鸣歌,催赴兰省急。

行时梅欲华,到时梅欲实。愿言子如梅,华实俱蔚蔚。

笔头驱六丁,榜首争甲乙。青衫拜白头,人子愿始毕。

修途莫之量,前辈顾所立。

《送钟上舍应禧》(曾丰)

向上机关口挂壁,一言且蔽诗三百。胸次融成安乐窝,笔头点出华胥国。

诚然甚正□而葩,要会百家归一家。从建极来都有准,出游尘外始无瑕。

《送孙莘老移知南京》(曾丰)

稚年曾未睹风标,瀚海初闻拔俊髦。国子先生曾并席,蓬莱学士看挥毫。

量涵万顷沧溟阔,气吐千寻太华高。述性妙思穷孔孟,指南余藻屈雄褒。

谈经落落鉴道铎,飞步仙仙踏海鳌。忠力敢前轻履尾,刚肠一决快吹毛。

归来有意成陶赋,谪去无言吊楚骚。志不下人宁碌碌,时非知我但嚣嚣。

吴江春水寻幽寺,越岭秋风听怒涛,宣室鬼神灵语断,长安钟鼓梦思劳。

广陵南隔迷桑梓,泗水东来照节旄。威慑四隅消警吠,惠流比屋乐耕缲。

真仙应祝通时泽,朽骨平冤息夜号。潇洒幅巾忘梦觉,清凉丈室笑燻膏。

淮阳大节孤尤峻,吏部雄材晚更豪。滥使执经称弟子,虚烦解榻下功曹。

曾迷马祖山前鹿,顿悟华亭水底篙。细札忽闻更屏翰,高牙俄见列弓刀。

照回天子今方晤,怒拂龙颜昔未遭。屈指陪京非久驻,太平功业待伊皋。

《谢新淦令徐信甫至赣相过》(曾丰)

永嘉之重自晋始,积至本朝始多士。大科异等固其常,文章道德相角掎。
淳熙癸卯徐令君,相逢欲执弟子礼。聊将舌本吐寸玑,辄自脚跟参万里。
藏中触处随光明,言下从谁得原委。国子博士陈先生,初受皮肤终骨髓。
孤篷今转大江西,猛象欲踏黄河底。但恐黄河深更深,水浮太空空浮水。
裹粮学道仆马疲,归家落照在帘里。自有余师更求师,棒头打出乃其理。
况人胸中各法门,陈君韩子吾柳子。虽有心印不敢传,恐君呵佛骂祖尔。

《过太和赴主簿邓楚材豫章贡闱之约》(曾丰)

福建人才古邹鲁,文章师匠道宗主。余子姑作寻常看,此公仅能一二数。
太学颉颃赋争衡,凌云之气掷地声。鲲鹏谁碍天南去,麒麟犹落地上行。
南昌倾盖恨不早,西昌扣门喜欲倒。风雨那容酒绝交,江山不许诗在告。
宦途同调能几人,相逢莫厌情相亲。言下甘心听苦口,镜中白发催青春。

《送石江曾元英赴太学补二首》(曾丰)

(其一)吾宗叱驭闯贤关,笔涌长江挟泰山。

余子望风俱辟易,且容瑞豹露文斑。

(其二)万物不移三百篇,得鱼固自久忘筌。

绪余一醒冬烘眼,快着长安得隽鞭。

《送文子徐妹丈赴随州太学掾用司马文正公送先郎中诗韵为别》(陈亮)

昔仰南洲德,今逢世嗣贤。声名江左重,文教汉东专。
君意思空马,吾生肯绝弦。江头无语处,一叶浪花前。

《寄喻叔奇》(赵蕃)

雨雪长安日,羁栖独旅时。累觞欣会面,到处益潜悲。
旧识文章伯,今犹国子师。何当一持节,来惠楚人为。

《送交代吴共叔师礼》(赵蕃)

往君在太学,有类如何蕃。仁义积诸身,诸生知所尊。
今君为主簿,又类习凿齿。不但荆州士,四海名未已。

谁云斗水浑,可养横海鳣。涧壑虽阻深,松桧能参天。

群公顷争荐,亦既升初秩。似君许人物,岂计一阶级。

圣朝开文馆,政为时育才。似君此风骨,咫尺斯蓬莱。

而我独何者,瓦砾偶居后。纵加刻画工,未捄无盐丑。

古人重交契,今人顾不然。愿君保金石,勿为燥湿迁。

饮君一卮酒,属君千万寿。更欲挽君船,江头已无柳。

《送刘得华赴汉阳教授》(赵蕃)

昔公去太学,士曰夺我师。今公去皇阁,里闾极公思。

公何德于人,曰公勇于义。使其用于时,其效何止是。

《送湛挺之提干自武陵迎侍于侯官兼寄铅山尉曹马庄父》(赵蕃)

太学声名旧,文昌荐墨珍。铨曹略常调,幕府得嘉宾。

使檄辞南楚,安舆发故闽。春风满行色,有赋不妨新。

《送周德望之参告太学》(赵蕃)

郢州清节著吾州,宜尔诸郎总好修。过我山林忘僻陋,为君鸡黍乏淹留。

结交群从非一日,欲话令人翻百忧。画舸曾同李膺载,竹林仍并阮咸游。

《送蔡学正》(叶适)

鍊尽刚成与物和,峥嵘夜气合清磨。好溪新涨连天绿,近晚无风亦不波。

《送叶任道教授之官静江》(叶适)

太学秦文夸第一,国子先生里行立。岭南梅花太枯涩,花岂唤人人底急。

炉亭雪深叫孤鸿,传书为恩明光宫。云翻雨覆古来有,不如堂堂金石守。

《黄岩郑瀛子仙弱冠入太学五上书论时事以直闻于时老犹不衰客游海陵馆于余一月乃去作诗送之郑方谋少官田故有章末之戏》(孙应时)

分手三年不易逢,一觞淮海醉西风。书生君独忧当世,末路人谁识此翁。

故国青山愁夜鹤,孤舟白发映秋蓬。归欤束缚公车疏,努力豚蹄祝岁丰。

《送高南伯入太学》(孙应时)

我昔桥门客,于今喜送君。天资自金玉,风味更兰薰。

各为亲年重,难忘别意勤。功名何必问,怒翼正垂云。

《过无锡见李元德祭酒三首》(刘过)

(其一)恋树栖禽暖不飞，不如弓缴有危机。

应鹰若悟莼鲈好，应悔江东不蚤归。

(其二)高门扫日鸣珂里，吹竹弹丝燠响中。

寂寞一区如此宅，世间却有两扬雄。

(其三)新变文章学未成，青云无路致吾身。

应逢垫角诸生笑，欲效林宗却整巾。

《挽蔡祭酒诗二首》(曹彦约)

(其一)旧说乘骢老，新来衣绣人。眷方隆嗣圣，世已厌成均。

景晚迟鹓序，边秋忆虎臣。家声传庆历，忠惠岂前身。

(其二)昔缔金昆好，慈恩有旧题。及今如社燕，与子共朝鸡。

未见星常北，相逢日易西。定应湖上路，塞色黯招提。

《送易彦章以太学正召》(曹彦约)

涵养书生二百春，为渠文物有经纶。只今领袖贤关地，畴昔锱铢舍法人。

吾道年来多落落，士风从此却彬彬。不应小折陈蕃角，谩谓朝家弃直臣。

《送邻守邂逅祭酒李公》(周南)

早作将吴守，临分御李侯。清醇瞻耇老，省素共晨羞。

乡里终全活，人家更小留。腐儒疏懒意，白水看行舟。

《寓严陵学和邓学录相留之韵》(陈淳)

道为贤侯讲泮宫，渊源程子及周翁。路开正脉同归极，川障狂澜浪驾空。

珍重前廊浑气合，督提后进要心通。圣门相与从容入，矩步规行不用匆。

《挽蔡祭酒》(程珌)

孝友尊前哲，词章裕后生。柏台真御史，槐市大司成。

骐骥风方力，舻艎浪忽倾。山寒丹旐急，识者为霑缨。

《送钱文季赴班》(尹直卿)

鳌头那久幕莲间，国子先生促趁班。元自胸中有奇观，须教集里富江山。

三年再见虽成别，正月诸生亦入关。为赋江空岁年晚，功名惟恐鬓毛斑。

《送王常博归蜀》(刘宰)

东溪之水浩无穷，蜀江滚滚来朝宗。圣神天子坐法宫，日月所照梯航通。

君才当代相如雄，云烟落纸声摩空。西来阐教临辟雍，冠带济济如云从。

力排党论开至公，凤鸣骇瞩朝阳桐。太常正僎肃臣工，归舟却泝蜀江风。

蜀天万里车书同，不应一士无留中。蔀师掀柂毋匆匆，趣回有诏紫泥封。

《寄潘子善上舍》(刘宰)

少阳一疏折群奸，拂袖归来日月闲。误国小人犹法从，叩阍诸子自贤关。

是非颇亦通千古，义利那能立两间。若向西湖浮画舫，好倾卮酒酹孤山。

《寄潘子善上舍》(刘宰)

寂寞安居十载余，高轩欲过尚踟蹰。莫嫌穷巷青泥满，自是门多长者车。

《柬施上舍》(刘宰)

万里秋光酒一钟，别来木末几西风。怀人滚滚东流水，问讯冥冥北去鸿。

愧我形容难似旧，喜君意气尚摩空。相逢莫怪深相问，一笑犹疑是梦中。

《忆昨行寄呈刘法曹》(刘宰)

忆昨太守宣城陈，人物风流法从臣。太息官仓取无艺，要与邑民图久计。

总将一石计其赢，三斗八升为定制。厥初号令如雷霆，奉行谁敢圭撮增。

愚民不解深长虑，竞喜当时斗斛平。新守迎来旧守去，号令虽严谁复顾。

斛面坡陀斗面高，三斗八升作常赋。后来主簿辛君机，太学声名盛一时。

掲来意与上官合，委向仓中司出纳。筹算亲临绝蔽欺，户庭凛凛无喧杂。

愚民乍喜见明官，概量宁论加勺合。上供送使有成数，羡余到底归州府。

明年按籍取之民,三斗八升更增五。往者不可谏,来者图之犹未晚。
只今太守龚黄比,千里瘴疴如切已。公事勤劳绝燕私,私钱大半供公使。
选官受秋输,而得法曹贤。除弊几十九,积美逾三千。
三千宁足州家用,只恐从今还作俑。
明年四斗三升之上更增科,三十六都之人将奈何。

《读三学士人论事三书二首》(戴复古)

(其一)邦计伤虚耗,边民苦乱离。诸公事缄默,三学论安危。
灾异天垂戒,修为国可医。传闻上元夜,绝似太平时。

(其二)黄屋见闻远,朱门富贵忙。屠沽思报国,樵牧解谈王。
能转祸为福,毋令圣作狂。草茅垂白叟,尚拟见时康。

《送彭司户之官三山》(戴复古)

祭酒家风重,民曹官职卑。公勤为己任,清白取人知。
腊月三山雪,梅花一路诗。旧时来往处,今有梦相随。

《正同诸丈饯别制干郎中》(度正)

春风来户牖,春雨过庭隅。揽袂送征车,去去不须臾。
借问何人斯,玉立美且姝。庆历丞相孙,太学学为儒。
一日上震怒,大奸伏其辜。议者不深计,但惟和是图。
直欲函其首,而往献匈奴。君言国大柄,不过赏与诛。
况此非常刑,何言归之钤。日月天之经,山河地之枢。
纲维在名分,臣子当力扶。大义傥一失,自今难枝吾。
此事如君家,曾老姑之夫。又如和议初,编修澹斋胡。
精诚贯金石,勇气激顽懦。北庭闻此言,何敢更凶愚。
公卿顾之叹,识者空嗟吁。有如此英才,一第岂足污。
便当司献纳,朝夕赞庙谟。奈何遗之外,沉浮在江湖。
应聘入宾筵,万里来成都。我昔闻其名,英声震八区。
今幸见其面,堂堂六尺躯。胸中浩无际,万卷储经郭。
开口论世事,不许亦不谀。况兹当才难,所怀真所须。

奉檄过西鄙，敢惮历崎岖。西州号陆海，剑外颇焦枯。

男耕饥不粟，女蚕寒不襦。连年虽丰登，今其庶矣乎。

抚摩劝薄敛，劳来先蹰逋。疾苦得上闻，欢声沸道涂。

褰裳韩信溪，去就想不拘。徘徊萧何堰，万斛收赋租。

酹酒李固墓，九原傥可呼。再拜武侯祠，武侯伊吕徒。

事业虽不就，千载悬规摹。一力扶汉鼎，初若甚区区。

北震于曹魏，东连于孙吴。驯致河洛间，南望携箪壶。

传记尚可考，遗迹应未芜。曩闻张忠献，初官敛版趋。

殷勤严先生，赠言良非迂。具云今汉中，二士山泽癯。

引之与为友，道义相涵濡。以此忠献公，德业日敷腴。

驾言过汉中，愿毋疾其驱。世固不乏士，安知今也无。

邂逅或相遇，提携与之俱。引领星桥边，云间望归凫。

《代上庠同舍上廷评》（许应龙）

忆昔弱冠游芹宫，颍川先生振文风。趦趄媚学比如栉，抠衣执经函丈中。

何人才识最奇伟，惟公表里珪璋粹。学精姬公经国书，赋飘司马凌云气。

词场价涌荐争魁，赐也何如敢望回。一别星霜逾十阅，侧耳誉声轰如雷。

翩翩荐鹗翔西溯，一飞直上黄金阙。排云披腹呈琅玕，蟾窟仙枝径攀折。

枳棘难淹鸾凤栖，金科得隽易如携。趋归立拜廷评命，青琐黄扉指日跻。

屈指曩年同砚席，五人已作龙门客。乡书黉舍多有之，碌碌未能著奇节。

著鞭无若祖生先，策足要津仪班联。自笑尘踪犹隐雾，拭目亨衢问天渊。

绨袍恋恋故人意，堕履遗簪未捐弃。不求而荐佩私恩，高谊如公今有几。

虽然前事已参差，荷借邹生律再吹。苦无好语为公谢，抖擞枯肠成此诗。

《潘上舍父挽诗二首》（许应龙）

（其一）狗苟蝇营笑俗情，机心降尽倒风旌。

人生六帙不为夭，家累千金能享成。

老去月评推吉德，生前天爵谢虚荣。

悲风瑟瑟飞丹旐，行道歔欷亦失声。

(其二)兰玉贤关隽誉飞,词场几见捷音驰。

登云将慰椿庭望,陟岵俄惊薤露悲。

荣养痛嗟今日隔,嘉封赖有异时追。

前冈已卜牛眠地,螭首行镌九尺碑。

《哭邢刍父》(苏泂)

太学三旬食,邢家万事空。初头才过我,半后已无公。

惝恍扶床语,仓皇就木终。从今颜巷冷,宁复孔尊同。

《重九与刘学录》(陈宓)

休暇常难值,招邀愧已频。暂辞霜际菊,终作雨来人。

适意能迁访,秋芳正错陈。桂兰供俯仰,况有拒霜新。

《八月八夕邀刘学录》(陈宓)

老来岁月去如流,佳节前期约共游。玉露尽驱三伏暑,银蟾堪□作中秋。

交朋得眼频相过,身世须忘百不忧。尚有读书心未足,寒光凭为洗双眸。

《承刘学录示三山佳咏兼欲下旬仙鲤湖宿约以诗谢之四首》(陈宓)

(其一)诵君盈轴三山咏,唤起前回二纪游。

老我无因重一到,时将佳句洗昏眸。

(其二)六年作意观仙鲤,未得清闲自在身。

近日孙归娱膝下,拟拚三日奉高人。

(其三)秋声又向耳边鸣,转眼平头六十人。

最是读书难久坐,不甘空负百年身。

(其四)藤床竹簟称羸身,独卧空斋绝点尘。

更有池台堪却暑,一生清苦愧先人。

《次刘学录梅韵五首》(陈宓)

(其一)一株相伴古城隈,日日扶筇探未开。

除是风饕还暂往,若教雪压亦须来。

(其二)春风来信已分明,不待骚人玉笛横。

莫道未开难等候,开时却恐转关情。

（其三）明珠的皪逞妍姿，倏见风前舞袖披。

　　　　只是嚼芳酸已露，况当小雨弄黄时。

（其四）琼裾初到似含羞，剩拟人间款曲留。

　　　　只恐寒夜归去蚤，先须秉烛问端由。

（其五）南方地暖开仍早，容易离思岁月长。

　　　　幸有高人知此意，山游百度又何妨。

《次刘学录韵》（陈宓）

中年早透利名关，坐看孤云际海还。昼静架书偏悦目，秋凉庭树倍怡颜。
不陪长者终朝诲，那得尘踪一日闲。我亦小园初种竹，请君来阄出篱斑。

《次刘学录韵并以胡桃寄之》（陈宓）

中腴外劲介如坚，能伴寒松晚菊鲜。闻道元城心似铁，故教持向蛤蜊前。

《次潘丈韵与刘学录》（陈宓）

以彼月中桂，来娱地上仙。冲融胸内乐，摆落世间缘。

人语春风里，秋归夕照边。主翁长静坐，不是学安然。

《和刘学录韵三首》（陈宓）

（其一）簪组虚加病倦身，暮年始羡葛天民。

　　　　门前幸有田堪治，旋买渔舠学放纶。

（其二）壶公千载嶙峋面，今日开奁满镜春。

　　　　玉立插□长不老，比之太白更精神。

（其三）两堤已著金丝缕，平岸行看翠羽茵。

　　　　春昼渐长无一事，舣舟日日待诗人。

《潘丈游南寺灵岩天台回遂呈刘学录》（陈宓）

不到南山逐胜游，新诗题遍柳公楼。须驱尘世蚊虻暑，唤起云天雕鹗秋。
盏罥献酬依未荫，笑谈喧寂间川流。自怜因病成慵懒，一日那无一日休。

《陪刘学录岩壑之游次韵二首》(陈宓)

(其一)常欲从君一夜谭,自惭风骨带尘凡今朝款曲陪嘉话,

更听松声出翠岩。

(其二)山路嵚崎戒足趋,万竿绕径自萧疏。

世间何事真堪美,月壑云岩卧读书。

《寿刘学录》(陈宓)

寿酒今年胜去年,彩衣膝下月宫仙。丈人自有长生诀,子午常朝玉帝前。

《送刘学录之建阳二首》(陈宓)

(其一)马蹄千里踏春风,为爱河阳制锦工。

首重儒宗新像设,不妨特地拜文公。

(其二)宝剑韬藏久未伸,天生南浦一文人。

好将玉匣呈岩电,洗出寒光万丈新。

《谢刘学录惠诗》(陈宓)

清时自昔有闲人,不独巢由作外臣。圣宋每容求退士,名公多得自由身。
年将六十仍衰病,才乏锱铢过忝尘。若待挂冠年事至,伊谁尽得七旬春。

《有赠鹿忽生麛承刘学录惠诗以韵谢之》(陈宓)

麀鹿方辞赠,秋来忽有麛。暂能娱市隐,终遣傍云栖。

幽事渔樵诧,佳篇李杜齐。行看双挺角,未羡骇群鸡。

《又次刘学录韵》(陈宓)

八月川原旱欲然,季秋连雨顿澄鲜。明朝领客成无暇,七日登高不厌前。
菡萏扫除如暑净,芙蓉绰约作春妍。佳人得得同来看,茰菊年年却懒簪。

《又赓刘学录双莲韵》(陈宓)

亭亭玉立谢栽培,却笑凡花杂草莱。水面不教蜂蝶见,天边偏引鹭鸥来。
化工岂是夸呈瑞,人意何须岂妄猜。并秀六房如可信,里中他日又公台。

《又和刘学录》(陈宓)

千竿修碧净无尘,长伴先生自在身。万卷旧书中夜烛,满怀和气四时春。
长年漱炼颜如玉,一字推敲句有神。请践往时渔艇约,夜深共话两三人。

《与刘学录》(陈宓)

年来幸得奉仙翁,开口良辰一笑同。节物催人双鬓水,人生何必慕登瀛。
三方翠巘天同色,四面黄云掌样平。更著回还如蒂白,殷红时暂惬秋容。

《约刘学录同潘喻二丈集沧洲》(陈宓)

一年拟待中秋夕,连日频闻正午雷。天若有心开玉匣,月应无恨入金罍。
素娥与我元无分,秀句凭君试为催。取出团圆盈天璧,不教留在白云堆。

《约潘瓜山刘学录登高二首》(陈宓)

(其一)三年八日登高集,喜趁衰年尚健身。

不为黄华浮白酒,世间难得是闲人。

(其二)闻君欲作三山客,且约先衔九日杯。

莫道隔年方再会,芙蓉恰恰绕湖开。

《招刘学录》(陈宓)

去年八月登高集,今岁依然共此筵。莫讶霜毛成种种,且欣露蕊已鲜鲜。
小桥拟换香出版,曲岸新成范蠡船。少年青春还易度,不如来看晚秋天。

《重九前一日刘学录以诗招潘杨二丈登高二丈辞之刘以诗见寄仍和之》(陈宓)

一秋好处黄叶节,自昔名言不浪传。八日登高胜九日,今年不饮便明年。

《送林伯虎除国子监丞赴阙二首》(赵汝鐩)

(其一)山房高千仞,上与青云齐。日从二仙游,两耳瀄是非。

北窗正鸲鹆,锋车扣岩扉。猿鹤竞作色,山人忘我为。

林泉虽云乐,出处盖有时。平生经纶胸,忧国两鬓丝。

江天炯少微,安得不振衣。

（其二）玑衡占东南，老人方昭回。明庭聚耆德，公难卧蒿莱。

行行出东门，丹心趋玉阶。雪棹乘兴尔，云岫何心哉。

了却济世缘，应念金石台。天街跃马余，就访孤山梅。

和靖有两鹤，他日骑归来。

《呈诸同舍》（华岳）

洛阳年少不知几，十载南州赋式微。三举不登黄甲去，两庠空笑白丁归。

头长贾昔过三尺，腰大巨今徒十围。只恐金銮不前席，谁云无策富王畿。

《寄两庠同舍》（华岳）

昔年楗鼓扣天阍，远谪南州七度春。大享有恩来北阙，小囚无赂脱东闽。

乌衣座满民流血，画烛帘深案积尘。见说九重宵盱虑，长沙犹有少年人。

《除夜》（华岳）

吴钩不是怒鲸鲵，夜半刘琨屡舞鸡。十载载春游太学，二年年夜宿圜扉。

楚盘未必资毛遂，周粟如何饮叔齐。尘世功名傥来尔，无言桃李自成蹊。

《和胡秘书学中释奠》（魏了翁）

祠官环邃殿，晰燎响晨光。工有歌成夏，人无问国庠。

豆笾陈吉缛，磬管奏和锵。盛事留篇什，赓酬愧不扬。

《以使事过成都讫事而归虞万州成都尉高表兄拉访灵泉宰高表兄风雨连明遂谒朱祭酒祠即事赋四首》（魏了翁）

（其一）檐卜风清醉骑香，满身花影踏斜阳。

行花尽处山围郭，又听松风吹客裳。

（其二）青灯相对同胞弟，白酒交酬异姓兄。

风雨似知人有约，终宵都作对床声。

（其三）无事江流到处平，无言天运四时新。

真仙此意何曾间，直到如今瞪际人。

（其四）天运无穷成变化，水流不息作江淮。

须知瞪处非无事，莫着仙人旧草鞋。

《送洪司令》(吴泳)

夏日曾随别驾归,朔风还作送公诗。行军司马自文采,祭酒诸生亡崛奇。
国事急忙中着手,边筹闲暇处开眉。嘉陵想已波涛落,风雨无忘泊岸时。

《送杨子达入国学》(吴泳)

鸾凤久束咮,贤关时一鸣。子今观上国,志岂为浮名。
母线丝丝直,爷诗字字情。别离非所惜,回看锦衣荣。

《饮故祭酒黄公园林》(江安止)

记曾飞矢集蛮毡,一着鞭争万骑先。邑篆愧分炎瘴地,朝衣犹惹御炉烟。
莲塘小饮香随艇,月榭高吟水压天。此日隔花参簿尉,乌纱同乐太平年。

《刘上舍以诗送牡丹并酒和之二首》(杜范)

(其一)春愁风雨不禁寒,红尽枝头绿已团。
　　　　谁遣佳人伴岑寂,初酣卯酒脸匀丹。

(其二)纷纷万卉委泥沙,独殿春风自一家。
　　　　珍重白衣相问劳,醉吟佳句醉看花。

《馒头》(岳珂)

几年太学饱诸儒,余伎犹传笋蕨厨。公子彭生红缕肉,将军铁杖白莲肤。
芳馨政可资椒实,粗泽何妨比瓠壶。老去齿牙辜大嚼,流涎聊合慰馋奴。

《送道傅侄补中国学二首》(程公许)

(其一)竹林挺挺固多贤,子更娇修鼎盛年。
　　　　一缕千钧扶世绪,三条八韵压儒先。
　　　　辟雍振鹭翔而集,幽谷鸣莺自此迁。
　　　　可但积分縻好爵,事须学识细磨研。

(其二)冰霜一节感亲恩,襃诏东来耀里门。
　　　　孝敬自能通造物,否臧勿用较烦言。
　　　　灵椿未老须三釜,折桂归来共一尊。
　　　　须信倚门朝夕望,未容六馆驻何蕃。

《送朱典卿履常上舍西上》（王迈）

天庠教育总英游，文行惟君擅两优。玉润珠明盈咳唾，兰薰雪白见操修。

老天不错须开眼，朱吏相逢定点头。月里一枝高斫处，向来我已为君留。

《送朱典卿履常参学》（王迈）

文章久矣乏正气，作者付谁传位置。天庠晚乃得朱君，钟吕一鸣康瓠弃。

君看今岁大廷魁，一种风骨何尫羸。吾曹此名未立耳，立则万口须衔枚。

君今乘槎问星汉，名已籍仙政何患。蚕茧工夫何足筹，龙墀勋业须早办。

作诗赠君当马鞭，梅花送春入冷边。与君同舍我无缘，天其或者须同年。

《送方潜仲入太学》（王迈）

英气轩轩贯斗牛，春风匹马辟雍游。家庭竞秀三株树，伯仲相交五凤楼。

回首白云添旧感，细听夜雨入新愁。妙年唾掌收科第，会有欧公避一头。

《送徐子学梦鲤赴梅教》（王迈）

九州四海尽同年，德行公居一榜先。太学何蕃名籍甚，南州孺子道巍然。

此行莫笑儒官冷，立事须还晚节坚。闻说青衿齐引领，灵砂九转待丹铅。

《挽崇清陈侍郎》（王迈）

太学修名立，甘泉晚节香。岿然周天老，好在鲁灵光。

余庆沧浪水，清规寿俊坊。典刑今可挹，通德合名乡。

《喜定太学生·送袁侍郎》（詹琰夫）

天眷频年惜挂冠，谁令今日远长安。举幡莫遂诸生愿，祖帐应多行路难。

去草岂知因害稼，弹乌何事却惊鸾。韩非老子还同传，凭仗时人品藻看。

《喜定太学生·题三贤堂》（詹琰夫）

和靖东坡白乐天，几年秋菊荐寒泉。如今往事都休问，且为官司趁酒钱。

《挽林学录五言二首》(刘克庄)

(其一)节庑三世显,萤雪一生贫。愈积家余庆,咸称里善人。

幼常推李泌,老忽哭卢纶。圣恶无从涕,那堪是外亲。

(其二)昔报尊公讣,奔丧万里程。生居诸子下,身代二兄行。

负骨叹纯孝,分财见不争。九原面先舅,应问白头甥。

《答王与立上舍》(刘克庄)

汉唐科目各招延,中者端如拾芥然。明水赋曾拘八韵,大廷策亦限三篇。

窃窥古调谐轩律,留取高吟和舜弦。圣代作人添舍法,祝君走马止三年。

《送林上舍》(刘克庄)

□传纸贵洛阳城,畴昔推高月旦评。下笔□□□□□,举幡亦足唱诸生。

诗如东野无高论,策到□□□直声。病叟一春亲药裹,卧看柳色动离情。

《送欧阳上舍梦桂》(刘克庄)

许奉太夫人以往,欧迎大君子而行。无惭当日四门祖,起敬同时六馆生。

反哺儿怜亲老大,将雏翁喜世升平。刘诗未必如韩笔,聊见临歧折柳情。

《题赵上舍崇盈诗卷》(刘克庄)

系出诸王后,名高胄子中。昔惟称八凯,今复有□□。

疏可编遗史,诗宁论变风。所交皆胜彦,未必记衰翁。

《挽王助教》(刘克庄)

彼此俱丁未,相逢忆少时。工书有筋骨,嗜句入肝脾。

鲁泮郎君秀,唐官助教卑。直须燎黄诰,方慰蓼莪悲。

《哭方主簿伋》(刘克庄)

鹑衣不似拥千金,用破灯窗一世心。太学空闻能赋久,春官未察读书深。

柴车巾出身犹健,槐简拈归病已侵。寂寞殡宫来客少,故人野外独沾襟。

《挽陈师复寺丞》(刘克庄)

已奏囊封墨尚新,又携袖疏槀前陈。小臣忧国言无隐,先帝如天笑不嗔。

阙下举幡空太学,路旁卧辙几遗民。愚儒未解天公意,偏寿他人夭此人。

《闻何立可李茂钦讣》(刘克庄)

何老长身李白须,传闻死尚握州符。战场便合营双庙,太学今方出二儒。
史馆何人徵逸事,羽林无日访遗孤。病夫畴昔曾同幕,西望关山涕自濡。

《问讯竹溪》(刘克庄)

举子穷通占得失,词臣进退击污隆。拾青伊辈俱腾上,饮墨夫谁不热中。
有太学生笑韩子,为西崑者谤欧公。他时陆氏庄相望,始验先生造士功。

《杂咏一百首·何蕃》(刘克庄)

城去曾联疏,宣收亦举幡。向令无太学,安得有何蕃。

《送杨明叔上舍归蜀》(陈起)

东书西向溯波行,霜冷风凄定几程。客枕夜长熊入梦,故园春到燕来迎。
丈人山上芝堪友,西子湖边柳结情。回首尧天乡月皎,对床那不忆难兄。

《饯上饶推幕叶西涧召为国子录二首》(徐元杰)

(其一)魁耀来从古赤城,三年冰水一般清。

莲池婉婉中流砥,米廪行行要路程。

悟主谠言须启沃,康时伟业待恢宏。

却惭疏窳深知遇,别后音书等弟兄。

(其二)客有携来端水珉,天然中界玉圭形。

送君早入薇垣紫,结刬先登蓬阁青。

要看濡毫香典籍,直须提笔福生灵。

端凝正笏如山立,匪石斯心社稷经。

《又用韵答何上舍》(徐元杰)

腊雪多为瑞,丰穰隔岁知。林峦银剑戟,苑囿玉壶池。

映几孙书饱,卧冰祥母饥。疾风看正色,余事付清诗。

《见王兼叔上舍寿母》(葛绍体)

百单二岁尚簪梳,珍重酡颜映雪肤。天下丹青谁妙手,倩渠描作寿星图。

《寄陈国录》(方岳)

秋宵一何长,客梦一何短。坐为识丁累,弹铗落孤馆。

所思渺寒江,苦惜会面罕。岂无相携人,情话谁与款。

昔为櫐下桐,今为沟中断。江风摇青灯,几砚尘欲满。

不惯事典签,与子书亦懒。传闻教辟雍,如乐得嶰管。

诸生声利尘,颇欲一湔浣。何时夜雨床,共话晴云盌。

《日食守局》(方岳)

乙巳之秋七月朔,太阳无光天索寞。辟雍诸儒坐读书,谈古谈今自惊愕。

玉皇不受紫宸朝,百官拜表群阴消。明朝丞相做礼数,宣押归堂只如故。

《次韵辟雍同舍用予魁字韵》(方岳)

行辈参差落后来,未经老笔扫氛埃。闲知天地摩铜狄,莫误春秋著玉杯。

断齑略堪供酱瓿,骚人径欲筑诗台。更烦同舍郎题品,只欠同年旧榜魁。

《次韵陈祭酒直舍木犀》(方岳)

西雝夜直秋风底,断是龙涎不敢香。月府肯分金粟粟,书床相对玉琅琅。

人间富贵梦不到,世外高寒味尽长。亦笑柴桑千载士,同时只识菊花黄。

《次韵陈祭酒喜雪二首》(方岳)

(其一)晓听炉亭泻竹声,老仙呵墨已诗成。

　　　　春连宇宙开皇极,天与君王作太平。

　　　　草木有生皆润泽,山河无处不清明。

　　　　寒蓑莫袖垂纶手,万里长江一艇横。

(其二)飞到衰茸不肯飞,危樯孤倚暮江时。

　　　　袁安家在鸿蒙外,剡曲人谁汗漫期。

　　　　氛祲不传青海箭,丰年又入紫皇诗。

　　　　春风吹落人间世,只有梅花圣得知。

《悼祭酒徐仁伯二首》(方岳)

(其一)皇天老眼定何居，祸酷如公古亦稀。

酖毒不令猜叔子，药家谁实死颜黻。

人心纵险难清白，世变不磨真是非。

毕竟若为书史册，暮江倚徙泪沾衣。

(其二)同谒翘材话直前，别才信宿讣惊传。

等之百世无今日，杀我三良不半年。

公与朝端清到底，人言次相直如弦。

奏篇共上寥阳殿，未必精忠隔九泉。

《编局》(高斯得)

舜为天子皋为士，瞽瞍杀人执而已。从来三尺天下平，析律二端真可鄙。

近闻编局荡巢穴，尽取鼠辈尸诸市。布衣韦带三十余，笞配黥流动千里。

独遗太学四五士，但以奸京法从事。秦相不重襄衣人，曷为忠恕而已矣。

乃知能掉三寸舌，极恶穷凶犹可恃。大理得皋陶，汝曹应颡泚。

《淳祐己酉月正人日春雨堂宴三学同舍即事》(郑霖)

十年随牒访三高，不觉星星上鬓毛。尚忆斋盐形夜梦，聊因椒柏荐春醪。

文明再会知何日，臭味相投属我曹。总是虞庠旧培植，致君当不愧夔皋。

《挽何司令》(李曾伯)

太学何蕃誉，当时蔼帝乡。五联棣华萼，三折桂枝香。

司社腾声望，题舆迓宠光。奇才今已矣，流庆在虹梁。

《送梁上舍必得太学解试》(李昴英)

南国去天远，行程勿滞留。试期催负笈，战决胜焚舟。

澹墨题金榜，英声起璧流。旦评期望久，著力在毫头。

《用前韵送潘上舍》(李昴英)

谦为贤业址，取履卜封留。笔下千钧弩，胸中万斛舟。

椿庭闻诲语，米廪友名流。连捷归蓝绶，邻翁好话头。

《送陈大雷试太学》(李昴英)

襄粮数千里,贾勇万人场。庚岭琴书去,桥门姓字香。

有司应眼具,喜气已眉黄。践履宜天相,时文况所长。

《送叶耆卿试太学》(李昴英)

背城赢一战,璧水是儒林。词赋八叉手,功名寸铁心。

程兼驰数驿,学苦惜分阴。清献越庚戌,长风送捷音。

《和寄两庠同舍》(赵希逢)

早欲排云扣帝阍,可怜驹隙过青春。文章未必劣班马,人物直疑分广闽。

夜对短檠空抱恨,日愁破甑暗生尘。山间江上风和月,令眼傍观却笑人。

《吴潘二台官以直言左迁,董夕郎亦以荐贤之故相继翩然而去,公论惜之,三学叩阍来归,刘声伯感而赋诗因次其韵二首》(胡仲弓)

(其一)三凤高飞挽不留,辕驹伏马转堪羞。

明朝封事排闱阖,公认从来在士流。

(其二)凤采才看竽柏台,如何又遣赋归来。

晚年造物多颠倒,雷发原来是祸胎。

《跋杨中斋诗词集》(王义山)

江西派已远,后来无闻人。许大能诗声,来自浙之滨。

奚奴背锦囊,马蹄踏青春。来派江西诗,风月浩无垠。

翩翩佳公子,皆绮纨其身。惟君独不然,每恨无书贫。

胸中国子监,所积皆轮囷。把酒读君诗,一字一精神。

句里带梅香,不浣半点尘。家本住孤山,和靖与卜邻。

吾闻诗之天,不在巧与新。纤秾寄淡泊,清峭寓简淳。

古律尤崛奇,可与子建亲。此诗实兼之,体具众美纯。

载哦长短篇,音节中韶钧。少游词如诗,二者皆逼真。

再拜卷锦还,愿言宝所珍。

《和王槐城寄诗韵》（王义山）

惯熟虀盐味，谁云食淡难。旧尝司国子，今又作儒官。

有手肯炙热，无毡不怕寒。芹香至今在，常梦到槐安。

《送同窗赵章甫上舍入京二首》（姚勉）

（其一）正谊群英自蔼然，喜君已是着先鞭。

翼抟北海三千里，身在西雝尺五天。

学舍快升优褐上，酒楼莫恋软红边。

双亲教子相期切，成取功名趁妙年。

（其二）一别西湖又见春，梦魂长是绕湖滨。

为烦竹阁揩题墨，更向梅花道故人。

槐市旧游休复问，龙门佳客尚能新。

明年傥共昕庭对，愿过当时蔡与陈。

《送胡季弼入太学》（姚勉）

春秋自有胡氏学，尽束诸家上高阁。当时小试锦江城，横翼秋风天一鹗。

只今冠带围桥门，孤黑兀席空狐群。近来文气颇卑茶，要使四海宗雄文。

余生志愿游璧水，竟隔蓬莱三万里。虽然末第偶成名，俗骨自怜凡可鄙。

君今换骨向时中，六街名流自不同。宰相状元三舍选，斋前碑字看填红。

《送友人陈上舍兄弟试太学》（姚勉）

东风飒飒吹行李，荣送双龙璧池水。璧池浪阔高化龙，直透银河三万里。

君家兄弟真雁行，季方学行如元方。中眉不是弓刀软，个般人物宜胶庠。

只今胶庠多俊杰，正是功名到时节。陈家原有两状元，释褐传胪未应别。

顾余亦问京华春，苍蝇愿附骥尾尘。干将先去抉云雨，太阿行亦龙延平。

《贤者之孝二百四十首·鲁恭》（林同）

可能来太学，即得誉诸儒。岂以习诗苦，应云与母俱。

《祭酒慈溪公以有令劝讲兼示诸生感事有作》（区仁衡）

按月明堂令，斋居古自稽。四时曾不忒，七政已能齐。

礼向经帷奏，笺来学省题。元龟何用卜，伯起在关西。

《送子应梅入太学》(王希淮)

璧流天下士,取友戒荒嬉。家国关身重,乡园得梦迟。

子行虽不恶,我老自堪疑。莫似辽东鹤,悠悠不可期。

《谒山斋先生易尚书》(乐雷发)

淳熙人物到嘉熙,听说山斋亦白髭。文字尽传融水后,精神如战辟雍时。

灵椿终不争朝菌,蓍草惟堪养寿龟。细嚼梅花看总义,只应姫老是相知。

《次韵感学事》(方回)

战鏖惊倒白头翁,慨想青衿旧日风。或厌三场争小技,孰知一目网群雄。

薲盐此地涵濡久,藻鉴他时赏拔公。松老槐颠异畴昔,定应穷极道还通。

《送胡子游学正》(方回)

俗徒纷云云,章甫殊不竞。不竞何以故,无奈二氏横。

予曰实不然,请各言其行。开辟古至今,儒道独也正。

柱史玄牝门,专气保清净。末流诡长生,妄欲夺天命。

灵山见作用,误认气为性。轮回岂有之,怪缪莫究竟。

两俱可鄙者,巫觋事禳禜。愚氓惑幻说,往往堕坑阱。

既曰身出家,粉黛侈婚娉。岂不交鬼神,酒肉厌膻蟹。

此曹浪夸毗,内衰外徒盛。吾侪读何书,尧舜至孔孟。

抢攘干戈后,学校幸未屏。穷者伏闾阎,甘忍饥寒并。

仕或为冷官,官冷亦何病。宁戚半夜歌,曾点暮春咏。

求已胜求人,自重岂容轻。东家子朱子,述作贯百圣。

遗言一一在,足可雪几映。省察中为和,存养义由敬。

上沂周程张,例不颛宰柄。乃有功斯文,如揭日月镜。

韶音一以还,二氏噪卫郑。榛蔓彼自述,我此松柏劲。

历观史传间,不学行国政。丧亡窃威福,依附涉巧令。

异端伺蟀隙,磨牙骋讥评。前哲贵内修,韫匮宁待聘。

信有饭不足,未美庖欲清。勉哉子此行,始终抱渊靓。

万一际奇逢,定作苍生庆。不然归去来,预戒菊径迎。

《次韵景安提学谩成》(方回)

敢着寻常白眼看,壑冰峰雪照人寒。言诗已是登坛将,劝学聊为祭酒官。
士类相推无异论,亲颜遥觉有余欢。即今人物皆公等,岂不忧时意稍宽。

《故太学徐君哀辞》(方回)

蹈海沈江合比踪,子阳蛙坎可能容。自闻门外韩擒虎,岂乏云间陆士龙。
信矣百年谁不死,哀哉三子亦相从。烂为井底泥无恨,肯顾区区马鬣封。

《挽分水柳溪何处士》(方回)

太学师名士,初逾志学年。树藬竭甘旨,肯室擅林泉。

盗踵兵戈起,家并里社全。陈蕃旧悬榻,惜未致斯贤。

《送李云在学录》(牟巘)

横经之暇即吟诗,三载如常匪激随。听雨不知官独冷,看云自与意俱迟。
羣飞黉宇生新敬,鹄立儒衣动去思。还恐西湖难久滞,此声梁楚已先驰。

《赵君宝宣慰别三十五年矣末由再晤近张倩仲实转似西湖诗图 乃知吟啸湖山之乐辄为五诗奉答》(牟巘)

南屏环拥翠云堆,谁遣精庐特地开。祭酒先生甘隐遁,燃藜太乙忽飞来。
胸中垒块五千卷,门外芙蕖十万栽。白日竟抛妻子去,群仙携手上瑶台。

《题林同舍初心诗集》(何梦桂)

与君别一世,忽见疑梦境。感往双泪悬,华发各垂领。

青灯对白酒,相勖敦暮景。别后诗逾佳,朗歌竟夜永。

《挽太学正节先生徐应镳》(何梦桂)

国破君亡一死宜,绝怜儿女死如饴。龙池久负娲皇誓,蛙坎空遗烈士悲。
洗骨不污唐六馆,沥心无愧赵孤儿。北行多少生还客,休向梯云读墓碑。

《哭丁千崖教授》(赵文)

一览楼头笑拂衣,今朝何意此嘘欷。断无痛饮歌都护,那得重归见令威。
太学废来同舍尽,清江好在故人非。我来岂是无情者,为哭妻儿无泪挥。

《辟雍》(林景熙)

冠带百年梦,昔游今重嗟。璧池春饮马,槐市暝藏鸦。

堂鼓晨昏寂,廊碑风雨斜。石经虽不火,岁岁长苔花。

《会严陵邵德芳同舍邀宿玄同斋道旧有作》(林景熙)

市槐梦忽醒,乔柯落风雨。何人斧为薪,遗恨尚依土。

缅怀赤炜初,郁若翠蛟舞。其下有桥门,雍雍冠带聚。

万物递衰盛,千载一仰俯。射策君先登,勇气不再鼓。

遭回三舍间,我亦跻寸武。云雷膏尚屯,有志良独苦。

空山少芝薇,大泽多网罟。尔来涉长途,征衣拂天姥。

遥泛松江舟,薰风采芳杜。故人隐云间,九山青照户。

相逢各华颠,旧事不敢吐。悠哉抱玄同,高卧标枝古。

《哭郭同舍》(林景熙)

寂寞青灯旧,流离白发新。病犹依故国,死乃见全人。

残墨家无子,高风墓有邻。斯文堪一哭,落日冷湖滨。

《哭薛榆淑同舍》(林景熙)

桂死月亦灰,鹏枯海为陆。自我哭斯文,老泪几盈掬。

故国忽春梦,故人复霜木。矫矫榆淑君,白首尚儒服。

解后一写心,乾坤两眉蹙。无力能怒飞,有道欲私淑。

忆游东浦云,马帐肯同宿。孤灯照寒雨,萧萧半窗竹。

君器硕以方,有如舟万斛。敛华就本根,耆年谓可卜。

昨别犹是人,今乃在鬼录。为善未必遐,呜呼真宰酷。

往年海若怒,风涛卷人屋。脱身鲸鱼吻,长寐固应熟。

寡妻泣帷荒,有子继经术。彼哉暴殄夫,食必馔金玉。

一士苜蓿肠,夺之胡忍速。问天天梦梦,秋声满岩谷。

《太学同舍徐应镳誓义沉井后十年众为营墓立碑私谥正节先生》(林景熙)

高名不与魄俱沉,鱼腹孤忠耿至今。翠碣已书身后谥,寒泉犹照死时心。

神游旧日山河改,梦断疏槐风雨深。埋骨誓终从武穆,栖霞岭树隔秋阴。

《用韵寄陈振先同舍》(林景熙)

心事凄凉寄雁声,石田苔满未妨耕。西风戍角催年换,残夜江楼见日生。
煮茗敲冰贫有味,看花隔雾老无情。湖山犹忆笙歌底,笑领春香绿满觥。

《与邵德芳同舍三首》(林景熙)

(其一)聚散云萍亦偶然,十年曾此系秋船。

当时别意芙蓉老,不道相逢又十年。

(其二)年少同游古辟雍,文光万丈扫秋虹。

不须旧事谈如梦,灯下相看亦梦中。

(其三)葵心恋日还终在,橘性逾淮已不同。

谁识鲈江持钓手,曾搴月窟一枝红。

《太学冬至日同斋朋友先以兄弟叙拜讫遍诣诸斋行礼出
遂置酒湖上衣冠谈笑之乐至今栩栩在念间也因至日
去近二十九和为正仲道之》(戴表元)

画阁东炉早,黄帘晓烛迟。名函僮仆满,齿拜弟兄疑。
歌酒神仙舫,衣冠宰相碑。如今穷海上,逆旅话襟期。

《次韵徐学正九日》(丘葵)

秋逢重九亦将阑,换得黄花青草颜。节物只能催我老,人生那得似云闲。
有心采菊非知菊,无意看山却见山。欲识渊明得真趣,夕阳倦鸟正飞还。

《除夕同舍集饮》(汪元量)

万里阴寒泪欲流,暂时欢笑且忘忧。已呼赤脚来烹雁,更遣苍头为割牛。
燕伎女来情不恶,鲁男子在话难投。欲怜半夜朝天去,霜瓦差差十二楼。

《答同舍杜德机》(汪元量)

北风吹我上金台,忍见蛾眉堕马嵬。宴罢蟠桃王母去,江南肠断贺方回。

《冬至日同舍会拜》(汪元量)

燕市人争看秀才,团圞此日会金台。葡萄酒熟浇驼髓,萝卜羹甜煮鹿胎。
砚笔寂寥空洒泪,管弦呜咽自生哀。雪寒门户宾朋少,且拨红炉守泰来。

《寄赵青山同舍四首》(汪元量)

（其一）六馆风流不可寻，形骸土木泪痕深。

　　　　有时咄咄空书字，俗子宁知我辈心。

（其二）短褐离披紫凤图，非杨非墨亦非儒。

　　　　独怜后辈欺前辈，自笑今吾即故吾。

（其三）聚嘲丛谤腐儒痴，江海漂零酒一卮。

　　　　闲把至音调绿绮，朗吟新句写乌丝。

（其四）谢傅东山喜劫棋，刘生南岳怕联诗。

　　　　君侯自有通身胆，用舍行藏且顺时。

《唐律寄呈父凤山提举》(汪元量)

昔年去国太苍黄，同舍诸生半死亡。春别浙江花似雾，秋行碛地草如霜。
时沽市酒借余景，屡宿官邮悲故乡。满目故人皆厚禄，吾侪添得两奚囊。

《江上》(汪元量)

太学诸斋拣秀才，出门何处是金台。楝花风紧子规急，杨柳烟昏黄鸟哀。
潮落潮生天外去，人歌人哭水边来。推篷坐对吴山月，几度关门击柝回。

《上严廉访》(熊禾)

古人重民教，礼乐用为急。虞书有三官，周典犹二职。

太学领奉常，西都有余责。两生既不来，何参又无术。

《与李孔言上舍谈星命》(仇远)

辟雍人物已无多，奈此江湖落拓何。鹤表只宜归井邑，雁程不必度关河。
诗书志气存司马，言语功名付祝鮀。炙輠谈天非我事，雨灯聊和醉时歌。

《予久客思归，以秋光都似宦情薄、山色不如归意浓为韵言志，约金溧诸友共赋寄钱唐亲旧》(仇远)

早从方外游，志不在婚宦。采薇陟西山，采藻涉南涧。

挂杖仅过眉，短衣不掩骭。一为火宅累，渐觉有忧患。

难任臣朔饥，俯就博士慢。大胜国子师，三年复蓼莪。

栖迟行路难。坚忍为客惯。昔为泛泛凫,今为嗷嗷雁。

幸免棰楚虑,官事粗易办。曷不归孤山,梅花腊前绽。

《清明日偕赵云壁张仲实顾伯玉张见山游分韵得好字以百家衣补之赵故嘉禾宰今为学官坐中多及学校事》(陆文圭)

清明花乱开,今日风日好。吾得及春游,相期拾瑶草。

城市多嚣尘,客衣日杲杲。何时一樽酒,且试开怀抱。

王孙丈人行,生世何用早。为乐当及时,蹉跎觉年老。

虚名复何益,弃捐勿复道。但顾崇明德,藏身以为宝。

《次郑前山丝字韵》(陆文圭)

人笑学官如兔丝,谁能千里远寻师。归田便觉知机早,春市应嫌见事迟。

纵欲著鞭何所往,奚须按剑复相疑。世人多享容容福,白璧从来不可为。

《寿刘上舍将仕二首》(翁溪园)

(其一)鲁台昨夜已书云,喜报今朝纪绂麟。

五色褫呈迎瑞气,一阳道长庆亨辰。

定知昴宿钟英质,须信长庚现后身。

敢效髦秦诗格献,冀数十一寿千春。

(其二)英声璧水早年蚩,官样文章价久驰。

汉殿紫荷应有种,燕山丹桂又传枝。

名驹行作铨闱冠,文虎因须锁试知。

他日汪黄推榜首,立身事业尽优为。

《大雪与同舍生饮太学初筮斋》(陈东)

飞廉强搅朔风起,朔雪飘飘洒中土。

雪花著地不肯消,亿万苍生受寒苦。

天公刚被阴云遮,那知世人冻死如乱麻?

人间愁叹之声不忍听,谁肯采摭传说闻达太上家。

地行贱臣无言责,私忧过计如杞国。

揭云直欲上天门,首为苍生讼风伯。

天公倘信臣言怜世间，开阳阖阴不作难。

便驱飞廉囚下酆都狱，急使飞雪作水流潺潺。

东方日出能照耀，坐令和气生人寰。

《自许昌如蔡与石士翮酌别一章》(陈东)

太学诸生出许昌，抱关夫子特相将。轻衣短帽秋风里，瘦马羸童古柳傍。

黄叶翻翻惨离思，独醪沃沃浇愁肠。欲知此别情怀恶，正是平生气味长。

公归戏作诗书伴，我去还依鸿雁行。酒阑才渡石桥上，回首高城挥夕阳。

《次韵同舍李冲寿夜坐》(陈东)

时引金杯拔剑看，光芒高彻斗牛寒。要令世事从心淡，可谓人情彻鼻酸。

经术岂应穷皓首，文章何用苦雕肝。吾徒行与功名会，莫作羁人日夜叹。

《题韩侂胄旧第》(国子监生)

掀天声势只冰山，广厦空余十万间。若使早知明哲计，肯将富贵博清闲。

《题韩侂胄旧第》(国子监生)

花柳依然弄晓风，才郎袖手去无踪。不知郿坞金多少，争似卢门席不重。

《池鸥》(太学生)

朝来池上有斯事，火急报教同舍知。昨夜雨余春水满，白鸥飞下立多时。

《和张乖崖》(太学生)

四窗灭尽读书灯，窗外唯闻步铎声。辜负江山好明月，闲来此地趁虚名。

《讽养鸽》(绍兴太学生)

万鸽飞翔绕帝都，朝昏收放费功夫。何如养取云边雁，沙漠能传二圣书。

《寄外》(太学生妻)

数日相望极，须知意思迷。梦魂不怕险，飞过大江西。

《太学生徐公》(佚名)

欃枪腾光，逮勃太阳。六龙不翔，昧昧八荒。公欲挟飞，再丽咸桑。

怒发烈烈，力镵暴羌。白刃亘野，视犹猬芒。凛凛之气，虽死不亡。

《满庭芳》(代人上高太尉,时在太学)(王之道)

蔡水西来,于门南峙,天波拥入华楹。芝兰争秀,难弟遇难兄。

欲说随龙雨露,庆千载、河海初清。良辰好,榴花照眼,绿柳隐啼莺。

君恩,隆横赐,冰桃火枣,来自蓬瀛。正雾横玉篆,泉泻金鲸。

四座香和酒泛,对妙舞、弦索铿鍧。椿难老,年年今日,论报祝长生。

《醉蓬莱》(代人上高御带,时在太学)(王之道)

正薰风解愠,萱草忘忧,黄梅新霁。缥缈歌台,半金衣公子。

丹桂香中,碧梧枝上,两两飞还止。似说当年,而今时候,长庚诞贵。

恩厚随龙,官崇御带,二十横金,玉阶寸地。须信骅骝。一日能千里。

况遇王良伯乐,算九万、何劳睥睨。磊落金盘,华阳白李,休辞沉醉。

《南乡子》(太学生)

洪迈被拘留,稽首垂哀告彼酋。一日忍饥犹不耐,堪羞。苏武争禁十九秋。

厥父既无谋,厥子安能解国忧?万里归来夸舌辨,村牛。好摆头时便摆头。

《水调歌头》(送杨廷秀赴国子博士用廷秀韵)(袁去华)

笔阵万人敌,风韵玉壶冰。文章万丈光焰,论价抵连城。

小试冯川三异,无数成阴桃李,寒谷自春生。奏牍三千字,晁董已销声。

玺书下,天尺五,运千龄。长安知在何处,指点日边明。

看取纶巾羽扇,静扫神州赤县,功业小良平。翻笑凌烟阁,双鬓半星星。

《浣溪沙》(张孝祥)

细仗春风簇翠筵,烂银袍拂禁炉烟,旂书名字压宫垣。

太学诸生推独步,玉堂学士合登仙,乃翁种德满心田。

《朝中措》(绍兴未太学作)(丘崈)

(其一)晚风斜日折梅花。楼外卷残霞。领略一城春气,华灯十万人家。

轻衫短帽,风前趁马,月下随车。道个小来脚定,那人笑隔笆妙。

(其二)几回相与叹高才。忽报驭风来。谁道及朝天阙,更能同上春台。

主人早晚,班卿玉笋,行听连催。湖上饱赓新唱,思堂快泻深杯。

（其三）尊前宾主角多才。亦许我同来。诗思竞翻三峡，酒狂欲拗连台。身闲有限，莫辞光景，刻烛相催。沙路即看联辔，上林趁赏流杯。

《乳燕飞》(寄刘阆风祭酒)(汪莘)

晓趁西湖约。到湖头、烟消日出，波生雨脚。

日挈白鱼携碧酒，要与诗人共酌。把楼上、珠帘卷却。

坐对荷花三万朵，念西邻、未嫁肌如削。待折与，不堪著。

别来又见秋萧索。恨无由、将余风月，伴君云鹤。

想见登山临水处，醉把茱萸擘磲。唱白雪、阳春新作。

一自东篱人去后，算人间、黄菊空零落。叹作者，多命薄。

《昭君怨》(送人赴上庠)(卓田)

千里功名岐路。几緉英雄草屦，八座与三台，个中来。

壮士寸心如铁。有泪不沾离别，剑未斩楼兰，莫空还。

《沁园春》(答陈上舍应祥)(刘克庄)

华发萧萧，归碧鸡坊，出金马门。把一枝色笔，掷还郭璞，些儿残锦，回乞天孙。永免朝参，更无宣锁，送老三家水竹村。休休也，任巫阳来下，未易招魂。茅檐安得庖闉。倩便了沽来酒满樽。叹角巾东路，吾寻初服，上书北阙，子漫危言。漏院霜靴，火城雪辔，得似先生败絮温。安危事，付布衣融泰，鼎足膺蕃。

《哨遍》(用韵作月对和程申父国录)(方岳)

月日不然，君亦怎知，天上从前事。吾语汝，月岂有弦时。奈人间井观乃尔。休浪许。历家缪悠而已。谁云魄死生明起。又明死魄生，循环晦朔，有老兔、自熙熙。妄相传、月溯日光余。嗟万古谁知了无亏。玉斧修成，银蟾奔去，此言荒矣。

噫。世已堪悲。听君歌复解人颐。桂魄何曾死，寒光不减些儿。但与日相望，对如两镜，山河大地无疑似。待既望观之。冰轮渐侧，转斜才一钩耳。论本来不与中秋异。恐天问灵均未知此。又底用、咸池重洗。乾坤一点英气。宁老人间世。飞上天来，摩挲月去，才信有晴无雨。人生圆缺几何其。且徘徊、与君同醉。

《沁园春》(挽徐元杰)(国学生)

三学上书,冤乎天哉,哲人已萎。自纲常一疏,为时太息,典刑诸老,尽力扶持。方哭南床,继伤右揆,死到先生事可知。伤心处,笑寒梅冷落,血泪淋漓。

人心公论难欺。愿君父、明明悟此机。昔九龄疏谏,禄山必叛;更生累奏,王氏为危。变起范阳,祸成新室,说著当年人噬脐。君知否,但皇天祚宋,此事无之。

《临江仙》(太学士人)

莫怪钱神容易致,钱神尽是愚夫。为何此鬼却相于。只因频展义,长是泣穷途。

韩氏有文曾饯汝,临行慎莫踌躇。青灯双点照平湖。蕉船从此逝,相共送陶朱。

《沁园春》(太学补试归途作)(姚勉)

锦水双龙,鞭风驾霆,来游璧池。有一龙跃出,精神电烨,一龙战退,鳞甲天飞。一样轩挈,殊途升蛰,造化真同戏小儿。时人眼,总羡他腾踏,笑我卑栖。

促装且恁西归。信自古功名各有时。但而今莫问,谁强谁弱,只争些时节,来速来迟。无地楼台,有官鼎鼐,命到亨通事事宜。三年里,看龙头独露,雁塔同题。

《沁园春》(送友人补太学)(姚勉)

一部周官,学问渊源,山斋得来。最雄姿直气,不涂脂粉,仙风道骨,不浣尘埃。万里青云,相期阔步,底事向天门折翼回。君知否,这白衣御史,卿相胚胎。

时人休用惊猜。机会到功名节节催。看蒲质易凋,何如松茂,菊花已老,须是梅开。万事何难,时来得做,且信天工次第排。从今去,愿径游璧水,直上兰台。

《十二时》(无名氏)

日将旦,阴曀潜消,天宇扇祥飚。边陲静谧,夜熄鸣刁,文教普旁昭。兴太学,多士舒翘。奉宗祧,新庙榜宸毫,配侑享于郊。慈宁万寿,四海仰东朝。男女正,中壶至桃夭。年屡稔,漕舟啣尾夥,高廪接楹饶。庙堂自有,擎天一柱,功比汉庭萧。多少群工同德,俊乂旁招。吉祥诸福集,燮理四时调。三年郊见,六变奏咸韶。望云霄,降福与唐尧。

《结带巾》(无名氏)

头巾带,谁理会。三千贯赏钱,新行条例。不得向后长垂,与胡服相类。法甚严,人尽畏。便缝阔大带,向前面系。和我太学先辈,被人呼保义。

参考文献

一、古籍文献

(经部)

1.《礼记正义》,(汉)郑玄,上海古籍出版社,2008 年版。

2.《说文解字》,(汉)许慎,中华书局,1963 年版。

(史部)

1.《汉书》,(汉)班固,中华书局,1962 年版。

2.《史记》,(汉)司马迁,中华书局,1979 年版。

3.《三国志》,(西晋)陈寿,中华书局,1982 年版。

4.《后汉书》,(南朝宋)范晔,中华书局,1965 年版。

5.《宋书》,(梁)沈约,中华书局,1974 年版。

6.《魏书》,(北齐)魏收,中华书局,1974 年版。

7.《北齐书》,(唐)李白药等,中华书局,1999 年版。

8.《晋书》,(唐)房玄龄等,中华书局,1974 年版。

9.《隋书》,(唐)魏征,中华书局,1973 年版。

10.《周书》,(唐)令狐德棻,宏业书局,1972 年版。

11.《旧唐书》,(后晋)刘昫等,中华书局,1997 年版。

12.《新唐书》,(宋)欧阳修、宋祁,中华书局,1975 年版。

13.《东京梦华录》,(宋)孟元老,中华书局,1985 年版。

14.《皇宋通鉴长编纪事本末》,(宋)杨仲良著,李之亮校点,黑龙江人民出版社,2006 年版。

15.《建炎以来朝野杂记》(宋)李心传著,徐规点校,中华书局,2000年版。

16.《建炎以来系年要录》,(宋)李心传著,胡坤点校,中华书局,2013年版。

17.《靖康纪闻》,(宋)丁特起,中华书局,1985年版。

18.《靖康要录笺注》,(宋)汪藻著,王智勇笺注,四川大学,2007年版。

19.《庆元党禁》,(宋)樵川樵叟,中华书局,1985年版。

20.《三朝北盟会编》,(宋)徐梦莘,大化书局,1979年版。

21.《宋朝事实类苑》,(宋)江少虞,上海古籍出版社,1981年版。

22.《宋朝诸臣奏议》,(宋)赵汝愚编,上海古籍出版社,1999年版。

23.《武林旧事》,(宋)周密,中华书局,2007年版。

24.《南宋临安两志》,(宋)周淙、施谔,浙江人民出版社,1983年版。

25.《咸淳临安志》,(宋)潜说友,浙江古籍出版社,2012年版。

26.《续资治通鉴长编》,(宋)李焘,中华书局,1993年版。

27.《舆地纪胜》,(宋)王象之,浙江古籍出版社,2012年版。

28.《直斋书录解题》,(宋)陈振孙,商务印书馆,1937年版。

29.《中吴纪闻》,(宋)龚明之,上海古籍出版社,2012年版。

30.《宋史》,(元)脱脱,中华书局,1977年版。

31.《宋史全文》,(元)佚名著,汪圣铎点校,中华书局,2016年版。

32.《文献通考》,(元)马端临,中华书局,1986年版。

33.《延祐四明志》,(元)袁桷,成文出版社,1983年版。

34.《宋史纪事本末》,(明)陈邦瞻,中华书局,1977年版。

35.《续文献通考》,(明)王圻,现代出版社,1986年版。

36.《历代名臣奏议》,(明)黄淮、杨士奇编,上海古籍出版社,1989年版。

37.《宋会要辑稿》,(清)徐松辑,刘琳、刁忠民、舒大刚校点,上海古籍出版社,2014年版。

38.《武林坊巷志》,(清)丁丙,浙江人民出版社,1990年版。

39.《续资治通鉴》,(清)毕沅,中华书局,1957年版。

40.《雍正浙江通志》,(清)嵇曾筠、李卫等修,沈翼机等纂,凤凰出版社,2010年版。

41.《酉阳州志》,(清)邵陆编纂,巴蜀书社,2010年版。

42.《续资治通鉴长编拾补》,(清)黄以周等辑,中华书局,2004年版。

43.《宋元学案》,(清)黄宗羲,中华书局,2009年版。

44.《宋元旧本书经眼录》,(清)莫友芝,中华书局,2008年版。

(子部)

1.《朝野类要》,(宋)赵升编,中华书局,2007年版。

2.《吹剑录》,(宋)俞文豹,中华书局,1991年版。

3.《东轩笔录》,(宋)魏泰,中华书局,1983年版。

4.《癸辛杂识》,(宋)周密,上海古籍出版社,2012年版。

5.《鹤林玉露》,(宋)罗大经,中华书局,2008年版。

6.《挥麈录》,(宋)王明清,上海书店出版社,2001年版。

7.《道命录》,(宋)李心传,中华书局,1985年版。

8.《靖康传信录》,(宋)李纲,中华书局,1985年版。

9.《老学庵笔记》,(宋)陆游,中华书局,1979年版。

10.《梦粱录》,(宋)吴自牧,中国商业出版社,1982年版。

11.《梦溪笔谈》,(宋)沈括,岳麓书社,2002年版。

12.《能改斋漫录》,(宋)吴曾,中华书局,1960年版。

13.《齐东野语》,(宋)周密,中华书局,1983年版。

14.《儒林公议》,(宋)田况,中华书局,1985年版。

15.《鼠璞》,(宋)戴埴,中华书局,1985年版。

16.《四朝闻见录》,(宋)叶绍翁,中华书局,1989年版。

17.《桯史》(宋)岳珂,中华书局,1981年版。

18.《湘山野录》,(宋)文莹,中华书局,1991年版。

19.《云斋广录》,(宋)李献民,中央书店,1936年版。

20.《朱子语类》,(宋)朱熹,中华书局,1986 年版。

21.《扪虱新话》,(宋)陈善,上海书店,1990 年版。

22.《山堂考索》,(宋)章如愚,中华书局,1992 年版。

23.《玉海》,(宋)王应麟,上海书店出版社、江苏古籍出版社,1987 年版。

24.《清波杂志校注》,(宋)周辉著,刘永翔校注,中华书局,1994 年版。

25.《周子通书》,(宋)周敦颐,上海古籍出版社,2008 年版。

26.《困学纪闻》,(宋)王应麟,辽宁教育出版社,1998 年版。

27.《宋稗类钞》,(清)潘永因,书目文献出版社,1985 年版。

(集部)

1.《文心雕龙》,(梁)刘勰,人民文学出版社,1981 年版。

2.《陈子昂集》,(唐)陈子昂著,徐鹏校点,上海古籍出版社,2013 年版。

3.《杜甫全集校注》,(唐)杜甫著,萧涤非主编,人民文学出版社,2014 年版。

4.《韩愈全集校注》,(唐)韩愈著,屈守元、常思春主编,四川大学出版社,1996 年版。

5.《栟桐集》,(宋)邓肃,《文渊阁四库全书》第 1133 册,上海古籍出版社,1987 年版。

6.《蔡襄集》,(宋)蔡襄,上海古籍出版社,1996 年版。

7.《陈傅良文集》,(宋)陈傅良著,周梦江点校,浙江大学出版社,1999 年版。

8.《陈与义集校笺》,(宋)陈与义著,白敦仁校笺,上海古籍出版社,1990 年版。

9.《沧浪诗话》,(宋)严羽,人民文学出版社,1983 年版。

10.《徂徕石先生文集》,(宋)石介著,陈植锷点校,中华书局,1984 年版。

11.《翠微南征录》,(宋)华岳,《文渊阁四库全书》第 1176 册,上海古籍出版社,1987 年版。

12.《戴复古全集校注》,(宋)戴复古著,吴茂云校注,中国文史出版社,2008 年版。

13.《丹阳集》,(宋)葛胜仲,《文渊阁四库全书》第 1127 册,上海古籍出版社,1987 年版。

14.《澹斋集》,(宋)李流谦,《文渊阁四库全书》第 1133 册,上海古籍出版社,1987 年版。

15.《二程集》,(宋)程颐、程颢,中华书局,2004 年版。

16.《范仲淹全集》,(宋)范仲淹著,李勇先、王蓉贵校点,四川大学出版社,2002 年版。

17.《斐然集》,(宋)胡寅,中华书局,1993 年版。

18.《古灵集》,(宋)陈襄,《文渊阁四库全书》第 1093 册,上海古籍出版社,1987 年版。

19.《鸿庆居士集》,(宋)孙觌,《文渊阁四库全书》第 1135 册,上海古籍出版社,1987 年版。

20.《湖山集》,(宋)吴芾,《丛书集成续编 第 128 册》,新文丰出版公司,1978 年版。

21.《花庵词选》,(宋)黄升选,中华书局,1958 年版。

22.《淮海集笺注》,(宋)秦观著,徐培均笺注,上海古籍出版社,1994 年版。

23.《黄庭坚全集 辑校编年》,(宋)黄庭坚著,郑永晓整理,江西人民出版社,2008 年版。24.《黄庭坚诗集注》,(宋)黄庭坚著,刘尚荣校点,中华书局,2003 年版。

25.《稼村类稿》,(宋)王义山,《文渊阁四库全书》第 1193 册,上海古籍出版社,1987 年版。

26.《剑南诗稿校注》,(宋)陆游著,钱仲联校注,上海古籍出版社,2005 年版。

27.《济北晁先生鸡肋集》,(宋)晁补之,上海商务印书馆,1937 年版。

28.《洁斋集》,(宋)袁燮,中华书局,1985 年版。

29.《尽言集》,(宋)刘安世,中华书局,1985 年版。

30.《景文集》,(宋)宋祁,中华书局,1985 年版。

31.《林下偶谈》,(宋)吴子良,中华书局,1985 年版。

32.《刘安节集》,(宋)刘安节著,陈光熙点校,上海社会科学院出版社,2006 年版。

33.《刘克庄集笺校》,(宋)刘克庄著,辛更儒校注,中华书局,2011 年版。

34.《楼钥集》,(宋)楼钥,浙江古籍出版社,2010 年版。

35.《梅尧臣集编年校注》,(宋)梅尧臣著,朱东润校注,上海古籍出版社,2006 年版。

36.《蒙斋集》,(宋)袁甫,中华书局,1985 年版。

37.《欧阳修全集》,(宋)欧阳修著,李逸安点校,中华书局,2001 年版。

38.《彭城集》,(宋)刘攽,《文渊阁四库全书》第 1096 册,上海古籍出版社,1987 年版。

39.《秦观集编年校注》,(宋)秦观著,周羲敢等编注,人民文学出版社,2001 年版。

40.《清江三孔集》,(宋)孔武仲等著,齐鲁书社,2002 年版。

41.《臞轩集》,(宋)王迈,《文渊阁四库全书》第 1178 册,上海古籍出版社,1987 年版。

42.《少阳集》,(宋)陈东著,张国擎校注,北京古籍出版社,1999 年版。

43.《司马温公集编年笺注》,(宋)司马光,巴蜀书社,2009 年版。

44.《宋文鉴》,(宋)吕祖谦编,商务印书馆,1937 年版。

45.《宋宗伯徐清正公存稿》,(宋)徐鹿卿,《丛书集成续编》第 106 册,上海书店出版社,1994 年版。

46.《苏轼全集校注》(文集),(宋)苏轼著,张志烈、马德福、周裕锴主编,河北人民出版社,2010年版。

47.《苏轼文集》,(宋)苏轼著,孔凡礼点校,中华书局,1986年版。

48.《苏魏公文集》,(宋)苏颂,中华书局,1988年版。

49.《苏辙集》,(宋)苏辙,中华书局,2004年版。

50.《太仓稊米集》,(宋)周紫芝,《文渊阁四库全书》第1141册,上海古籍出版社,1987年版。

51.《苕溪渔隐丛话 前集》,(宋)胡仔,人民文学出版社,1962年版。

52.《王荆公文集笺注》,(宋)王安石著,李之亮笺注,巴蜀书社,2005年版。

53.《王十朋全集》,(宋)王十朋,上海古籍出版社,2012年版。

54.《文潞公集》,(宋)文彦博,山西人民出版社,2008年版。

55.《文天祥全集》,(宋)文天祥著,熊飞等校点,江西人民出版社,1987年版。

56.《文溪存稿》,(宋)李昂英,暨南大学出版社,1994年版。

57.《武溪新集》,(宋)杨亿,福建人民出版社,2007年版。

58.《西台集》,(宋)毕仲游著,陈斌校点,中州古籍出版社,2005年版。

59.《西塘集》,(宋)郑侠,《文渊阁四库全书》第1117册,上海古籍出版社,1987年版。

60.《香山集》,(宋)喻良能,《文渊阁四库全书》第1151册,上海古籍出版社,1987年版。

61.《相山集》,(宋)王之道,《文渊阁四库全书》第1132册,上海古籍出版社,1987年版。

62.《性善堂稿》,(宋)度正,《文渊阁四库全书》第1170册,上海古籍出版社,1987年版。

63.《许翰集》,(宋)许翰,河北大学出版社,2014年版。

64.《杨时集》,(宋)杨时著,林海权点校,福建人民出版社,1993

年版。

65.《杨万里集笺校》,(宋)杨万里著,辛更儒笺校,中华书局,2007年版。

66.《姚勉集》,(宋)姚勉,上海古籍出版社,2012年版。

67.《叶适集》,(宋)叶适,中华书局,2010年版。

68.《育德堂外制集》,(宋)蔡幼学,《续修四库全书》第1319册,上海古籍出版社,2002年版。

69.《缘督集》,(宋)曾丰,《文渊阁四库全书》第1156册,上海古籍出版社,1987年版。

70.《袁去华词注》,(宋)袁去华著,徐冰云、肖正根编注,奉新县地方志编纂委员会,1984年版。

71.《乐圃余稿》,(宋)朱长文,《文渊阁四库全书补遗 集部 宋元卷 第2册》,北京图书馆出版社,2006年版。

72.《乐全集》,(宋)张方平,《文渊阁四库全书》第1104册,上海古籍出版社,1987年版。

73.《乐轩集》,(宋)陈藻,《文渊阁四库全书》第1152册,上海古籍出版社,1987年版。

74.《郧溪集》,(宋)郑獬,《文渊阁四库全书》第1097册,上海古籍出版社,1987年版。

75.《韵语阳秋》,(宋)葛立方,上海古籍出版社,1984年版。

76.《张耒集》,(宋)张耒著,李逸安等点校,中华书局,1990年版。

77.《张栻集》,(宋)张栻,岳麓书社,2010年版。

78.《张魏公集》,(宋)张浚,《续修四库全书》第1317册,上海古籍出版社,2002年版。

79.《张孝祥诗文集》,(宋)张孝祥著,彭国忠校点,黄山书社,2001年版。

80.《忠惠集》,(宋)翟汝文,《文渊阁四库全书》第1129册,上海古籍出版社,1987年版。

81.《忠肃集》,(宋)刘挚著,裴汝诚、陈晓平点校,中华书局,2002年版。

82.《周邦彦词新释辑评》,(宋)周邦彦著,王强编,中国书店,2006年版。

83.《周行己集》,(宋)周行己,上海社会科学院出版社,2002年版。

84.《朱子文集》,(宋)朱熹,中华书局,1985年版。

85.《尊白堂集》,(宋)虞俦,《文渊阁四库全书》第 1154 册,上海古籍出版社,1987年版。

86.《全唐文》,(清)董浩等编,上海古籍出版社,1990年版。

87.《宋诗纪事》,(清)厉鹗辑撰,上海古籍出版社,2013年版。

88.《宋诗纪事补遗》,(清)陆心源,山西古籍出版社,1997年版。

89.《南宋文范》,(清)庄仲方编,任继愈主编,吉林人民出版社,1998年版。

90.《全宋词》,唐圭璋编,中华书局,1965年版。

91.《全宋诗》,北京大学古文献研究所编,北京大学出版社,1999年版。

92.《全宋文》,曾枣庄,刘琳编,上海辞书出版社,安徽教育出版社,2006年版。

二、近人著作

1.《北宋馆阁翰苑与诗坛研究》,陈元锋,中华书局,2005年版。

2.《北宋馆阁与文学研究》,成明明,中国社会科学出版社,2007年版。

3.《北宋经学与文学》,高明峰,辽宁师范大学出版社,2012年版。

4.《北宋科举考试与文学》,林岩,上海古籍出版社,2006年版。

5.《北宋庆历士风与文学研究》,李强,上海书店出版社,2011年版。

6.《北宋儒学与文学》,马茂军,暨南大学出版社,1999年版。

7.《北宋文化史述论》,陈植锷,中国社会科学出版社,1992年版。

8.《北宋新学与文学——以王安石为中心》,方笑一,上海古籍出版社,2008年版。

9.《广饶县志》,广饶县地方史志编纂委员会编,中华书局,1995年版。

10.《考试是一门科学》,廖平胜,华中师范大学出版社,2003年版。

11.《科举:历史学大会主题讨论》,[韩]历史学会,一潮阁,1981年版。

12.《科举:中国的试验地狱》,[日]宫崎市定,中央公论社,1963年版。

13.《科举教育的传统与变迁》,田建荣,教育科学出版社,2009年版。

14.《科举学导论》,刘海峰,华中师范大学出版社,2005年版。

15.《辽宋西夏金代通史·教育科学文化卷》,漆侠,人民出版社,2010年版。

16.《两宋党争与文学》,庆振轩师,敦煌文艺出版社,1993年版。

17.《两宋科举与文学研究》,姚红、刘婷婷,浙江人民出版社,2008年版。

18.《两宋俗词研究》,曲向红,中国戏剧出版社,2008年版。

19.《两宋文化史研究》,杨渭生,杭州大学出版社,1998年版。

20.《南宋教育史》,苗春德,赵国权,上海古籍出版社,2008年版。

21.《宋才子传笺证》北宋后期卷,傅璇琮主编,辽海出版社,2011年版。

22.《宋词纪事》,唐圭璋,中华书局,2008年版。

23.《宋词通史》,肖鹏,凤凰出版社,2013年版。

24.《宋大诏令集》,司羲祖,中华书局,2009年版。

25.《宋代登科总录》,龚延明、祖慧编著,广西师范大学出版社,2014年版。

26.《宋代官学教育与科举》,李弘祺,台北联经出版事业公司,1994年版。

27.《宋代官员选任和管理制度》,苗书梅,河南大学出版社,1996年版。

28.《宋代教育》,苗春德,河南大学出版社,1992年版。

29.《宋代教育散论》,李弘祺,东升出版事业有限公司,1980年版。

30.《宋代教育:中国古代教育的历史性转折》,袁征,广东高等教育出版社,1991年版。

31.《宋代科举诗词研究》,周兴禄,齐鲁书社,2011年版。

32.《宋代科举与文学》,祝尚书,中华书局,2008年版。

33.《宋代科举与文学考论》,祝尚书,大象出版社,2006年版。

34.《宋代科举制度研究》,[日]荒木敏一,东洋史研究会,1969年版。

35.《宋代试论与文学》,吴建辉,岳麓书社,2009年版。

36.《宋代太学生救国运动》,黄现璠,吉林出版集团,2010年版。

37.《宋代太学与太学生》,王建秋,中国学术著作资助委员会,1965年版。

38.《宋代文化史》,姚瀛艇,河南大学出版社,1992年版。

39.《宋代政教史》,刘伯骥,台湾中华书局,1971年版。

40.《宋会要辑稿·崇儒》,苗书梅等校,河南大学出版社,2001年版。

41.《宋季士风与文学》,刘婷婷,中华书局,2010年版。

42.《宋诗纪事续补》,孔凡礼辑,北京大学出版社,1987年版。

43.《宋元浙江方志集成》,浙江省地方志编纂委员会编,杭州出版社,2009年版。

44.《唐宋词汇评》两宋卷,吴熊和主编,浙江教育出版社,2004年版。

45.《唐宋官学制度研究》,韩凤山,吉林摄影出版社,2005年版。

46.《同治广昌县志》,广昌县县志编纂办公室编,1983年版。

47.《温州历代碑刻二集》,吴明哲编,上海社会科学院出版社,2006年版。

48.《宜黄县志》,宜黄县县志编纂委员会,新华出版社,1993年版。

49.《永乐乐清县志》,陈明猷校点,香港天马图书有限公司,2000

年版。

50.《中国古代教育诗选注》,陈汉才编著,山东教育出版社,1985年版。

51.《中国古代教育文选》,孟宪承选编,人民教育出版社,2003年版。

52.《中国古代文学与教育之关系研究》,郭英德,北京大学出版社,2012年版。

53.《中国教育发展史》,喻本伐、熊贤君,华中师范大学出版社,1991年版。

54.《中国教育史》,陈青之,岳麓书社,2010年版。

55.《中国教育史研究》,王炳照、郭齐家,华东师范大学出版社,2000年版。

56.《中国教育通史》,毛礼锐、沈灌群主编,山东教育出版社,2005年版。

57.《中国教育通史　宋辽金元卷》,郭齐家、苗春德、吴玉琦,北京师范大学出版社,2013年版。

58.《中国教育制度通史》,李国钧、王炳照,山东教育出版社,2000年版。

59.《中国教育制度沿革史》,郭秉文,福建教育出版社,2007年版。

60.《中国历代学校教育通考》,邰林涛、黄仕荣,北岳文艺出版社,2008年版。

61.《中国思想通史》,姜国柱,武汉大学出版社,2011年版。

62.《中国宋辽金夏教育史》,乔卫平,人民出版社,1994年版。

63.《中国文化通史》,吴怀琪,北京师范大学出版社,2009年版。

64.《中国文学史》,袁行霈,高等教育出版社,2005年版。

65.《周邦彦别传 周邦彦生平事迹证稿》,薛瑞生,三秦出版社,2008年版。

66.《周邦彦清真集笺》,罗忼烈,三联书店香港分店,1985年版。

67.《周邦彦传论》,刘扬忠,陕西人民出版社,1991年。

68. The Thorny Gates of Learning in Sung China：Social History of Examination. John W. Chaaffee. Cambridge，Mass：Cambridge University Press.

三、学术论文

博硕论文

1.《唐代谏官与文学》,傅绍良,陕西师范大学,2002 年。

2.《唐代侠风与文学》,汪聚应,陕西师范大学,2002 年。

3.《书院与科举关系研究》,李兵,厦门大学,2004 年。

4.《明代中央文官制度与文学》,叶晔,复旦大学,2009 年。

5.《唐代礼官与文学研究》,于俊利,陕西师范大学,2009 年。

6.《唐代御史与文学》,霍志军,陕西师范大学,2010 年。

7.《唐代国子监学官与文学》,徐晖,陕西师范大学,2010 年。

8.《宋代皇族与文学》,赵润金,中山大学,2010 年。

9.《汉代教育制度与汉代文学创作》,鞠传文,山东大学,2011 年。

10.《唐代校书郎与文学》,黎文丽,陕西师范大学,2011 年。

11.《唐代的早期教育与文学》,王吉清,陕西师范大学,2012 年。

12.《石介与宋初文学》,姚艳丽,华东师范大学,2005 年。

13.《崇宁兴学研究》,田勤耘,华中科技大学,2005 年。

14.《熙宁兴学研究》,吴小晋,华中科技大学,2007 年。

15.《论南宋学生干政活动》,杨磊,上海师范大学,2008 年。

16.《北宋太学改革研究》,张萍,东北师范大学,2009 年。

期刊论文

17.《两宋学生运动考》,沈忱农,《东方杂志》第 33 卷第 4 号,1936 年。

18.《陈东与宋代太学生运动》,沈忱农,《青年学刊》第 1 卷第 5 期,1936 年。

19.《陈东与靖康元年的太学生伏阙》,翦伯赞,《大学》第 6 卷第 2

期,1947 年。

20.《宋代爱国知识分子陈东》,赵宗颇,《历史教学问题》,1959 年第 4 期。

21.《再谈宋墓出土的太学生牒》,朱瑞熙,《考古》,1979 年第 3 期。

22.《北宋古文运动的曲折过程》,曾枣庄,《文学评论》,1982 年第 5 期。

23.《欧阳修排抑"太学体"新探》,葛晓音,《北京大学学报》,1983 年第 5 期。

24.《宋代的太学》,张惠芬,《上海高教研究》,1985 年第 3 期。

25.《宋代杰出的学生爱国运动领袖陈东》,张荣铮,《历史教学》,1985 年第 7 期。

26.《宋代太学三舍法评述》,俞启定,《教育评论》,1988 年第 5 期。

27.《陈东和宋代太学生救亡运动》,李伯霖,《浙江学刊》,1988 年第 3 期。

28.《宋代太学生的政治运动》,王世宗,《历史月刊》,1988 年第 6 卷。

29.《北宋诗文革新的曲折历程》,葛晓音,《中国社会科学》,1989 年第 2 期。

30.《宋朝中央和州郡学校教职员选任制度》,袁征,《广东社会科学》,1989 年第 3 期。

31.《略论宋代官学的特点和历史作用》,李蔚、辛俊玲,《烟台大学学报》,1991 年第 4 期。

32.《南宋太学的重建与管理制度初探》,林正秋,《杭州师范学院学报》,1991 年第 5 期。

33.《南宋后期三学的参政活动及其背景》,勾承益,《成都大学学报》,1997 年第 2 期。

34.《北宋"太学体"新论》,祝尚书,《四川大学学报》,1999 年第 3 期。

35.《陈东与靖康学潮》,程兆奇,《史林》,2000 年第 2 期。

36.《唐宋官学教师道德建设的举措》,韩凤山,《江西社会科学》,

2002 年第 1 期。

37.《北宋太学制度与太学生救国运动的内在联系初探》,张晓宇,《学术月刊》,2003 年第 10 期。

38.《胡瑗与湖州州学》,金林祥,《湖州师范学院学报》,2003 年第 5 期。

39.《范仲淹的教育思想与实践》,刘建丽、文娟,《沈阳师范大学学报》,2004 年第 1 期。

40.《宋初诗文革新运动的官学背景》,马茂军,《求实》,2005 年第 1 期。

41.《中国古代学校与选士关系的发展》,俞启定,《教育学报》,2005 年第 5 期。

42.《欧阳修对奇险风格的矛盾态度——兼论其对太学体形成的影响》,吕肖奂,《西南民族大学学报》,2005 年第 11 期。

43.《宋代太学教育》,阎孟祥、贾明杰,《河北大学学报》,2007 年第 4 期。

44.《宋代教育发达原因探析》,丁建军、金之易,《河北大学学报》,2007 年第 4 期。

45.《宋代太学论政与文官集团的重组》,张筱兑,《甘肃高师学报》,2007 年第 4 期。

46.《"太学体"及其周边诸问题》,朱刚,《文学遗产》,2007 年第 5 期。

47.《两宋太学制度与太学生的参政活动》,边勃,《北方论丛》,2007 年第 5 期。

48.《北宋"太学体"文风新论》,张兴武,《文学评论》,2008 年第 6 期。

49.《欧阳修排抑"太学体"发覆》,谢琰,《安庆师范学院学报》,2008 年第 10 期。

50.《庆历"太学新体"新论——兼论欧阳修对庆历"太学新体"的促进》,许瑶丽,《四川师范大学学报》,2008 年第 6 期。

51.《谈宋代太学教育中的竞争机制》,张国范,《吉林化工学院学报》,2008 年第 6 期。

52.《解析文学与教育的因缘——中国古代文学与教育之关系研究综述》,郭英德,《励耘学刊:文学卷》,2009 年第 2 期。

53.《宋代爱国太学生陈东的〈上钦、高宗八书〉》,马晓妮,《苏州教育学院学报》,2009 年第 3 期。

54.《北风"险怪"文风:古文运动的另一翼》,朱刚,《中国社会科学》,2010 年第 1 期。

55.《再论嘉祐"太学体"与"古文"的关系》,许瑶丽,《西南民族大学学报》,2011 年第 1 期。

56.《南宋太学"乾淳体"新探》,陈光锐,《浙江工商大学学报》,2011 年第 3 期。

57.《北宋仁宗朝科举改革与"太学体"之兴衰新探》,许外芳,《学术研究》,2013 年第 4 期。

58.《中国古代官学选士制度及其演变》,肖世民,《唐都学刊》,2013 年第 6 期。

59.《近十年来宋代官学研究述评》,姜锡东、魏彦红,《河北师范大学学报》,2014 年第 2 期。

60.《制度、角色与文学》,左东岭,《光明日报》,2015 年 9 月 14 日第 16 版。

61.《"太学新体"及周边问题考论》,徐波,《阅江学刊》,2016 年第 4 期。

62.《科举、教育与学术——朱熹〈学校贡举私议〉述论》,李光生,《教育与考试》,2020 年第 3 期。

63.《论元丰改制后宋代中央学官的迁转》,黄光辉,《教育史研究》,2020 年第 4 期。